陕西师范大学本科教材建设基金资助出版

普通高等教育日语专业教材

古代日本对外交流十五讲

许赛锋 著

北京语言大学出版社
BEIJING LANGUAGE AND CULTURE
UNIVERSITY PRESS

©2023北京语言大学出版社，社图号23008

图书在版编目（CIP）数据

古代日本对外交流十五讲：日文/许赛锋著.—北京：北京语言大学出版社，2023.7
　　ISBN 978-7-5619-6233-6

　　Ⅰ. 古⋯　Ⅱ. ①许⋯　Ⅲ. ①对外关系–文化交流–文化史–日本–古代–日文　Ⅳ. ①K313.03

中国国家版本馆 CIP 数据核字（2023）第 022991 号

古代日本对外交流十五讲
GUDAI RIBEN DUIWAI JIAOLIU SHIWU JIANG

责任编辑：郑文全	**封面设计**：创智时代
责任印制：周　燚	

出版发行：北京语言大学出版社
社　　址：北京市海淀区学院路 15 号，100083
网　　址：www.blcup.com
电子信箱：service@blcup.com
电　　话：编 辑 部　8610-82301019/0358/0087
　　　　　发 行 部　8610-82303650/3591/3648
　　　　　北语书店　8610-82303653
　　　　　网购咨询　8610-82303908
印　　刷：北京博海升彩色印刷有限公司
版　　次：2023 年 7 月第 1 版　　印　次：2023 年 7 月第 1 次印刷
开　　本：710 毫米 × 1000 毫米 1/16　印　张：17.25
字　　数：320 千字
定　　价：68.00 元

PRINTED IN CHINA
凡有印装质量问题，本社负责调换。售后QQ号1367565611，电话010-82303590

序　一

　近年来、中国での日本研究が以前より大きく進んでいるが、言語能力と専門知識を両方とも備えていなければならないため、中国人学生向けの日本語版の「古代中日関係史」を扱うものはとても少ないようである。今回、許賽鋒先生がそれについて著書をしたのは、たいへん意義があると思う。

　本書は、各章がガイダンス、本文、関連史料との三つの部分からなっていて、これまでの中日関係史・交渉史の流れと特徴をコンパクトにまとめている。中国人学者の視点からとはいえ、確実な史料で検証と立論を行い、客観的な立場で物事を述べている。取り上げられたテーマが知識性・研究性に富み、特に、古代の部分でも新発見の「李訓墓誌」やコロナをめぐる中日「山川異域、風月同天」の相互支援のような、新しい研究成果と出来事を数多く取り扱っているなどの点は、まことに高い評価が与えられるべきだと思う。

　また、情報電子化が進み、一次資料を基礎から読むことが軽んじられる傾向がある今では、簡潔な説明が加わった関連史料の紹介は、学習者にとって視野を広げることができるよい勉強の素材となっている。著者が苦労して実地調査で撮った写真や大量に引用した史料図も、本書の説得力と臨場感をいっそう増している。図を見て勉強になるのは、確かなことである。

　もちろん、本書にはもう少し詳しく展開してもよいのではないかと思われるようなところもいくつかある。授業に使われる物のため、紙幅が限られているかもしれないが、今後別の著書でさらに拝読したいものである。

流暢な日本語で書かれたこの本は、歴史専門書としてだけではなく、一般教養の読み物としてもたいへん役に立つと思う。読者の皆さんにぜひお薦めしたい。

北京大学歴史学系教授

中国中日関係史学会会長　王新生

序 二

　中国と日本の文化史を辿ると、その長い道程には、両国が関係し重なりあっている。大小深浅さまざまな要点要所があって、先学の研究に導かれながら、さらに視界を広くし、かつ新しい研究上の問題意識を加えて、その古代中日関係史という観点から、今後とも検討してゆくべき課題は少なくない。両国の関連史料を広く読み、各地に生まれた伝承や風景をも、実感として受け入れながら、関係史として纏めてゆくことは、有意義なことであり、おもしろいことだと思う。

　このたび、許賽鋒君の著した『古代日本対外交流十五講』が上梓された。時代順に十五章に分けられていて、それぞれの項には、「倭の五王の朝貢」「唐文化の受容」「明代の日本研究」など、一般のあるいは学生達の関心ある題が付けられている。簡潔な文章で説明がなされていて、「一冊の本ですべてを羅列して展開するのは無理であり」としながらも、「人」「物」「事」に関する事柄を話題として、あるいは研究の目標として取り上げ、「生き生きした古代中日関係の全体像が浮かび上がってくる」としている。そして、その主旨をより多くの人々にあるいは学生達に理解してもらうために、収集した写真などをかなりの数使用して、工夫を凝らしている。本として充実した内容を兼備しており、さらに詳細な注を加えることによって、将来、より斬新な学術書として出版されることを、多くの人々が期待することであろうと思いながら、読むことができる。

　2014年の秋、許君の案内で、西安の絹の路の起点公園「絲綢之路群彫」

に立ち寄ったことがある。大きな商隊群の駱駝には、唐人胡人が乗っていて、西方に向かって嘶くありさまで作られていたので、私はすぐさま次の歌を思い出し、口ずさんでみたのである。

「釈迦の御法は天竺に　玄奘三蔵弘むとも　深沙大王渡さずは　此の世に仏法無からまし」

『梁塵秘抄』巻二・二七七番の今様である。玄奘三蔵が大砂漠「莫賀延磧」を無事に越えて、求法の旅ができたのは、まことにあの鬼神・深沙大王が夢に示現して、励まし助けたからなのだよ、と歌っているのである。つまり、この歌は、言うまでもなく中国唐代の『大慈恩寺三蔵法師伝』が伝える物語の一節の歌謡化であったが、さらに述べておくべきは、日本絵巻物の傑作『玄奘三蔵絵』(国宝・藤田美術館蔵、成立は十三世紀後半かと言われている)にこの場面も描かれていることである。「伝説」「歌謡」「絵巻」の、三つのジャンルに関わる課題がここに見えている。そして関係は、中国と日本に渡っている。中日関係史の具体的な一例に過ぎないが、おもしろい関係史上の事実はまだまだ多いと言える。

　　　　　　　　　　　　　奈良教育大学名誉教授
　　　　　　　　　　　　　日本歌謡学会名誉会長　　　真鍋昌弘

前書き

　中国には、「疑今者察之古、不知来者視之往」（『管子・形勢』）、つまり、現在を疑問に思うなら、古い歴史を勉強し、未来を予測できない時は、過去を思い出すという教訓があり、歴史をもって鑑となす伝統が重んじられている。中国と日本は、古くから「一衣帯水の隣国」と言われながら、その相互認識は実はかなり複雑なものである。特に、近年来中国の著しい発展に伴い、中日関係および国際関係が大きく変化している。新しい局面に向かい、将来は交流の架け橋にもなる日本語専攻の学生にとって、両国関係史の知識を身につけ、それを現実に活かせるのは、言うまでもなく大事なことである。

　かつて周恩来首相が「両千年友好、五十年対立」とまとめたように、中日の長い関係史・交渉史の流れに鮮明な特徴が見られる。それにしても、一冊の本ですべてを羅列して展開するのは無理であり、時代の変遷に沿い、政治・外交を主幹としながら、両国の経済・宗教・芸術などの往来にも触れるように心がける必要がある。つまり、その中にある基礎的・代表的な「人」・「物」・「事」を授業外でもディスカッションできる「話題」として取り上げ、各断面から多数の出来事を綴っていてこそ、生き生きした中日関係の全体像が浮かび上がってくるのではないかと思っている。

　我々は過去の歴史について、分からないことが依然として多く、宿題のように答えを覚えるよりも、答えを得る方法をマスターするほうがもっと重要である。本書は、これまでの同類のものと違い、新出の史料・研究成

果を多く取り入れ、本文以外に関連史料も示し、学生の「研究欲」と「思弁性」を培い、問題意識を持たせるように努めている。一次資料を多く使うことを基本とすると同時に、古代の部分では、中国側の史料はもちろん、日本側の史料もほとんど漢文で書かれているので、それをより忠実に示すため、なるべく原文（白文）のまま引用するようにした。中国人の学生にとって、漢文史料を「訓読文」や「書き下し文」にされるより、本来の形のほうがかえって容易にかつ正確に理解できるメリットもあると考えたのである。[①] ただし、史料は日本古文などの場合、学生の語学能力を配慮し、現代日本語訳も添付しておいた。また、多くの図表は本文の紙面をかなり占めてしまう恐れがあるが、「左図右史」が史学研究の基本ルールであり、時には過ぎ去った歴史を「目」で考えるのも効果的だと思われるため、敢えて必要に応じてたくさん入れてみたのである。ちなみに、「*」マークがつけられた写真は筆者自身が撮ったものである。

　本書を完成するにあたり、北京大学の王新生先生、復旦大学の馮瑋先生、四川大学の李若愚先生により、貴重なご意見・ご指導をいただいた。特に、中国中日関係史学会会長も務められている王新生先生と日本歌謡学会名誉会長の真鍋昌弘先生に大いに励まされ、序文も書いていただいた。また、本学の市来弘志先生、玉岡敦先生に日本語表現の潤色について、大学院生の忻盛楠さん、董惜夢さんに史料の入力など温かい援助をいただき、併せて御礼申し上げます。

著者　識

[①] 史料の元の様子を保つために、その中に出てくる「支那」「皇国」などの用語は原文のままにした。読者諸氏にはご了承の上お読みいただきたい。

目　次

第一章　先史時代の大陸と日本列島

大陸の変動 …………………………………………………………… 2

海流の力 ……………………………………………………………… 3

縄文文化 ……………………………………………………………… 4

日本人のルーツ ……………………………………………………… 5

「騎馬民族征服王朝説」 ……………………………………………… 7

「長州型」と「薩摩型」 ……………………………………………… 8

日本人は中国の雲南から？ ………………………………………… 9

「太伯子孫説」 ……………………………………………………… 11

『論衡』と『山海経』の記載 ……………………………………… 12

● 関連史料 …………………………………………………………… 13

第二章　秦・漢・三国時代の中国と日本

徐福の伝説 ………………………………………………………… 18

『漢書』の倭国記述 ………………………………………………… 20

「漢委奴国王」金印 ………………………………………………… 21

金印の真贋論争 …………………………………………………… 22

倭国王帥升 ………………………………………………………… 23

卑弥呼の遣使 ……………………………………………………… 24

「親魏倭王」の印 …………………………………………………… 25

vii

邪馬台国の位置……………………………………………………26

三角縁神獣鏡………………………………………………………27

● 関連史料……………………………………………………………28

第三章　晋・南北朝時代の中国と日本

倭の五王の朝貢……………………………………………………33

「安東」・「鎮東」・「征東」…………………………………………36

渡来人の活躍………………………………………………………37

秦氏と漢氏…………………………………………………………38

王仁…………………………………………………………………39

王辰爾………………………………………………………………41

仏教の伝播…………………………………………………………41

崇仏と排仏…………………………………………………………43

「職貢図」の倭人……………………………………………………44

● 関連史料……………………………………………………………45

第四章　隋代の中国と日本

遣隋使の派遣………………………………………………………49

「対等外交」…………………………………………………………50

遣隋使たち…………………………………………………………51

冠位十二階…………………………………………………………52

十七条憲法…………………………………………………………53

聖徳太子……………………………………………………………54

「聖徳太子慧思転生説」……………………………………………56

飛鳥文化……………………………………………………………57

『隋書』に記された日本……………………………………………58

目 次

● 関連史料 59

第五章　唐代の中国と日本（一）

遣唐使の派遣 64
東アジアの秩序 66
「日本」という国名 69
唐文化の受容 70
平安京の造営 71
紫宸殿の賢聖障子 72
正倉院の宝物 73
漢詩文の影響 73
『白氏文集』 75

● 関連史料 76

第六章　唐代の中国と日本（二）

「永遠の都」長安 81
危険な航海 82
阿倍仲麻呂 84
吉備真備 85
井真成 87
入唐八家 88
空海 89
最澄 91
円仁 92

● 関連史料 94

ix

第七章　唐代の中国と日本（三）

弁正 98

藤原清河 99

円載 100

望郷の情 101

鑑真 102

「山川異域、風月同天」 104

楊貴妃の伝説 105

「不肯去観音」 106

遣唐使の停止 108

● 関連史料 109

第八章　五代・宋代の中国と日本（一）

呉越国の遣使 114

銭弘俶八万四千塔 115

「流布唐家」 117

『釈氏六帖』の記載 118

市舶司と大宰府 119

平清盛の対宋貿易 121

「賜日本国王物色」 122

阿育王寺への寄進 123

馬蝗絆 125

● 関連史料 126

第九章　五代・宋代の中国と日本（二）

源実朝の渡宋計画 131

貿易港としての博多 132

博多の宋商 133

うどん・そば・饅頭 134

貿易の隆盛 135

宋銭 137

日本の木材と硫黄 138

日本扇子 139

日本刀 141

●関連史料 142

第十章　五代・宋代の中国と日本（三）

奝然 147

成尋 148

重源 149

栄西 150

道元 151

蘭渓道隆 153

無学祖元 154

日本の浄土信仰 155

五山文学 156

●関連史料 158

第十一章　元代の中国と日本

フビライの国書	163
文永・弘安の役	164
神風言説	166
「敵国降伏」	166
元日貿易	168
建長寺船・天龍寺船	169
一山一寧	170
入元僧	171
雪村友梅	173
●関連史料	174

第十二章　明代の中国と日本（一）

明の遣使	179
不征之国	180
「日本国王」足利義満	181
日本国王之印	183
「書籍銅銭仰之上国」	184
永楽通宝	185
絶海中津	187
雪舟等楊	188
了庵桂悟	189
●関連史料	190

第十三章　明代の中国と日本（二）

勘合貿易 195
倭寇の構成 197
倭寇の影響 199
豊臣秀吉の朝鮮侵略 200
明代の日本研究 202
朱舜水 203
陳元贇 204
「両属」の琉球 205
鄭成功の抗清 206

● 関連史料 207

第十四章　清代の中国と日本（一）

日本の「鎖国」 213
唐船風説書 214
清日貿易 215
唐人屋敷 217
長崎三福寺 218
眼鏡橋と中華街 220
隠元隆琦 221
考証学の流行 222
漂着した商船 223

● 関連史料 225

第十五章　清代の中国と日本（二）

中国への憧れの高まり……………………………………………230
唐土名勝……………………………………………………………231
唐話ブーム…………………………………………………………232
湯島聖堂……………………………………………………………233
「娥眉山下橋」……………………………………………………234
日本型の華夷意識…………………………………………………235
日本人の西洋知識…………………………………………………237
「寛永通宝」騒動…………………………………………………238
近代の関係へ………………………………………………………239

● 関連史料…………………………………………………………240

付録一　関連史料の参考訳文

第一章………………………………………………………………245
第二章………………………………………………………………246
第五章………………………………………………………………247
第八章………………………………………………………………247
第十一章……………………………………………………………249
第十五章……………………………………………………………249

付録二　日本年号一覧表

第一章　先史時代の大陸と日本列島

ガイダンス

　近代以来、明治維新と第二次世界大戦後の著しい発展によって、日本は世界から多くの注目を集めている。特に、その民族の起源などについて、多くの議論や研究がなされてきた。島国に住む、「単一民族」とも言われる日本人は、中国（大陸）といったいどのようなつながりを持っていたのだろうか。

大陸の変動

　周知のように、日本列島はもともとユーラシア大陸の一部であり、一連の複雑な地質変化を経て、今の形になった。簡単にまとめると、約七千万年前から、地殻変動によって、ユーラシア大陸側のプレートが北からの北米プレート、東からの太平洋プレート、南からのフィリピン海プレートと相次いでぶつかり、ユーラシア大陸の東北端は引き裂かれ、徐々に分離させられていった。

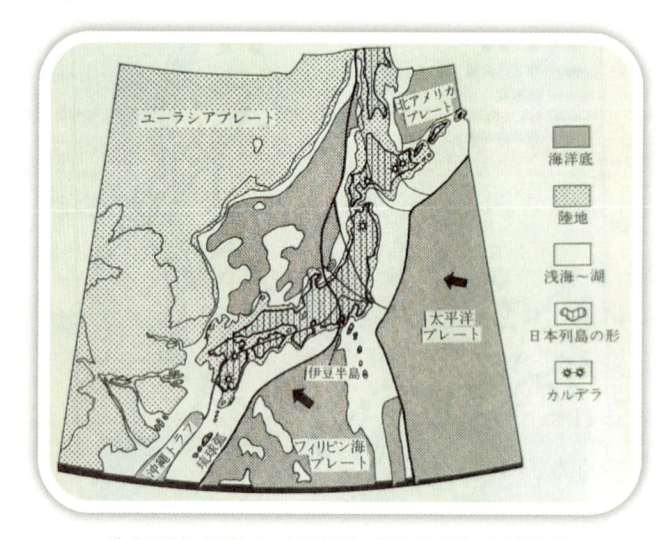

氷河時代の日本（平朝彦『日本列島の誕生』）
二万年前頃の日本列島は、周辺海面が今より百三十メートル下がっていたという。

　それと同時に、火山活動などで地下から大量のマグマが噴き出したりして、周りの海底も拡大しつつあった。それらの動きによって、しだいに分離された陸地の西南部分は時計回り、東北部分は反時計回りにゆっくりと回り、逆「く」の字型に変わっていった。約一万数千年前に氷河時代が終わると、地球気候の温暖化に伴って、海水面が上がり、低地が水没し、やがて現在の日本列島が誕生したと言われる[①]。もちろん、細かい点について

[①] 平朝彦：『日本列島の誕生』、岩波書店、1990 年、192～209 頁を参照されたい。

は地質学者の間でも意見が異なっているが、以上のような概括的な認識は、溶岩・凝灰岩の古地磁気方位と形成年代の測定などによって支えられている。

海流の力

　大陸との「陸橋」が無くなった後、日本列島へ行くには、海を渡るしかなかった。近年の発掘調査により、日本では約七千五百年前の全長約七・二メートルの丸木舟も発見され、古代の日本人がすでに相当な航海力を持っていたことが察せられる。しかし、それにしても、人力で丸木舟のようなもので浩渺たる海を渡航するのはやはり困難極まりないことであった。ここで注目に値するのは、海流の役割である。海流とは、一定の方向に流れる海水の流れのことで、風や海水の密度の違いなどによって発生するが、赤道の方から流れてくる「暖流」と極地の方から流れてくる「寒流」がある。日本列島の周りでは、主として日本海側にある暖流の対馬海流と寒流のリマン海流、太平洋側にある暖流の黒潮（日本海流）と寒流の親潮（千島海流）がそれぞれ流れている。

神奈川県小田原市中里遺跡出土の丸木舟（北区飛鳥山博物館HP）
全長五・七九メートル、縄文中期のものと見られる。

特に、黒潮は世界最大級の海流の一つで、海水表面の速度が秒速二メートルをも超えるという。琉球諸島の近くで黒潮から分かれた対馬海流が、対馬海峡を通って日本海へ入り、南下してきたリマン海流とぶつかり、日本海では陸地に沿って強い反時計回りの海流をなしている。日露戦争（1904～1905）の時、ロシアのウラジオストク港の外に敷設された機械水雷は、戦争後ロシアが掃海を怠ったため、三一三個が海面に浮かんで浮流水雷となり、海流によって各地に推し流されてしまった。そのうち五九個が朝鮮半島の東岸および鬱陵島に達し、一九八個が津軽海峡に至る日本海沿岸および隠岐島・佐渡島に漂着した[①]。つまり、もし朝鮮半島の南端から海流の流れに沿って渡航すれば、日本の九州北部や山陰地方に到達するのは比較的に容易である。昔の人間も、こうした海流の特徴に気づいたようで、それを利用して海を渡ろうと試みていたと思われる。

縄文文化

旧石器時代の後、約一万二千年前に始まり、約二千四百年前まで続いた縄文時代には、日本列島各地で縄を土器の表面で回転させて模様をつけたりする土器が作られていた。「縄文土器」と呼ばれるこの土器は、食料や水の貯蔵はもちろん、食物の煮炊きにも使われ、日本のもっとも古い土器と見なされている。土器の型式にもとづき、初期・中期・後期・晩期土器などに分けられているが、近年来の調査では、中国や

北上町泉沢貝塚出土の遮光器土偶
（文化遺産オンライン）
同類の土偶は主に日本東北地方から出土し、縄文晩期のものが多い。多産や豊穣を祈願するための祭具と思われる。

---

① 木宮泰彦著、胡錫年訳：『日中文化交流史』、商務印書館、1980年、2頁。

4

ロシア極東地域などの東アジアでも、日本の初期土器と同じくらい古い土器が次々と発見されている。

　日本縄文時代の文化の代表物としては、土器のほかにも様々なものがある。例えば、狩りのために加工された弓矢・石槍、魚介類の採取に使われた釣針・銛先（もりさき）、祈りを込めて作られたと考えられる土偶など、縄文人が多彩な文化を編み出したとは言える。しかし、歴史学者の家永三郎（いえながさぶろう）（1913～2002）が『日本文化史』で評したように、縄文時代は「生産力の停滞」「呪術の支配」した時代でもあり、現在日本社会のナショナリズム風潮の中で謳われている「世界でも稀な文化」のような言い方に対しては、客観的に考える必要がある。というのは、数千年の歳月で、縄文人は土偶作りなどで素晴らしい想像力と創造力を呈していたが、生産工具の改造、精神世界の探求などの動きはあまり見られなかったからである。それは、島国となった以上、丸木舟などで海と陸の間を往来したりすることはあったとしても、この時期における大陸からの影響は弱まりつつあったためではないかと思われる。それゆえ、日本縄文時代の文化もいわゆる「畸形的」なものとして発展し、「海洋的・芸術的・呪術的」な特徴が著しかったのである[①]。

日本人のルーツ

　以上からも分かるように、日本人の起源は、確かにアジア大陸と南西諸島とのつながりが緊密であった。しかし、昔の人間の詳しい移動状況については、未だに不明なところがたくさん残っている。それをいっそう究明するために、近代以降も多くの議論や研究がなされてきた。

　大別すると、現代日本人のルーツについては、日本列島の中で、人種は一回ないし二回入れ替わりがあり、現代日本人は新しい住人の子孫だとい

[①] 王勇：『日本文化——模倣与創新的軌跡』、高等教育出版社、2002年、60～61頁。

う「人種交代説」、日本人はマレー族とモンゴリア族との混血だとする「二系統説」、縄文時代以来の土着集団が、弥生時代以後に種々の近隣集団と混血することによって現代日本人が生まれたという「混血説」、日本列島では縄文時代以来、大規模な人種の交代や混血はなく、縄文人そのものが少しずつ進化して現代日本人に変化してきたという「移行説」、弥生時代以後に主として朝鮮半島から多くの人が渡ってきて、在来の縄文人と混血したという「渡来説」などが挙げられる[①]。

東京都の大森駅付近にある「大森貝塚遺跡庭園」
縄文後期・晩期の貝塚「大森貝塚」が 1877 年に米国の生物学者モースによって発見され、「日本考古学発祥の地」とも呼ばれている。

また、日本人にとって重要な食料である米の伝入についても諸説がある。約一万年前から、人類はすでに稲の栽培を始めていたが、日本には稲の野生種（在来稲）がなかったため、紀元前五～四世紀頃になってから稲作が伝わってきたと考えられている。2003 年に日本国立歴史民俗博物館の研究者が放射性炭素年代測定法によって土器付着物を測定し、日本で稲作が開始されたのは紀元前十世紀であると発表したこともあったが、その伝播の経路については、「北方説」（朝鮮半島経由）、「南方説」（南西諸島経由）、「直接渡来説」（中国大陸から直接）などがあり、いずれとも定まっていない。

---

① 埴原和郎：『日本人の誕生——人類はるかなる旅』、吉川弘文館、1998 年、106 ～ 110 頁。

「騎馬民族征服王朝説」

　考古学者の江上波夫（1906〜2002）は、日本民族の形成について、「騎馬民族征服王朝説」を唱えていた。彼の意見では、三世紀末〜四世紀後半までの日本の古墳時代前期は、大型古墳の内部構造からしても、鏡・剣・玉のような副葬品から言っても、前の弥生式文化からの連続であり、呪術的・農業的・平和的・東南アジア的な性格がある。これに対し、四世紀後半からの古墳文化は、内部構造の点において大陸系の組み合わせ式木棺や長持形石棺が目立っていた。さらにその後、横穴式石室が盛んに行われ、壁画で飾られたものもあり、大陸古墳の副葬品や明器と同様の意義を持った葬礼も見られるようになった。その副葬品の武器、馬具、服飾品の大部分は、中国の魏晋南北朝時代に大活躍した東北アジアの騎馬民族のそれと、ほとんど同類のものであった。つまり、後期の日本古墳文化の特徴は急転し、現実的・騎馬狩猟的・戦闘的・北方アジア的な性格に変わったのであるが、それは東北アジア系の騎馬民族が朝鮮半島南部から九州北部へ渡り、そしてついに五世紀頃日本の畿内へ侵攻して王朝を樹立したからだというのである（江上波夫『騎馬民族国家──日本古代史へのアプローチ』）。

島根県松江市平所遺跡出土の古墳時代の埴輪
（文化遺産オンライン）

　「騎馬民族征服王朝説」は、最初は江上波夫が1948年の学会で発表した学説で、1967年に中公新書から『騎馬民族国家──日本古代史へのアプローチ』が出版されると一大ブームになった。戦後まもない時期に提唱さ

れたこの説は、それまで日本の歴史は万世一系の天皇を中心として展開されてきたと考える「皇国史観」に慣れていた日本人を、大いに驚愕させたのである。また、外的な要因から日本国家の形成を捉えようとした点でも画期的なものであり、日本古代の民俗・言語・神話における大陸北方的要素の存在の解明に、大きな示唆を与えたと言っても過言ではない。しかしその一方で、「騎馬民族征服王朝説」は考古学的な証拠が不十分で、強引な史料の引用や恣意的な解釈も多いと批判され、現在の学界ではこれを完全に支持する研究者は極めて少ない。

岡山県美作市平福出土の陶棺
（東京国立博物館）
棺身に人物と馬と見られる表現がある。

「長州型」と「薩摩型」

　明治時代に、日本に来たドイツ人医師のエルヴィン・フォン・ベルツ（1849～1913）は、日本人の顔貌に地域差のあることに注目し、生体観察、頭骨計測などの研究から日本人を「長州型」と「薩摩型」に分類し、その後の日本人類学にも大きな影響を与えた。「長州型」とは、日本の上流階級によく見られるもので、「優美ともいえるくらい華奢な体つき、長頭、細長い顔、つり上った眼、ほどよく中高の鼻、小さい口など」の特徴を持っている。「薩摩型」とは、日本の一般庶民の間に見られ、「ずんぐりとがっちりした体格、短頭、幅広く寸づまりの顔、いちじるしく張っている頬骨、あまりつり上らない目、低い鼻、大きな口など」の特徴を持っている[1]。

---

[1] エルヴィン・フォン・ベルツ著、池田次郎訳：「日本人の起源とその人種的要素」、『論集　日本文化の起源　第五巻　日本人種論・言語学』、平凡社、1973年、130～142頁。

第一章　先史時代の大陸と日本列島

高杉晋作と西郷隆盛像
（近世名士写真頒布会『近世名士写真』一、二）

　つまり、アイヌ人を別にして、古代の日本人は異なる二系統の先住民に由来し、その中では北・南方系モンゴロイドの要素の割合が非常に大きかったと考えられている。北方系モンゴロイドは、朝鮮半島などの東アジア北部から日本の九州北部に上陸した後、本州一円に広がり、長州、出雲地方（現山口県、島根県一帯）にその痕跡が見られるので、「長州型」と名付けられた。南方系モンゴロイドは、マレーなどの東南アジアから九州南部に上陸し、次いで本州に渡って日本全土に広がり、この種の人は日本人全体の中に占める割合が大きく、薩摩地方（現鹿児島県一帯）にもっとも純粋な形で残っているため、「薩摩型」と名付けられたのである。ベルツのこのような説を、もし近代初期の日本人、例えば長州出身の高杉晋作（1839〜1867）と薩摩出身の西郷隆盛（1828〜1877）の肖像で検証してみれば、いくぶん納得できるのではないだろうか。

日本人は中国の雲南から？

　中国の雲南省は「人種の博物館」と言われ、日本人のルーツを探るために、そこに入って種々の調査を行った日本人学者もかなりいる。そのうち、日本の基層文化を構成する大きな要素は中国の雲南を起源とするという説が、何人かの日本の文化人類学者によって唱えられている。日本の民俗学者・

歴史学者の鳥越憲三郎は 1970 年代から、雲南省などにはかつて多くの「倭族」が住んでいて、その一部が稲作技術や関連文化を携えて日本列島にやってきたと主張した（鳥越憲三郎編『雲南からの道——日本人のルーツを探る』）。また一人の学者森田勇造も、中国のイ族とタイ族、タイのアカ族、ミャンマーのシャン族など雲南・アッサムの山岳少数民族の生活風俗を例として、高床式住居、鳥居、入れ墨と断髪、山岳信仰から、日本人と日本文化の起源に密接な関連があると指摘した。例えば、ハニ族の食生活には、豆を発酵させて作る味噌や納豆、漬物の野菜などが存在している。

鳥越憲三郎編『雲南からの道——日本人のルーツを探る』

衣装の面においても、史料の「魏志倭人伝」に出てくる「貫頭衣」は、現在でも雲南省のワ族、タイのラワ族、ミャンマーからタイ西北部にかけて分布しているカレン族の女性が着ていて、日本のそれとよく似ているという（森田勇造『「倭人」の源流を求めて——雲南・アッサム山岳民族踏査行』）。

　もちろん、上の説に対しては、いずれも反対意見があり、定説とは言えないのが現状である。つまり、日本人の起源と系統を語る時には、単一要素ではなく複数要素が絡み合うデータを取り上げ、慎重に考察しなければならない。最新の研究で明らかにされたように、日本人も世界のほかの民族と同じように、多くの種族と融合し、混血して成り立ったものである。要するに、三万年前の更新世の晩期までに、日本列島にはすでに人類の姿が現れ、狩猟・漁撈・採集などで生活を営んでいた。その先住民の移住ルートとしては、北の庫頁島から、或いは南の南西諸島・フィリピン諸島からなどが考えられる。海に隔てられた後は、朝鮮半島を経由するものが主になった。その中で、大陸の人々は朝鮮半島を経由し、何波にも分かれて九州へやってきた。渡来集団は、その数を増やすにつれ、九州から西日本

まで広がり、先住民と融合しながら現代日本人の主体となった。しかし、関東以北の地方と南西諸島を中心とする元来の住民は、新しい渡来集団に融合することは少なく、比較的独自性を維持していて、いわゆるアイヌ民族と南西諸島の先住民へと発展していったのである。

「太伯子孫説」

中国では、日本人の起源について、日本人は太伯の末裔だとする説が早くからある。太伯（生没年不詳、泰伯とも）という人は、紀元前十二世紀〜十一世紀頃の人物で、周朝の先王の周太王（生没年不詳）の長子であった。彼は政治紛争を避けるため、後に中国の江南地方に逃亡し、呉の国を建てたと言われる。史書『晋書』や『梁書』には、当時の日本（倭）人は「自云太伯之後」という文句がある。日本でも、そのような説が長らく伝えられ、日本人および日本の皇室の起源の正統性を付会するのに使われたこともある。例えば、江戸幕府儒官林家の祖 林羅山（1583〜1657）も、日本初代天皇の神武天皇がその太伯の末裔であるという説を肯定したという（林羅山『神武天皇論』）。

泰伯像（無錫市・泰伯廟）

前述したように、日本列島の先住民の移住ルートを探る時、中国江南地方からの可能性が考えられる。古代中国の呉の地でも日本と同じく、海の中で漁猟する時に大きな魚などに襲われないように体に刺青をするなどの風習があったことから、両者の関連性がずっと注目されている。1999年、東京国立科学博物館名誉研究員山口敏を団長とする日中共同調査団はDNA調査をして、日本渡来系の弥生人と中国の江南人の人骨には共通点が多かったと発表し、日本人起源の江南ルート説に科学的根拠を示した。しかし、それについての詳しい関係はまだ解明できていないところが多く、今後考古学などの更なる実証研究が必要とされている。

『論衡』と『山海経』の記載

そのほか、後漢の思想家王充（27～97?）は、その著書『論衡』の中で、「周時天下太平、越裳献白雉、倭人貢鬯草、食白雉、服鬯草、不能除凶」（『論衡』巻八「儒増篇」）、「成王之時、越常献雉、倭人貢暢」（『論衡』巻十九「恢国篇」）などのように、周成王（?～前1021）の時に、「倭人」が醸酒用の香草と思われる「鬯草」というものを献じに来たことを記している。また、古書の『山海経』にも、「蓋国在鉅燕南、倭北。倭属燕。朝鮮在列陽東、海北山南。列陽属燕」と書かれ、「倭」という国の位置が言及されている（『山海経』「海内北経」）。

しかしながら、現在のところ、後漢の人であった王充が文献史料を欠いている千年前の歴史を詳しく把握できたとするには証拠が薄い。また、中国安徽省亳州市の元宝坑一号墓から発見さ

『山海経』「海内北経」に出た陵魚　清代人が描いたもの。（趙機［他］編選『山海経図文本』）

第一章　先史時代の大陸と日本列島

れた「有倭人以時盟不」と刻まれた磚文（170年頃のものと推定される）を合わせて考えると、鬯草を献じに来たのは遠く離れた日本列島の倭人ではなく、長江下流域に住んでいた「百越」と呼ばれる族群の一つであろうとの意見もある。『山海経』という書も、中国戦国時代から東晋にかけて付加執筆されて成立したもので、文献としては一定の価値があるものの、山川に住む怪物や神々に関する空想的な部分も多いため、信憑性がしばしば問われている。しかも、その「倭」の一節については、「蓋国在鉅燕南、倭北。倭属燕」を「蓋国在鉅燕。南倭、北倭属燕」と読む学者もいるし、「蓋国」などの国が朝鮮半島のどこにあったかに関しても意見が分かれているのである。

関連史料

①古来天地の開闢について、『日本書紀』は次のように述べている。

「古天地未剖、陰陽不分、渾沌如鶏子、溟涬而含牙。及其清陽者、薄靡而為天、重濁者、淹滞而為地、精妙之合搏易、重濁之凝場難。故天先成而地後定。然後神聖生其中焉。故曰：開闢之初、洲壊浮漂、譬猶遊魚之浮水上也。於時天地之中生一物、状如葦牙、便化為神、号国常立尊。（至貴曰尊、自余曰命、並訓美挙等也。下皆倣此。）次国狭槌尊。次豊斟渟尊。凡三神矣。乾道独化、所以成此純男。」

——『日本書紀』巻一

②南北朝時代の北畠親房（きたばたけちかふさ）（1293～1354）が著した『神皇正統記』は、日本が神国であるという思想の代表作とされている。

「大日本は神国なり。天祖はじめて基をひらき、日神ながく統を伝へ給ふ。我国のみ此事あり。異朝には其たぐひなし。此ゆへに神国といふな

り。神代には豊葦原の千五百秋の瑞穂国といふ。天地開闢のはじめより此名あり。天祖国常立尊、陽神陰神にさづけ給ひし勅に聞えたり。天照太神天孫尊にゆづりましまししにも此名あれば、根本の号なりとは知りぬべし。又は大八州国といふ。是は陽神陰神此国を生給ひしが、八の島なりしによりて、名づけられにけり。又は耶麻土と云。是は大八州の中津国の名なり。第八にあたるたび、天御虚空豊秋津根別といふ神を生給ひし。是を大日本豊秋津州と名づく。今は四十八ヶ国にわかてり。中州たりし上に、神武天皇東征より代々の皇都なり。依て其名をとりて、余の七州をもすべて耶麻土と云なるべし。唐にも周の国より出たりしかば、天下を周といひ、漢の地よりおこりたれば、海内を漢と名づけしがごとし。耶麻土といへることは、山迹といふなり。むかし天地わかれて、泥のうるほひいまだ乾かず、山をのみ往来して、其跡おほかりければ山迹と云。或は古語に居住を止と云。山に居住せしによりて、山止なりともいへり。」

——北畠親房『神皇正統記』巻一

③「太伯子孫説」についての論議

◎鎌倉・南北朝時代の臨済宗の僧中巌円月（1300～1375）は、日本の神武天皇が呉の太伯の子孫であったと唱えた。後、林羅山もその説を支持していた。

「論曰：東山僧円月（字中巌号中正子俶建妙喜庵）嘗修日本紀、朝議不協而不果遂火其書。余窃惟円月之意、按諸書以日本為呉太伯之後。夫太伯逃荊蛮断髪文身与交龍共居、其子孫来於筑紫。想必時人以為神、是天孫降於日向高千穂峰之謂乎。当時国人疑而拒之者或有之歟。是大己貴神不順服之謂乎。以其与交龍雑居故有海神交会之説乎。其所齎持而来者或有墳典索丘蝌斗文字歟。故有天書神書龍書之説乎。以其三以天下譲故遂以三譲両字掲於伊勢皇太神宮乎。其牽合附会雖如此而似有其理。」

——京都史蹟会編『羅山林先生文集』巻一『神武天皇論』

第一章　先史時代の大陸と日本列島

◎一方、水戸藩の藩主徳川光圀(とくがわみつくに)（1628〜1701）は、林羅山らが編纂した『本朝通鑑』を読んだ時、「日本の史祖、呉の太伯の胤なり」との見方に対して頗る怒ったという。

（徳川光圀）「公偶一二巻を繙閲し、其の日本の始祖、呉の太伯の胤なりと曰ふに至り、愕然巻を廃てて曰く、『是れ何の言ぞ。異邦の書の如き、或は天朝を称して姫姓と為すは、全く伝聞の訛に出づ、憑據するに足るなし。後醍醐帝の時、一妖僧あり、書を著はして此の説を持す。詔して其の書を焚かしむ。夫れ本朝自ら国史あり。詳かに帝皇の跡を記す。矣ぞ此を舎て彼を取り、以て神明の統を汚すことを為さんや。古は天朝西土に通聘し、日出づる処の天子、日没する処の天子と。称謂敵国の礼を用ゆ。称して勾呉の後と曰ふが如きは、則ち神州の大宝、異域の附庸たるを免れず。豈に悲しからずや。方今文明の運、遠く前古に邁ぐ。而るに教を下して国史を修め、此の無稽の説を採り、諸を天下に播さば、亦醜を万代に遺さざらんや。愚謂らく、宜しく速に林氏に命じて以て刊正を加へしむべし。諸君以て何如と為す』と。二公及び諸老皆以て公の確言に服す。是に於いて、遂に梓行の命を停む。」

——徳川光圀撰、川崎紫山訳註『訳註大日本史』十二

◎また、国学者松下見林(まつしたけんりん)（1637〜1704）も「太伯子孫説」を強く批判した。

「今按泰始西晋武帝、年号当我朝神功皇後之時。晋書説我国事、其間与前史有異同宜参考。諸史皆倣此謂太伯之後者、此為首出。夫一犬吠虚、千犬吠声。従晋書此言出後、史多同然一辞、何其不詳乎。聴者不察、引以為口実、何其惑乎。自天地開闢之初、有我国而号曰大日本豊秋津洲。我君之子世世伝統、所謂天照大神之神孫也。呉始自太伯世之相後数千万歳、日本何為太伯之後哉。」

——松下見林『異称日本伝』巻上

④明治時代に入ってから、「日本人種はアリヤン語族に属する」との論調も出るようになった。

「日本人を以て支那人と同一人種なりと論ずるは、蓋し無学なる旅客の皮相の見に過ぎざるのみ。日本の古昔支那人の帰化せしもの実に多し、支那人の血日本人種の中に混淆せざるにあらず、然れども之を以て国民の本体を混同すべからざるなり。

余は体格上に於ても支那人と日本人とは非常の相違あるを見る。支那人は長大なり、日本人は倭小なり。支那人の面は円平なり、日本人は面高なり。支那に於ける理想的美人は寧ろお盆に眼鼻なり、日本に於ける理想的美人は寧ろ団十郎鼻を有するものなり、以て二国民好尚の差を知るべし。」

「大和民族がアリヤン語族に属する事は最早争ふべからざるなり、又大和民族の一半たる女子を白色人種の中に数へて、他の一半たる男子をして黄色の汚名を蒙らしむるの非なるも、特に弁明の必要なきなり、故に余は大和民族の品位を高むるの方法の一二を開陳せん。……」

——田口卯吉『破黄禍論』

第二章　秦・漢・三国時代の中国と日本

ガイダンス

　秦代以後、日本（倭）に関する記載がだんだん中国の正史に見られるようになった。中には、「魏志倭人伝」に記された内容は、古代日本人の様子を知るにはたいへん貴重である。しかし、「漢委奴国王」印の真偽・「親魏倭王」印の存否をめぐる論争や、徐福・師升のような人物の正体究明は、それほど簡単ではないようである。

徐福の伝説

　紀元前約三〜四世紀より、日本は縄文時代から弥生時代に移り変わった。まず、中国正史の第一に数えられる司馬遷(しばせん)（前145？〜前87？）の『史記』から、秦の時代の日本の様子を探ってみよう。『史記』によれば、長命を望んだ秦の始皇帝(しこうてい)（前259〜前210）は、方士である徐福(じょふく)（生没年不詳）の、海中に神山があって不老不死の仙薬がもらえるという話を信じ、徐福を遣わし仙薬を求めさせた。しかし、莫大な資金を費やした徐福は、九年後得るものなく帰ってきた。叱責を恐れた彼は、始皇帝に対し、「蓬莱薬可得、然常為大鮫魚所苦故不得至、願請善射与倶、見則以連弩射之」などと偽りの奏上をした。それを聞いた始皇帝はたいへん喜び、「振男女三千人」と「五穀種種百工」を与えて同行させたが、海に出た徐福は、辿り着いた先で広大で豊かな土地「平原広沢」を得て、そこに留まって王となり、二度と帰らなかったという（『史記』「秦始皇本紀」・「淮南衡山列伝」）。

千童祠（滄州市・千童鎮）

　長い間、徐福は架空の人物とされ、彼と始皇帝との出会いなどもあくまでも伝説の範疇に留まっていた。しかし、1982年に、現在の中国江蘇省贛楡県で徐阜村という村が発見され、徐福家の家譜も見つかり、徐福が実

第二章　秦・漢・三国時代の中国と日本

在していたことがしだいに認められるようになった。さらに、河北省滄州市千童鎮では、男女児童三千人が徐福に従い東海に出たという話も長く伝えられており、徐福の航海ルートや「平原広沢」という地理条件などから、彼の最後の到着地は日本であったとも言われている。日本でも、各地に徐福ゆかりの伝承・史跡が数百カ所もあり、徐福伝説の確実性をある程度まで物語っている。特に、和歌山県新宮市の熊野川河口付近は、周囲の風景が仙人の住む蓬莱山に似ているため、徐福がその後住み着いたと信じられ、現在そこに徐福上陸記念碑や徐福公園などが建立されている。

新宮市徐福公園にある徐福像
（新宮市観光協会 HP）

　中国や日本にある徐福に関する伝承は、地域によって様々であり、真偽は不明であるが、徐福の事件は『史記』が編纂されるたかだか百年前の出来事で、信憑性の高いものだと主張する人もいる。例えば、元日本内閣総理大臣の羽田孜（1935〜2017）は、自ら徐福の末裔であると公言し、日本徐福会の名誉会長を務めるなどもしていた。さらに、徐福が中国を出た後、日本に渡って初代天皇の神武天皇になったという説を唱える人もいた。中国学者の衛挺生の『徐福入日本建国考』や彭雙松の『徐福即是神武天皇』などは、学術の面において真剣に徐福こそ神武天皇であると論じていた。
　ところが、徐福の存在についての歴史は神秘に包まれており、謎が依然

として多い。実は、司馬遷は『史記』で徐福の話を記した当初、「徐福が日本に行った」とまでは明言しなかった。また、『古事記』と『日本書紀』所伝の神武天皇にしても、中国の讖緯思想の辛酉革命説にもとづいて紀元前660年に即位したなど、事績には作為されたものが多く、実在したとは考えられていない。だから、現在のところ徐福伝説は、大陸からの渡来集団が日本に入り、同時に稲などの作物と農耕技術を日本列島にもたらしたことを示す伝承として捉えておくのが妥当であろう。

『漢書』の倭国記述

中国の「二十四史」の中で、初めて倭の記述が見られるのは『漢書』で、その「楽浪海中有倭人、分為百余国、以歳時来献見云」という文句も日本に関する最古の記録となっている（『漢書』「地理志」燕地条）。漢の武帝（前156？～前87）が、前108年～前107年にかけて朝鮮半島北部にある衛氏朝鮮を滅ぼし、その地に郡県制を敷いて直接統治を行い始めた。その時置かれたのは、楽浪郡、玄菟郡、臨屯郡、真番郡という四郡であった。臨屯郡、真番郡などは設立後まもなく廃止されたため、現在の朝鮮の平壌付近にあったと推定される楽浪郡は、朝鮮半島北西部も支配し、長く漢朝廷の出先機関としての役割を担い、「海の中」の倭国の使節を受け入れていたと考えられている。

鯰絵「大鯰江戸の賑ひ」（日本国立国会図書館）
「鯰」は日本でよく地震と関連付けられている。

また、同じ『漢書』の「地理誌」に、「会稽海外有東鯷人、分為二十余国、以歳時来献見云」とも書かれている（『漢書』「地理誌」呉地条）。会稽は、中国秦代から唐代にかけて設置された郡の名で、管轄範囲はおおよそ蘇州を中心とする長江下流の地域にあたる。

この記載から、「会稽海外」を九州・南西諸島よりさらに東方の地と想定し、その端の人が定期的に中国に魚のような貢物を献上していたと解釈するなど、「東鯷人」が倭人と同種の人であったとする説は、何人かの学者によって唱えられている。例えば、民俗学者の谷川健一(たにがわけんいち)は、「鯷」を「鯰(なまず)」と解し、それをトーテムとする九州の阿蘇山周辺に住んでいた人種を「東鯷人」と推測した[①]。もし本当にそうであれば、長江の河口から九州の志賀島まで、秒速六メートルの風の中を船速時速七キロメートルで航行すればわずか五日で到達できるという研究データもあるので、技術の面から言って、「東鯷人」の倭人が中国に来ていたというのは考えられる話であろう。

「漢委奴国王」金印

その後、『後漢書』の「東夷伝」にも、一～二世紀頃の倭の様子が記されている。その中には、57年、倭奴国が後漢の光武帝(こうぶてい)（前5～57）に使節を送って朝貢し、金印を賜与されたという記述がある。「建武中元二年、倭奴国奉貢朝賀。使人自称大夫、倭国之極南界也。光武賜以印綬」（『後漢書』「東夷伝」）。この「中日外交史の発足」とも見られる事件について、長い間裏付けられる物証はないままであったが、千七百余年後の1784年、史書の言及した金印が、日本九州博多湾北部の志賀島で水田の溝を修理していた農民によって掘り出され、当時の歴史を解き明かす重要な鍵となった。

金印の横、正面、上（福岡市博物館HP）

---

① 谷川健一：『増補　古代史ノオト』、大和書房、1986年、108頁。

金印は、印面が正方形で、一辺が二・三センチ、重さが一〇八グラムの純金製のものである。とぐろを巻いた蛇のような形をした鈕があり、印面には「漢委奴国王」の五つの文字が彫り込まれている。「倭族」の「奴部族」と考えて、「漢委奴国王」を「漢の委の奴の国王」とする読み方が今日の代表的な解釈となっている。つまり、今の九州の福岡市付近にあった小国「奴国」は、「倭国」内での立場をほかより高めようとして、漢に朝貢したのではないかと理解されている。しかし、その一方、「漢の委の奴の国王」、つまり「AのBのC…」という三段国名の表記は中国古印の実例中に存在しなかったことや、「匈奴」・「胡奴」と同じく、「委奴」は意味によって結合された倭人を卑下した語であると主張し、「委奴国」をまとめて理解すべきだという意見もある[①]。

金印の真贋論争

大切に保管されている金印
（福岡市博物館）

　「漢委奴国王」金印の発見は、日本の世間を騒がす大事件となったと同時に、それは後世に作られた偽物ではないかという疑問、いわゆる「金印偽造説」も江戸時代からずっとあった。近年になっても、文学者の三浦佑之の著書『金印偽造事件——「漢委奴国王」のまぼろし』を代表として、金印そのものに対する不信や、また発見された場所が不明確で、他に遺構・出土品もなかったという点を怪しむ声が、相次いで出ている。例えば、漢代には中国の皇帝が諸侯に与えるものが「金印」で、周辺異民族の王に与えるものは「銅印」が多かった。しかも、金印の鈕の形は、与えられた民族の領土によって異なり、匈奴などの北方民族の王に

---

① 古田武彦：『失われた九州王朝』、角川書店、1986 年、30～35 頁。

第二章　秦・漢・三国時代の中国と日本

は駱駝や羊の鈕、南方民族の王には蛇の鈕の印が下賜されるのがほぼ定例となっていた。よって、東の方にある「外夷」の倭に与えられた金印は、どうやらその定例に合っていなかったようである。また、「漢委奴国王」金印の「王」という漢字も、真ん中の横線がやや上に寄っている中国印鑑の慣例の「王」字とは違っているとの指摘もある。

　しかし、その後、同じ材質の「滇王之印」金印（1956年発見）や、同じ「王」の書き方の「広陵王璽」金印（1981年発見）が出土するに及び、「漢委奴国王」金印の文字・寸法・鈕形などは、すべて後漢初期の特徴を持っていることが確かめられ、実物に違いないとの見解が定説となってきた。

三つの印文
「滇王之印」と「広陵王璽」は、それぞれ中国国家博物館と南京博物院で保存されている。

倭国王帥升

　『後漢書』には、漢安帝永初元年(107)の頃に「倭国王帥升等、献生口百六十人願請見」と書かれている（『後漢書』「東夷伝」）。帥升は、弥生時代中期・後期の北九州にあった国の一つの王と推測され、中国の史書に名を残した最初の日本人とも言える。ところが、『後漢書』の逸文が記載された唐代の『翰苑』には、「後漢書曰、安帝永初元年、有倭面上国王帥升至」と記載されている。北宋版の制度史書『通典』にも、「安帝永初元年、倭面土国王帥升等献生口」と書かれている。それゆえ、古くから倭国と「倭面国」は同じ国であり、すなわち倭人の顔の上に入れ墨があったという意味からそう呼ばれていたのだと考えられたことがある。「倭面国、此方男女皆黥面

文身、故加面字呼之」（一条兼良『日本書紀纂疏』）。他方、「倭面上国」・「倭面土国」は別の国であり、『後漢書』が転写・再版される際に、本来の国名の「上」・「土」の字が欠落してしまった可能性はあるとされている。

　また、以上の見方に対し、考古学者の王仲殊（おうちゅうしゅ）は、「倭面上国」・「倭面土国」がただ後世の誤解から生じたものであり、実在した国名ではなかったと指摘し、『後漢書』に現れる「帥升等」も、「帥升ら」と解すべきではなく、一つの国王名として理解すべきだと主張した[①]。そのほか、各史料に「師升」が「帥升」とともに見られるため、中国に非常に稀な「帥」という姓は、実は「師」の誤記ではないかとする説もある。このように、倭国王帥升は『後漢書』に一度だけ登場したに過ぎないが、謎めいた人物である。

卑弥呼の遣使

　王朝交代の順序に従うと、まず『後漢書』（著者范曄、432年頃成立）のほうを見るべきだが、実は西晋時代の『三国志』（著者陳寿、約280～290年頃成立）のほうが先に書かれたものである。その『三国志』の魏に関す

イラスト「魏明帝に謁見する倭使」
（森浩一編『日本の古代1──倭人の登場』）

[①] 王仲殊:「論所謂『倭面土国』之存在与否」、『王仲殊文集第3巻──古代中国与日本等東亜諸国的関係』、社会科学文献出版社、2014年、172～186頁。

る部分の「東夷伝」に見える倭人条は、「魏志倭人伝」と通称され、中国の正史の中で初めての日本に関するまとまった記事である。およそ二千字ほどのものであるが、当時の邪馬台国という国を中心とした日本列島の国々の位置、生活様式などについて詳しく記述され、史料的な価値が極めて高い。

　それによると、魏明帝景初二年（238）、邪馬台国の女王卑弥呼（生没年不詳）が、大夫の難升米らを帯方郡（後漢末に遼東の太守公孫康が楽浪郡の南部に設置した郡）に派遣し、魏への朝貢を願った。難升米らは帯方郡の太守劉夏により魏の都洛陽まで送られ、「男生口四人、女生口六人、班布二匹二丈」などの物を貢献したという。それに対し、魏明帝は詔して、卑弥呼を親魏倭王に任じ、金印紫綬を与えた。「汝所在踰遠、乃遣使貢献、是汝之忠孝、我甚哀汝。今以汝為親魏倭王、假金印紫綬」。また、「白絹五十匹、金八両、五尺刀二口、銅鏡百枚、真珠鉛丹各五十斤」などの賜物も下し、卑弥呼をいとおしんでいるがゆえに鄭重に好物を下賜したのだとの意を伝えた。「悉可以示汝国中人、使知国家哀汝、故鄭重賜汝好物也」（「魏志倭人伝」）。

「親魏倭王」の印

　「事鬼道、能惑衆」の卑弥呼が没した後、男王を立てたが混乱した邪馬台国は、壹与（生没年不詳、台与とも）という卑弥呼の宗女（宗教上の後継者）を女王にしてから、国内がようやく治まった。「復立卑弥呼宗女壹与年十三為王、国中遂定」（「魏志倭人伝」）。西晋王朝成立の翌年である泰始二年（266）、壹与も大夫率善中郎将掖邪狗ら二十人を遣わし、「男女生口三十人、貢白珠五千孔、青大句珠二枚、異文雑錦二十匹」を献上したという（「魏志倭人伝」）。

万暦二四年（1596）版『宣和集古印史』に載せられた「親魏倭王」印

ところで、卑弥呼が「親魏倭王」とされ、「金印紫綬」を与えられたというが、「親魏倭王」の金印はいまだ未発見のままである。それについては、魏・晋の王朝交代に伴って回収されたのか、新しい女王の壹与には新しい印綬が授与されなかったのかなど、様々に推測されている。中国明代の印譜『宣和集古印史』（来行学編）は、「蛮夷王印」の部分で卑弥呼に与えられた印を「銅印獣鈕」と記した上、その印影を収録している。日本江戸中期の考証書『好古日録』（藤貞幹著）もその印影を転載しているが、『宣和集古印史』自体が偽書の色を帯びているため、「親魏倭王」の印が本当にあったかどうかについて、実物が発見されるまで断定できないのである。

寛政九年（1797）版『好古日録』に転載された「親魏倭王」印

邪馬台国の位置

「魏志倭人伝」には、「従郡至倭、循海岸水行、歴韓国、乍南乍東、到其北岸狗邪韓国、七千余里」をはじめとする、帯方郡から邪馬台国への行程記事がある（「魏志倭人伝」）。帯方郡の中心地は現在の韓国ソウル付近で、朝鮮半島から日本の対馬、壱岐を経由して北九州に到着するあたりまでは、距離と方角が記載され、大まかな位置の推定は可能である。その中で言及されている一支国・末盧国・伊都国・奴国は、それぞれ後世の壱岐・末羅（松浦）・伊覩（怡土）・儺の北九州の地にも比定できる。しかし、九州を南下するにあたっては、「水行二十日」や「陸行一月」といった曖昧な記述となり、出てくる国

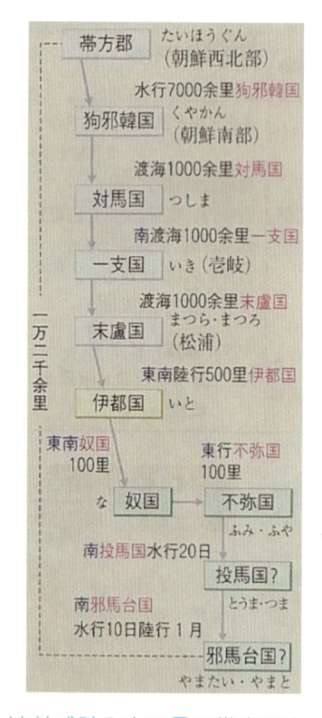

連続式読み方で見る帯方郡より邪馬台国への距離（浜島書店編集部『新詳日本史』）

名も斯馬国、己百支国、伊邪国、都支国など、国の詳細が分からなくなり、邪馬台国の所在地を確定するには内容的に不十分である。

　つまり、そのまま北九州の地から邪馬台国へ至る道筋を辿ると、九州南部の太平洋上に行き着いてしまう結果となる。そのため、後世になって、「魏志倭人伝」に記された距離や方角の妥当性、また誤記や誇張の可能性に至るまで、様々な解釈や読み変えが行われ、邪馬台国の具体的な場所については学者の間で議論が分かれている。例えば、明治時代に東京帝国大学の白鳥庫吉（1865～1942）はあくまでも「魏志倭人伝」に信頼を置くべきという立場から「九州説」を主張し、京都帝国大学の内藤湖南（1866～1934）は方角の曖昧さを指摘し「畿内説」を支持したが、現在でも定説は出ていない状況である。

三角縁神獣鏡

　また、「魏志倭人伝」に魏明帝が卑弥呼に「銅鏡百枚」を下賜したという記述があるため、日本の初期古墳から多く出土した「三角縁神獣鏡」がその銅鏡であったとする説がある。「三角縁神獣鏡」は、縁の断面部分が三角形で、背面の模様に「神と獣」が刻まれていることから名付けられ、中国の神仙思想を表したものである。例えば、島根県神原神社古墳や大阪和泉黄金塚古墳出土の鏡には、「景初三年」などの銘文があり、それはあるいは卑弥呼に与えられた銅鏡ではないかと考えられている（魏朝特鋳説）。

画文帯同向式神獣鏡
（東京国立博物館）

　しかし、「三角縁神獣鏡」は日本国内ではすでに数百面以上も見つかっているものの、類似の銅鏡は中国から一面も出土していない。また、日本出土の鏡の直径は二十センチを超えるものが多く、中国後漢・三国時代に流行した鏡よりも遥かに大きいということもあって、「三角縁神獣鏡」は魏の皇帝から賜ったものではなく、渡ってきた中国の工匠が日本で鋳造したも

のであろうと主張する人が多くなっている（日本国産説）。

　中国では、戦国時代から銅鏡の使用が急増し、前漢期になると周辺地域まで波及した。最初は呪術的な機能を持っていたが、後に実用的な機能より普及が進んだという。一方、日本では、古墳時代前期の古墳に銅鏡が副葬されることが多く、神にかかわる祭祀用品や権威の象徴としての機能が重視されていた。同じ模様がある三角縁神獣鏡が九州地方から関東地方に至る広い範囲で多く出土しているのも、当時倭の王が各地の首長に下賜したからではないかと考えられている。

関連史料

　①徐福についての記載
◎「二十八年……斉人徐市等上書言、海中有三神山、名曰蓬莱方丈瀛洲、仙人居之、請得斎戒、与童男女求之。於是遣徐市発童男女数千人、入海求仙人。」

　「三十七年……方士徐市等入海求神薬、数歳不得、費多恐譴。乃詐曰：蓬莱薬可得、然常為大鮫魚所苦、故不得至。願請善射与俱、見則以連弩射之。」

— 『史記』・「秦始皇本紀」

◎「又使徐福入海求神異物、還為偽辞曰：臣見海中大神、言曰汝西皇之使邪？臣答曰：然。汝何求？曰：願請延年益寿薬。神曰：汝秦王之礼薄、得観而不得取。即従臣東南至蓬莱山、見芝成宮闕、有使者銅色而龍形光上照天。於是臣再拝問曰：宜何資以献？海神曰：以令名男子若振女与百工之事即得之矣。秦皇帝大説、遣振男女三千人、資之五穀種種百工而行。徐福得平原広沢、止王不来。」

— 『史記』・「淮南衡山列伝」

◎「徐福、字君房、不知何許人也。秦始皇時、大宛中多枉死者横道、数有鳥銜草、覆死人面、皆登時活。有司奏聞始皇、始皇使使者齎此草、以問北郭鬼谷先生。云是東海中祖洲上不死之草、生瓊田中、一名養神芝、其葉似菰、生不叢、一株可活千人。始皇於是謂可索得、因遣福及童男童女各三千人、乗楼船入海。尋祖洲不返、後不知所之。」

――李昉〔他〕編『太平広記』巻一

② 「倭」という名の由来について

◎奈良～平安初期の日本宮廷でしばしば行われた『日本書紀』講読の記録である『日本書紀私記』（『日本紀私記』とも）は、「倭」という呼び名は中国語の「我」の発音からできたとした。

「日本国、自大唐東去万余里、日出東方、昇於扶桑、故云日本。古者謂之倭国。但倭義未詳。或曰取称我之音、漢人所名之字也。」

――『日本書紀私記』

◎室町時代の古典学者一条兼良（いちじょうかねよし）（1402～1481）は、『日本書紀』の注釈書である『日本書紀纂疏』で「倭」の語義が従順であると説明している。

「凡吾国之名、通倭漢、有一十三。其一云倭国。旧説吾邦之人初入漢、漢人問謂汝国名如何、吾答曰：謂吾国耶。漢人即取吾字之初訓、命之曰倭。故東漢書伝曰：倭在韓東南大海中、依山島為居、凡百余国。又唐書列伝曰：倭国、古倭奴国也。按韻書倭烏禾切、女王国名。又於烏切。説文云順皃、広韻慎皃、増韻謹皃。今以両韻通用、則倭順皃。蓋取人心之柔順、語言之諧声也。」

――一条兼良『日本書紀纂疏』

③江戸時代の儒学者貝原益軒(かいばらえきけん)（1630～1714）は、日本が「夷」と呼ばれる理由についてこう述べている。

「許慎が説文に、四夷を説きて曰く：南方は蛮と云ふ、蟲に從ふ。北方を狄と云ふ、犬にしたがふ。西方を羌と云ふ、羊に從ふ。ただ、東夷は大にしたがふ。大は人也。東夷の風俗は仁也。仁者は壽し、君子不死の国あり。孔子曰：道不行欲之九夷、乗桴浮於海有以也といへり。是南蛮、西戎、北狄は、皆文字も蟲と獸に從ふ。唯東夷のみ人にしたがへり。日本は東夷なり。九夷の内也。孔子も中国にて道行はれざる故、九夷に居らんとのたまふ。是我が国の、他国にまさりて、人の道ある国なれば也。又日本を不死の国と云ふも故あり。日本の人は、もろこし又其余の国より長命なればなり。」

——貝原益軒『五常訓』

④「魏志倭人伝」に記された倭人の風俗

「男子無大小、皆黥面文身。自古以来、其使詣中国、皆自称大夫。夏後少康之子、封於会稽、断髪文身、以避蛟龍之害。今倭水人好沈没捕魚蛤、文身亦以厭大魚水禽、後稍以為飾。諸国文身各異、或左或右、或大或小、尊卑有差。計其道里、当在会稽東冶之東。其風俗不淫。男子皆露紒、以木緜招頭。其衣横幅、但結束相連、略無縫。婦人被髪屈紒、作衣如単被、穿其中央、貫頭衣之。」

「倭地温暖、冬夏食生菜、皆徒跣。有屋室、父母兄弟臥息異処。以朱丹塗其身体、如中国用粉也。食飲用籩豆、手食。其死、有棺無槨、封土作冢。始死停喪十余日。当時不食肉、喪主哭泣、他人就歌舞飲酒。已葬、挙家詣水中澡浴、以如練沐。其行来渡海詣中国、恒使一人、不梳頭、不去蟣蝨、衣服垢汚、不食肉、不近婦人、如喪人。名之為持衰。若行者吉善、共顧其生口財物。若有疾病、遭暴害、便欲殺之、謂其持衰不謹。」

「其会同坐起、父子男女無別。人性嗜酒。見大人所敬、但搏手以当跪拝。

其人寿考、或百年、或八九十年。其俗、国大人皆四五婦、下戸或二三婦。婦人不淫、不妬忌。不盗窃、少諍訟。其犯法、軽者没其妻子、重者滅其門戸及宗族。尊卑各有差序、足相臣服。」

「下戸与大人相逢道路、逡巡入草。伝辞説事、或蹲或跪、両手據地、為之恭敬。対応声曰噫、比如然諾。」

—— 「魏志倭人伝」

第三章　晋・南北朝時代の中国と日本

ガイダンス

　両晋・南北朝時代は、いわゆる東アジアが激しく変動した時代でもある。そうした中、倭の五王が頻りに中国の王権に使節を送り、対内外関係における優位を求めていた。同時に、朝鮮半島を経由して日本に渡った移住民は、文字・宗教・生産技術をはじめる大陸文化の普及者として、日本社会の発展を大きく前進させた。

倭の五王の朝貢

「魏志倭人伝」の後、邪馬台国や倭に関する記録が一世紀半ほどの間中国の史書から途絶え、次に現れてきたのは倭の五王の朝貢である。『晋書』や『宋書』には、讃（さん）、珍（ちん）、済（せい）、興（こう）、武（ぶ）という五人の倭王が、約一世紀にわたって、頻りに使者を中国に派遣したことが記されている。記録としては、義熙九年（413）に倭王讃が東晋の安帝（あんてい）に貢物を献じたのが最初である[①]。その後、特に代替わりにあたって、倭王は常に使者を送り、先代を葬って新王の継承儀式を済ませたことなどを報告し、中国王朝から正統性の承認を得るようにしていた。次の表で分かるように、その遣使回数は少なくとも十三回あった。内訳を見ると、中国王朝の交代や倭王の継承による遣使は九回、除正（正式な官職に除する）を求める遣使は四回となっている。

倭の五王の朝貢

年代	倭王	主な関連記載
東晋義熙九年（413）	讃	「是歳、高句麗倭国及西南夷銅頭大師並献方物」（『晋書』「安帝紀」）
宋永初二年（421）	讃	「倭国在高驪東南大海中、世修貢職。高祖永初二年、詔曰：倭讃万里修貢、遠誠宜甄、可賜除授」（『宋書』「夷蛮伝」）
宋元嘉二年（425）	讃	「讃又遣司馬曹達奉表献方物」（『宋書』「夷蛮伝」）
宋元嘉七年（430）	讃？	「倭国王遣使献方物」（『宋書』「文帝紀」）
宋元嘉十五年（438）	珍	「以倭国王珍為安東将軍」（『宋書』「文帝紀」） 「讃死、弟珍立、遣使貢献。自称使持節、都督倭・百済・新羅・任那・秦韓・慕韓六国諸軍事、安東大将軍、倭国王、表求除正。詔除安東将軍、倭国王。珍又求除正倭隋等十三人平西、征虜、冠軍、輔国将軍号、詔並聴」（『宋書』「夷蛮伝」）

[①] 『晋書』「安帝紀」では倭王の名前が明らかではないが、後に編纂された『梁書』「倭伝」には「晋安帝時、有倭王賛」とあるので、讃であった可能性が高い。

年代	倭王	主な関連記載
宋元嘉二十年（443）	済	「倭国王済遣使奉献、復以為安東将軍、倭国王」（『宋書』「夷蛮伝」）
宋元嘉二八年（451）	済	「加使持節、都督倭・新羅・任那・加羅・秦韓・慕韓六国諸軍事、安東将軍如故。並除所上二十三人軍、郡」（『宋書』「夷蛮伝」）
宋大明四年（460）	済	「倭国遣使献方物」（『宋書』「孝武帝記」）
宋大明六年（462）	興	「以倭国王世子興為安東将軍」（『宋書』「孝武帝紀」）
宋昇明一年（477）	興・武	「倭国遣使献方物」（『宋書』「順帝紀」） 「興死、弟武立。自称使持節、都督倭・百済・新羅・任那・加羅・秦韓・慕韓七国諸軍事、安東大将軍、倭国王」（『宋書』「夷蛮伝」）
宋昇明二年（478）	武	「倭国王武遣使献方物、以武為安東大将軍」（『宋書』「順帝紀」）
南斉建元一年（479）	武	「建元元年、進新除使持節、都督倭・新羅・任那・加羅・秦韓・慕韓六国諸軍事、安東大将軍。倭王武号為鎮東大将軍」（『南斉書』「東南夷伝」）
梁天監一年（502）	武	「鎮東大将軍倭王武進号征東大将軍」（『梁書』「武帝紀」）

　例えば、『宋書』によれば、元嘉十五年（438）讃が没した後、弟の珍が立ち、宋に遣使して貢献し、安東将軍などの除正を求めた。「讃死、弟珍立、遣使貢献。自称使持節、都督倭・百済・新羅・任那・秦韓・慕韓六国諸軍事、安東大将軍、倭国王、表求除正。詔除安東将軍、倭国王」（『宋書』「夷蛮伝」）。このように、倭王らが古代中国中心の国際秩序の中で、中国王朝の「冊封関係」に従うことによって、自国の人および近隣諸国に対し優越的な権威と地位を持つことを望んでいたのが明らかに見て取れる。ちなみに、倭の五王が日本歴代天皇の誰に該当するかについては諸説あるが、日本側の『古事記』などによる天皇の系譜と照らし合わせると、倭の五王は、讃＝仁徳、珍＝反正、済＝允恭、興＝安康、武＝雄略の各天皇ではないか

第三章　晋・南北朝時代の中国と日本

と推測されている。

大阪府藤井寺市にある岡ミサンザイ古墳（藤井寺市役所HP）
日本宮内庁に仲哀天皇陵として管理されているが、雄略天皇
が被葬者であるとする説が有力視されている。

　倭の五王に関しては、中国史書に記されているのみであるから、日本の「空白」の時代を明らかにし、また日本と朝鮮半島の政権との関係、いわば古代東アジアの情勢を知るには、貴重な価値がある。その一方、この時期の中国側の資料は朝貢のことばかりを記載しているため、倭王らの遣使や上表を客観的に理解するには、場合によりその史料の選別や対照研究も不可欠である。例えば、『宋書』の「夷蛮伝」には、「倭」の上表だけではなく、当時中国周辺の他の国々が宋の皇帝に送った上表も載せられている。「伏承皇帝首徳高遠、覆載同於天地、明照斉乎日月、四海之外、無往不伏、方国諸王、莫不遣信奉献、以表帰徳之誠」（獅子国）、「聖王出遊、四海随従、聖明仁愛、不害衆生、万邦帰仰、国富如海」（天竺迦毗黎国）などのように、いずれも畏敬の念を表す文句が多すぎるのではないかとの感じを受ける（『宋書』「夷蛮伝」）。

　ところが、中国の南北朝時代には、「華夷秩序」というものはまだ形成途中であったし、長江以南の片隅にあった南朝政権も、経済は比較的繁栄し

35

ていたものの、周りの国に大きな威力を発揮するほどの国力を持っていたわけではない[①]。そのため、倭の五王が積極的に海外（中国大陸・朝鮮半島）との交渉・交流を進めていたことは確かめられるが、その遣使のことだけで、倭の五王が恭しく中国王朝に従いたがっていた、という結論を簡単に出すことはできないだろう。

「安東」・「鎮東」・「征東」

錦絵「大日本史略図会第十五代神功皇后」
（東京経済大学学術機関リポジトリ）
日本の神功皇后が朝鮮半島を征伐した伝承を表したものである。

　朝鮮半島では三世紀頃、北部に急成長した高句麗があり、南部に三韓（馬韓・辰韓・弁韓）が分立していた。四世紀になると、馬韓が百済に、辰韓が新羅にそれぞれ交替し、弁韓も加羅（伽耶とも）をはじめ諸小国が散在する状態となった。この地域の激しい変動・闘争を背景として、倭の五王は中国王朝に新羅・任那・加羅・秦韓・慕韓などの国に対する軍事権を行使するような権限を求めてきたのである。

　しかし、倭王らに与えられた「安東」などの将軍号は、宋・斉・梁などの南朝において、実は「平東」・「安東」・「鎮東」・「征東」などの順で厳密

---

① 何芳川：「古代外邦致中華『国書』試弁」、『何芳川教授史学論文集』、北京大学出版社、2007年、223～241頁を参照されたい。

に段階づけられていたものである。倭王が「安東将軍」を授かった時点で、すでに高句麗王は「征東大将軍」に、百済王は「鎮東大将軍」に冊封されていた。宋から斉に変わった時、倭王は「鎮東大将軍」に昇進させられたが、高句麗王はさらに上位の「車騎大将軍」から「驃騎大将軍」に進められた。つまり、中国の南朝朝廷から見た場合、当時の高句麗こそが東方における最大の勢力だったのである。国力が高句麗より弱い百済の王にも、倭王より常に一段高位が授けられていた。この時期の倭国は、東アジアの「制圧権」を求めてはいても、その国際的地位がそれほど高いものと見なされていなかったのは事実であろう[①]。

渡来人の活躍

西晋以後、中国は動乱・分裂の時代に入った。四世紀から七世紀にかけて、その「民族大移動」の波は朝鮮半島にも及んでいた。大陸東北部の中国・朝鮮半島の人々は、戦乱などを避けるために、次々海を渡って日本に定住し、移民の一大高潮となった。こうした移住活動は、四世紀末から五

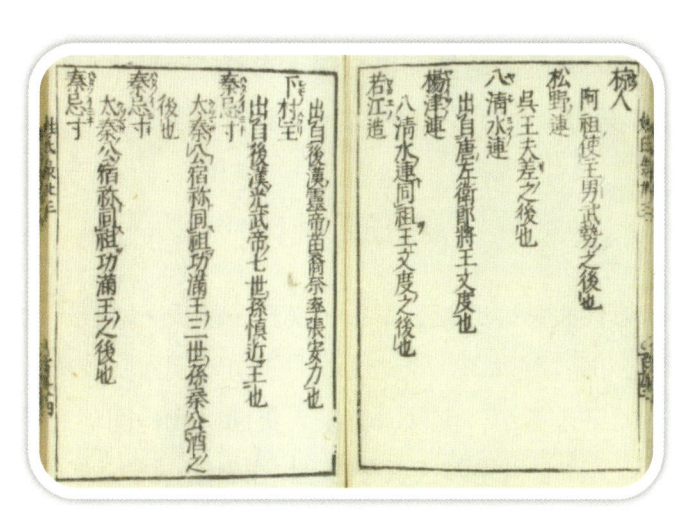

『新撰姓氏録抄』書影（1669年版）

---

① 山口修：『日中交渉史——文化交流の二千年』、東方書店、1996年、20〜22頁。

世紀初頭までが「初期」、五世紀後半から七世紀までが「後期」と分けられている。日本では、かつて「日本の徳に教化・感化され渡来した」という皇国史観で、渡来移民に対して「帰化人」という呼び名が使われていたが、日本中心的な意味合いが含まれ、不適切な用語であるとされたので、現在では「渡来人」または「渡来系氏族」と表現するのが主流となった。

　渡来人の中には、社会的地位があった人々だけでなく、一般の庶民や戦争の捕虜なども多く含まれていた。日本に入ってから、彼らの大部分は居住地を与えられ、しだいに中小の氏族を形成し、各種の学芸・技術によって一定の世襲職の地位を持つようになった。平安時代に編纂された古代日本氏族の出自系譜書『新撰姓氏録』(万多親王［他］編)には、総計一一八二氏姓が記録され、その三分の一ほどは渡来人系の氏族である。初期の渡来人は、百済・新羅などの国から来たものが多く、中には前漢以来楽浪郡や帯方郡に分散していた中国人の子孫がかなり含まれている。持ち込まれた文化も、主として漢・魏時代の大陸文化と見られる。後期の渡来人は、百済からの人々が大半であったが、もたらされた文化には中国を源流とするものも相変わらず多かった。彼らは今来才伎や新漢人と呼ばれ、技術者として画部・手人部・陶部・鞍作部・錦部・衣縫部・韓鍛冶部・飼部など日本の朝廷の職業部にも編入されて、日本の政治・宗教・文学・農業などの分野にわたる基礎を培う原動力となった。

秦氏と漢氏

　渡来人集団の代表といえば、秦氏・漢氏・船氏・高氏・吉士氏・黄文氏・不破氏などが挙げられる。ただし、「〇〇氏」というのは、一族名を指しているように見えるが、実は、渡来人集団は血縁関係を持っている単一部族ではなく、同じ祖先の伝承をもとにまとまっていた多部族の集合体である。

秦氏の祖霊を氏神として祀っている伏見稲荷大社（京都市）

　そのうち、秦氏と漢氏がもっとも勢力の強い「二大雄族」であった。秦氏は秦の始皇帝の子孫と見なされることもあるが、確実な根拠はあまりない。「秦」の発音の「ハタ」は、「機織」技術の「はた」や、朝鮮語の「海」を意味する「パダ」などに由来するとする説もある。彼らは主に新羅から来た氏族で、土木技術や農業技術などに長けていた。その子孫たちが日本の朝廷で活躍するにつれ、全国規模で勢力を伸ばした。漢氏も有力な渡来氏族で、朝鮮半島の楽浪郡の漢人の子孫だったらしい。中国の漢高祖などが祖であるとしていたが、秦氏への対抗意識からの自称に過ぎないと見られている。彼らは主に製鉄・機織・土器などの生産技術に長じ、大和地方（現奈良県一帯）を本拠とした東漢氏と、河内地方（現大阪府東部一帯）を本拠とした西漢氏という二大系統がある。特に東漢氏のほうは後に多数の氏に分かれて発展し、財力と武力を得て秦氏と並ぶほどの巨大な氏族となった。

王仁

　「漢委奴国王」金印などの使用から、中国の漢字が日本の弥生時代にはすでに物品とともに持ち込まれていたと推測できるが、数世紀の間、日本人はそれをただ文様のようなものとして捉えていたようである。漢字が文字

として理解されるようになったのは、四世紀半ば以後のことであると考えられている。特に渡来人には豊富な漢文知識を持つ者が多く、日本の漢字受容を一段と推し進めたのである。本章の関連史料に掲げた、流暢な漢文からなる倭王武の「封国偏遠、作藩於外」のような上表文も、渡来人により書かれたものと見られている。

伝王仁墓（大阪府・枚方市）

　『日本書紀』『古事記』によると、四世紀の末頃、王仁（わに）（生没年不詳、『古事記』には和邇吉師（わにきし）と記されている）という人物が応神天皇（おうじんてんのう）の招請で、百済から『論語』十巻や『千字文』一巻を携え、漢字と儒教を最初に日本に伝えたという。しかし、日本の朝廷で文筆に従事していた西文氏（かわちのふみうじ）に始祖と見なされていた王仁は、ほかの文献に登場せず、出身地とされる百済にも記載資料が欠けている。また、中国の習字の教科書『千字文』は六世紀前半に成立したものであり、王仁の生きた時代にも合わない。そのため、現在では王仁を伝説上の人物とする説が有力である。なお、中国の漢字が伝入される前に、日本にはすでに固有文字としての「神代文字」が存在していたと平田篤胤（ひらたあつたね）（1776～1843）らの国学者によって宣伝されたことがあるが、それも科学的な根拠のない説である。

王辰爾

　中国南朝系の百済人の王辰爾（生没年不詳）も、日本の史書に名を残した一人である。『日本書紀』などによれば、553年に勅命を受けた大臣の蘇我稲目（506？〜570）によって、王辰爾は派遣され往来する船賦（税）の記録を行っていた。その功績で彼は船司に任ぜられ、「船氏」の氏姓も与えられたという。

　また、572年に、高句麗から日本に難読の国書が送られ、当時の敏達天皇（538？〜585）は諸大臣を集めて解読させたが、王辰爾だけが完璧に読み解くことができた。敏達天皇は彼の素晴らしい学問と知識に驚嘆し、諸大臣に対し「汝等雖衆、不及辰爾」と責めもしたのである。さらに、高句麗の使者が烏の羽根に書かれた文書を持参してきた時、王辰爾は機転を利かせて、羽に湯気を当てて墨を浮かせ、絹布に転写してから解読に成功したというエピソードも『日本書紀』に見える（『日本書紀』巻二十）。平安時代の『日本紀竟宴和歌』にも「得王辰爾」という和歌があり、「誉能那呵尼　吉美那賀利勢婆　嘉羅須皤爾　加気流古登皤皤　那褒幾裔奈麻志」（世間に　君無かりせば　烏羽に　書ける辞は　猶消えなまし）と彼の才能を高く讃えている（『日本紀竟宴和歌』上、藤原博文「得王辰爾」）。

王辰爾像
（菊池容斎『前賢故実』一）

仏教の伝播

　仏教の中国伝入については、後漢の明帝（28〜75）が見た夢にもとづいて、求法の使者を西域に派遣した「明帝感夢求法説」がもっとも有名である。その後、中国的な特徴を得た仏教（大乗仏教）は、しだいに朝鮮半島、日本、

ベトナムなどに伝播し、東アジアで中国仏教文化圏を形成した。

日本最初の本格的な仏教寺院飛鳥寺（奈良県・高市郡）

　日本仏教の始まりを語る時には、普通「公伝」という言葉が用いられている。それは、仏教が公に国家間で伝達される以前に、すでに渡来人の「私的な信仰」として日本に伝入されていたから、区別をつけるためである。具体的な年次については、以前は『日本書紀』に記されている、552年に百済の使者が欽明天皇（509?～571）に金銅の釈迦如来像や経典などを献上したことをもって日本仏教「公伝」の始まりとされていた。しかし、『日本書紀』に中国唐代の僧義浄（635～713）の703年に漢訳した『金光明最勝王経』が用いられているようなこともあるため、そうした仏教関連記事の信憑性が疑われている[1]。現在のところ、538年を始まりとするのが一般的である。例えば、根拠の一つとされた『元興寺伽藍縁起並流記資財帳』には、「大倭国仏法、創自斯帰嶋宮治天下天国案春岐広庭天皇御世。蘇我大臣稲目宿禰仕奉時、治天下七年歳次戊午十二月度来。百済国聖明王時、太子像並灌仏之器一具及説仏起書巻一篋、度而言、当聞仏法既是世間無上之

---

[1] 例えば、『日本書紀』巻十九欽明天皇十三年（552）十月の条には、百済の聖明王からの書が「是法於諸法中最為殊勝、難解難入、周公孔子尚不能知、此法能生無量無辺福徳果報、乃至成弁無上菩提」と書かれ、『金光明最勝王経』巻一「如来寿量品第二」の「金光明最勝王経、於諸経中最為殊勝、難解難入、声聞独覚所不能知、此経能生無量無辺福徳果報、乃至成弁無上菩提」という文を明らかに写している。

法、其国亦応修行也」と記されている（『元興寺伽藍縁起並流記資財帳』）。文中の「斯帰嶋(しきしま)」・「天国案春岐広庭(あまくにおしはるきひろにわ)」は欽明天皇、「戊午」は538年とされている。

崇仏と排仏

　仏教が日本に伝入した後、欽明天皇が仏教の振興の是非を群臣に問った時、それを受容しようと主張する蘇我(そが)氏と、それに反対する物部(もののべ)氏・中臣(なかとみ)氏の間に「崇仏排仏」論争が起こった。『日本書紀』によると、大臣の蘇我稲目は、「西蕃諸国一皆礼之、豊秋日本豈独背也」と賛成の意を表したが、日本古来の神事と深いつながりがあった物部氏らは、「我国家之王天下者、恒以天地社稷百八十神、春夏秋冬、祭拝為事、方今改拝蕃神、恐致国神之怒」と反発したのである。その後、国内の疫病の流行も日本の神々の怒りだとされ、仏教受容派は劣勢に立たされていた。「有司乃以仏像、流棄難波堀江。復縦火於伽藍、焼燼更無余」（『日本書紀』巻十九）。

欽明天皇像（忠孝之日本社編『輝く皇国：歴代天皇御尊影と御陵及二千六百年史錦絵輯』）

　しかしその後、蘇我氏が武力で物部氏らを弾圧し、自らが推した推古(すいこ)天皇(てんのう)（554〜628）の即位によって、崇仏派は最後に勝利し、仏教の受け入れが公式に認められた。ところが、近年では、この「崇仏排仏」論争は、実際には仏教と無関係の「政争」だった可能性が高いと指摘されている。また、蘇我氏と物部氏との論争は、外来の客人神の仏陀を日本でどのように祭祀すべきかという事件の伝承であり、それは神仏の信奉方法の対立に過ぎなかったとの意見もある[1]。

---

[1] 有働智奘：「排仏崇仏論争では無かった：蘇我氏と物部氏の祭祀と神観念」、『宗教研究』87巻別冊、2014年、384〜385頁。

「職貢図」の倭人

　古代日本のことを探るには、中国側の史書の記載のほかに、画像も重要な手がかりである。南朝梁の武帝(ぶてい)(464〜549)の第七子、後の元帝蕭繹(げんていしょうえき)(508〜555)により作成された「職貢図」(「貢職図」とも)は、その時代の中国周辺の諸国・諸地域の使節図に題記が添えられ、倭人を描いた最古の絵画となっている。その由来については、「臣以不佞、推轂上遊、夷歌成章、胡人遙集、款開蹶角、沿泝荊門、瞻其容貌、訴其風俗、如有来朝京輦、不渉漢南、別加訪採、以広聞見、名為貢職図云爾」という記録があり、当時荊州刺史であった蕭繹が外国からの朝貢使節を目にし、見聞を広めるためにその風俗などを種々聞いて絵に描いたことが知られる(欧陽詢[他]編『芸文類聚』巻五五)。

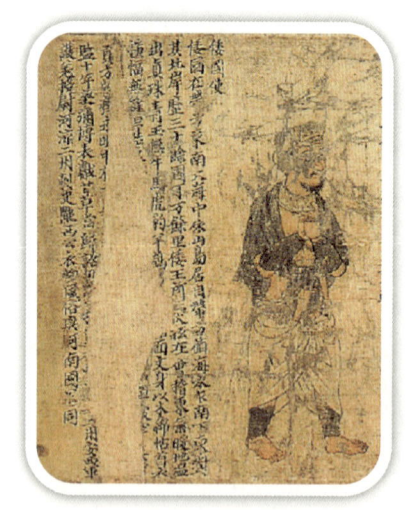

「職貢図」の倭使
(中国国家博物館蔵北宋模本)

　「職貢図」には本来三十数カ国の使節が描かれていたと推定されるが、現存する北宋の模写本には十三カ国しか残っていない。そのうち、倭国の使節は、頭に布を巻き、上衣らしきものを羽織り、腰には布を巻き、裸足のいでたちである。人物像の隣に、「倭国在帯方東南大海中、依山島居、自帯方循海水乍南下(乍か)東対其北岸、歴三十余国可万余里。倭王所□□□(欠落)在会稽東、気暖地温、出真珠青玉、無牛馬虎豹羊鵲□□□□(欠落)、面文身、以木綿帖首、衣横幅無縫、但結□□□□□□(欠落)……」という題記もあり、当時の倭人の風貌を伝えている。ただし、荊州という所は梁の都・建康(現南京市)へ行くルートから相当離れていたため、倭国の使節像は伝聞によって作成された可能性が高い。人物像に付けられた説明の題記も「魏志倭人伝」の内容とほぼ同じであるため、そこから引用されたと考えられている。

第三章　晋・南北朝時代の中国と日本

関連史料

①倭の五王が中国王朝に称号・官職要求を繰り返した様子は、次の文からよく分かる。

「興死、弟武立、自称使持節、都督倭百済新羅任那加羅秦韓慕韓七国諸軍事、安東大将軍、倭国王。順帝昇明二年、遣使上表曰：封国偏遠、作藩於外、自昔祖禰、躬擐甲冑、跋渉山川、不遑寧処。東征毛人五十五国、西服衆夷六十六国、渡平海北九十五国、王道融泰、廓土遐畿、累葉朝宗、不愆於歳。臣雖下愚、忝胤先緒、駆率所統、帰崇天極、道遙百済、装治船舫。而句驪無道、図欲見呑、掠抄辺隷、虔劉不已、毎致稽滞、以失良風。雖曰進路、或通或不。臣亡考済、実忿寇讎、壅塞天路、控弦百万、義声感激。方欲大挙、奄喪父兄、使垂成之功、不獲一簣。居在諒闇、不動兵甲、是以偃息未捷。至今欲練甲治兵、申父兄之志、義士虎賁、文武效功、白刃交前、亦所不顧。若以帝徳覆載、摧此強敵、克靖方難、無替前功。窃自假開府儀同三司、其余咸假授、以勧忠節。」

――『宋書』「夷蛮伝」

②三〜六世紀の東アジア情勢について、中国と日本の関係を、高句麗、百済などほかの国々との関係と合わせてみれば、視野がもっと広くなるだろう。

◎『宋書』の高句麗についての記載

「東夷高句驪国、今治漢之遼東郡。高句驪王高璉、晋安帝義熙九年、遣長史高翼奉表献赭白馬。以璉為使持節、都督営州諸軍事、征東将軍、高句驪王、楽浪公。高祖践阼、詔曰：使持節、都督営州諸軍事、征東将軍、高句驪王、楽浪公璉、使持節、督百済諸軍事、鎮東将軍、百済王映。并執義海外、遠修貢職、惟新告始、宜荷国休。璉可征東大将軍、映可鎮東大将軍。

持節、都督、王公如故。三年、加璡散騎常侍、増督平州諸軍事。」

——『宋書』「夷蛮伝」

◎『古事記』・『日本書紀』には、卑弥呼に比定された神功皇后は、朝鮮半島を征服した、いわゆる「三韓征伐」を行ったということが記されている。もちろん、その実在性を疑う見解は多い。

「故備如教覚、整軍雙船。度幸之時、海原之魚、不問大小、悉負御船而渡。爾順風大起、御船從浪。故其御船之波瀾、押騰新羅之国、既到半国。於是、其国王畏惶奏言：自今以後、随天皇命而、為御馬甘、毎年雙船、不乾船腹、不乾柂檝、共与天地、無退仕奉。故是、以新羅国者、定御馬甘、百済国者、定渡屯家。爾以其御杖、衝立新羅国主之門、即以墨江大神之荒御魂、為国守神而祭鎮、還渡也。」

——『古事記』巻中

③渡来人について

（応神天皇）「十四年春二月、百済王貢縫衣工女、曰真毛津、是今来目衣縫之始祖也。是歳、弓月君自百済来帰、因以奏之曰：臣、領己国之人夫百廿県而帰化。然因新羅人之拒、皆留加羅国。爰遣葛城襲津彦而召弓月之人夫於加羅。然、経三年而襲津彦不来焉。十六年八月、遣平群木菟宿禰、的戸田宿禰於加羅、仍授精兵詔之曰：襲津彦久之不還、必由新羅之拒而滞之。汝等急往之撃新羅、披其道路。於是木菟宿禰等進精兵、莅於新羅之境。新羅王、愕之服其罪。乃率弓月之人夫、与襲津彦共来焉。」

——『日本書紀』巻十

④王仁の渡日について

（応神天皇）「十五年秋八月壬戌朔丁卯、百済王遣阿直岐、貢良馬二匹。即養於軽阪上厩。因以阿直岐令掌飼。故号其養馬之処曰厩阪也。阿直岐亦能読経典。及太子菟道稚郎子師焉。於是天皇問阿直岐曰：如勝汝博士亦有

耶。対曰：有王仁者、是秀也。時遣上毛野君祖荒田別・巫別於百済、仍徴王仁也。……十六年春二月、王仁来之。則太子菟道稚郎子師之、習諸典籍於王仁莫不通達。所謂王仁者、是書首等始祖也。」

——『日本書紀』巻十

⑤日本古代の天皇については、記載はあるものの、内容は神話・伝説の世界であり、実在性や在位期間などは、問題点が多いとよく指摘されている。また、その記載自体も、人為的な加工の跡が明らかに見える。例えば、『日本書紀』にある雄略天皇の遺詔は、ほとんど中国『隋書』隋文帝楊堅（ずいぶんていようけん）の遺詔の引き写しである。

『隋書』	『日本書紀』
「嗟乎。自昔晋室播遷、天下喪乱、四海不一、以至周斉、戦争相尋、年将三百。故割疆土者非一所、称帝王者非一人、書軌不同、生人塗炭。上天降鑑、爰命於朕、用登大位、豈関人力。故得撥乱反正、偃武修文、天下大同、声教遠被、此又是天意欲寧区夏。所以昧旦臨朝、不敢逸豫、一日万機、留心親覧、晦明寒暑、不憚劬労、匪曰朕躬、蓋為百姓故也。王公卿士、毎日闕庭、刺史以下、三時朝集、何嘗不罄竭心府、誠敕殷勤。義乃君臣、情兼父子。庶藉百僚智力、万国歓心、欲令率土之人、永是安楽。不謂遘疾弥留、至於大漸。此乃人生常分、何足言及。但四海百姓、衣食不豊、教化政刑、猶未尽善、興言念此、唯以留恨。朕今年逾六十、不復称夭、但筋力精神、一時労竭。如此之事、本非為身、止欲安養百姓、所以致此。人生子孫、誰不愛念、既為天下、事須割情。勇及秀等、并懐悖悪、既知無臣子之心、所以廃黜。古人有言：知臣莫若於君、知子莫若於父。若令勇、秀得志、共治家国、必当戮辱遍於公卿、酷毒流於人庶。今悪子孫已為百姓黜屏、好子孫足堪負荷大業。此雖朕家事、理不容隠、前対文武侍衛、具已論述。皇太子広、地居上嗣、仁孝著聞、以其行業、堪成朕志。但令内外群官、同心戮力、以此共治天下、朕雖瞑目、何所復恨。……」 ——『隋書』「帝紀」第二	「方今区宇一家、煙火万里、百姓艾安、四夷賓服。此又天意、欲寧区夏。所以小心励己、日慎一日、蓋為百姓故也。臣連伴造、毎日朝参、国司郡司、随時朝集、何不罄竭心府、誠勅懇懃。義乃君臣、情兼父子。庶藉臣連智力、内外歓心、欲令普天之下、永保安楽。不謂遘疾弥留、至於大漸。此乃人生常分、何足言及。但朝野衣冠、未得鮮麗、教化政刑、猶未尽善、興言念此、唯以留恨。今年蹉若干、不復称夭、筋力精神、一時労竭。如此之事、本非為身。止欲安養百姓、所以致此。人生子孫、誰不属念。既為天下、事須割情。今星川王、心懐悖悪、行闕友于。古人有言：知臣莫若君、知子莫若父。縦使星川得志、共治家国、必当戮辱遍於臣連、酷毒流於民庶。夫悪子孫已為百姓所憚、好子孫足堪負荷大業。此雖朕家事、理不容隠、大連等民部広大、充盈於国。皇太子地居上嗣、仁孝著聞。以其行業、堪成朕志。以此共治天下、朕雖瞑目、何所復恨。」 ——『日本書紀』巻十四

第四章　隋代の中国と日本

ガイダンス

　隋の存在した期間は短かったが、整備した諸制度は後世に多く受け継がれていた。日本も遣隋使の派遣によって、冠位十二階・十七条憲法などを制定し、それまでの氏族単位の王権組織を再編成し始めた。文化の面においては、仏教の伝入に伴って飛鳥文化が栄え、建築・彫刻なども大陸の影響のもとで少しずつ本土化へと発展していった。

遣隋使の派遣

　589年に成立した隋は、約四世紀もの間分裂していた中国を統一し、当時の東アジアにおいて強い勢力を持つ国となった。一方、朝鮮半島では、主に北部の高句麗、南部の新羅、百済という三つの国が、依然として分立していた。隋が建国すると、半島の三国は、素早く朝貢し臣下の礼をとってきた。その後の600年、日本も初めての使節を隋に派遣した。それは大国の隋の文化や技術を学ぶ目的もあったが、当時内外での影響力を維持・増強するための動きでもあった。遣隋使の回数については、中国側の『隋書』「倭国伝」と日本側の『日本書紀』とで明確に一致しているのは、607年と608年の二回だけであるが、他の関連記事を参照した上で、三回・四回・五回・六回説を主張する学者もいる[1]。

　600年の遣隋使については、日本側の記述が見当たらない。『隋書』の「倭国伝」によれば、隋文帝（541〜604）がその使節に倭国の風習について尋ねたところ、「倭王以天為兄、以日為弟、天未明時、出聴政跏趺坐、日出便停理務、云委我弟」と答えられた。もちろん、隋文帝は納得できず、それは「大無義理」と応じ、改めるよう訓令したという。また、607年に小野妹子（生没年不詳）を使節とする遣隋使が派遣された。上呈した国書の冒頭に、海の西の菩薩天子が仏教を興隆させているので学ばせてほしいと述べられていたが、その次に「日出処天子致書日没処天子無恙云云」という文句もあった。これ

隋唐洛陽城宮城の正南門・応天門遺跡に建てられた「日本国遣隋使遣唐使訪都之地」記念碑（洛陽市・周公廟）*

---

[1] 氣賀澤保規編：『遣隋使がみた風景——東アジアからの新視点』、八木書店、2012年、35〜38頁。

を見た隋煬帝（569〜618）は激怒し、外交担当の鴻臚卿に「蛮夷書有無礼者、勿復以聞」と命じたという（『隋書』「倭国伝」）。しかし、隋煬帝は怒ったものの、大使の小野妹子を処刑することはなく、翌年に秘書官の裴世清（生没年不詳）を使節として日本に遣わすこともした。それは、朝鮮半島北部に勢力を伸びつつある高句麗を牽制し、日本との関係を築こうと考えていたためではないかと考えられている。

「対等外交」

ここでよく言及されるのは、当時の日本が隋に対して行った「対等外交」である。『日本書紀』には、小野妹子が隋から日本に帰る途中で、隋煬帝からの返書を紛失したと記されているが、それは、隋の返書は日本を臣下扱いしたものだったので、日本側の怒りを買うことを恐れた小野妹子が、わざとその返書を破棄してしまったのではないかとも推測されている。さらに、裴世清が帰国する時に、日本側は隋に対して「東天皇敬白西皇帝」で始まり、「謹白不具」で終わる文書も送ったという（『日本書紀』巻二二）。これらのことを理由にして、当時の日本は隋に対して対等の外交姿勢を保っていたと主張する人が多いのである。

小野妹子像
（上野啓純編『華道家元池坊由来記』）

しかし、最近の研究では、小野妹子が手渡した、国名・君主号すら記されていない「日出処天子致書日没処天子」という書状は、国家から国家へと送られる公的な文書ではなく、私的な書状だった可能性があると指摘されている。さらに、書状の構成から見ても、遣隋使の派遣もその前後の使者と同じく朝貢であり、対等の立場を求めていたわけではなかった。倭の五王のように冊封を求めなかったのは、この時

期の隋が朝鮮半島の諸国を含む東アジアへの冊封を行っていなかったからである[①]。そして、よく挙げられる「皇帝問倭皇」「東天皇敬白西皇帝」といった文句も、『日本書紀』編纂時の改竄だとの見解もある。現実から見ると、小野妹子が派遣された時、隋はちょうど煬帝の治世で、盛時を迎えていた。「是時、天下凡有郡一百九十、県一千二百五十五、戸八百九十万有奇。東西九千三百里、南北万四千八百一十五里。隋氏之盛、極于此矣」(『資治通鑑』巻一八一)。充実した隋の国力に直面しては、この時期の日本には国家的な自立意識が芽生えていたとしても、対等外交はとうてい考えられない話であろう。

遣隋使たち

とはいえ、遣隋使の派遣は、日本が本格的に国際舞台に踏み出すきっかけとなった。裴世清らの帰国の際に、小野妹子が再度遣隋使に任命され、留学生や留学僧八人の随行も命じられた。その中の、留学生の高向玄理(たかむこのくろまろ)(?〜654)と南淵請安(みなぶちのしょうあん)(生没年不詳)は、三十年以上にわたる留学生活を送り、隋の滅亡と唐の建国なども体験した。留学僧の旻(みん)(?〜653、日文とも)も、二四年間中国に滞在し、仏教のほか周易なども深く修めたという。彼らはほとんどが渡来系の人々で、隋唐の政治制度や文化技術を学び、帰国後日本の大化改新などに大きく貢献した。特に、政治顧問の国博士にも任命された高向玄理は、654年に再び遣唐使として唐に渡り、外交面において重要な役割を果たした。唐高宗(とうこうそう)(628〜683)にも謁見した彼は、最後に唐で客死した。「遂到于京、奉覲天子……押使高向玄理卒於大唐」(『日本書紀』巻二五)。

2007年は、小野妹子らの遣隋使が隋を訪れ、隋煬帝に国書を手渡してから一四〇〇周年に当たる年であった。中日両国は、互いの交流・理解を

[①] 河上麻由子:『古代日中関係史——倭の五王から遣唐使以降まで』、中央公論新社、2019年、77〜99頁。

促進するために、日本の大阪と中国の杭州でそれぞれ記念国際シンポジウムを開催するなど、一連の記念活動を行った。その中で、最大規模の催しとなったのは、中国西安（隋の都大興）で行われた「日本遣隋使入大興城一千四百周年」というイベントである。当日の式典には、日本側から村山富市元首相を団長とする日中友好協会代表団・政府代表団など多くの参加者も出席した。また、中国側が日本の古代画などの資料にもとづいて復元した実物大（長さ十五メートル、幅五・二メートル）の遣隋使船も、中日友好のシンボルとして披露された。船体には日本美術院理事長の平山郁夫（1930～2009）が揮毫した「遣隋使号」という船名があり、船内には使節の裴世清と小野妹子の像が置かれ、仲良く酒を酌み交わしている場面が再現されている。

復元された遣隋使船（西安市・大唐西市）

冠位十二階

『日本書紀』によれば、推古天皇十一年（603）十二月に、推古天皇の甥である聖徳太子（574～622）により冠位十二階が制定され、翌年正式に実施された。大徳・小徳・大仁・小仁・大礼・小礼・大信・小信・大義・小義・大智・小智の十二階の冠位によって、豪族を序列化すると同時に、

姓や氏に関係なく優秀な人材を登用することを目的としたものである。
「十二月戊辰朔壬申、始行冠位。大徳・小徳・大仁・小仁・大礼・小礼・大信・小信・大義・小義・大智・小智、並十二階。並以当色絁縫之、頂撮總如囊而着縁焉。唯元日着髻花。十二年春正月戊戌朔、始賜冠位於諸臣、各有差」(『日本書紀』巻二二)。

　この制度は、天皇は臣下に冠を授け、紫・青・赤・黄・白・黒の冠の色にそれぞれ濃淡をつけて大小を区別し、身分の高下を明確にさせるものであった。徳・仁・礼・信・義・智という徳目は、言うまでもなく中国儒教の「五常」からの考えである。各階級の冠の色も、五行に割り当てられた色をもって定められており、木に配した仁(青)、火に配した礼(赤)、土に配した信(黄)、金に配した義(白)、水に配した智(黒)となっている。最上位の徳に紫色が当てられているのは、日本独自の発想によったものだとの見解もあるが、全体としては中国の「陰陽五行説」の影響が明らかである。ただし、603年に冠位十二階が制定された後、647年の冠位十三階、649年の冠位十九階、664年の冠位二十六階のように、冠位の細分化や再編成も何度も行われたのである。

「冠位十九階」の冠
(『有職図譜』一)

十七条憲法

　そして、聖徳太子が制定した十七条憲法も、新しい国家社会を組み立てる制度として、当時中国大陸から伝来した最新の文化を色濃く反映している。ところが、『日本書紀』には推古天皇十二年(604)夏四月「皇太子親肇作憲法十七条」(『日本書紀』巻二二)と記されているが、それが後世の

創作で、つまり『日本書紀』編纂頃に作成されたものであろうとする説があり、真偽については現在でも問題となっている。また、「憲法」と言っても、近代国家の憲法や法律規定とは違い、道徳的・訓戒的な要素が強かった。十七カ条の漢文からなり、日本の貴族や官僚のような政治に関わる人々に道徳や心がけを説き、特に天皇中心の秩序を確立しようとする意図が明白である。

慶長年間（1596～1615）の『聖徳太子憲法十七箇條』書影

その内容から見ると、中国の「四書」「五経」をはじめとする儒家経典、『管子』『韓非子』などの法家典籍、また『法華経』などの仏典からの章句が多く盛りこまれている。例えば、第一条の「和を以て貴しと為し、忤ふること無きを宗と為す」、第二条の「篤く三宝を敬え、三宝とは仏と法と僧なり」、第三条の「君言う時は臣承る、上行う時は下靡く」、第十条の「彼是とすれば即ち我は非とし、我是とすれば則ち彼は非とす」などには、それぞれ儒家・仏家・法家・道家の思想要素が容易に見て取れる（『日本書紀』巻二二）。「十七」という数字が使われたのも、中国の陰陽思想による、陰と陽の極（陰数で最高の八と陽数で最高の九）を合わせたためだと言われている。

聖徳太子

以上のように、聖徳太子は、推古朝の日本の内政の面においても、外交の面においても、大事な役割を果たした人物である。しかし、聖徳太子という名は、現存史料による限りでは、奈良中期の漢詩集『懐風藻』の序に見えるのが最初で、没した後に贈られた諡号に過ぎないと見られている。

第四章　隋代の中国と日本

彼は、生まれた当初は厩戸豊聡耳皇子と呼ばれていたから、厳密に言えば「厩戸王」、「厩戸王子」のほうが正しい。『日本書紀』には、彼の母は「至于馬官、乃当厩戸而不労忽産之」（『日本書紀』巻二二）という記録があり、つまり厩戸で生まれたのでそのように命名されたのだと考えられている。

以前よく使われていた聖徳太子を描いた最古のものと伝えられる「唐本御影」肖像画（これまで何度も日本紙幣のデザインになったこともある）も、彼の没後百年後以上を経てから描かれたものと見なされるようになったため、現在では「伝・聖徳太子像」と説明をつけることが多くなっている。さらに、日本の一部の歴史教科書には、当時の国家組織の形成に偉大な功績があったとされてきた彼を、単に改革・改新の一協力者と言い換えたりする動きもあった[1]。研究の進展によって、歴史の新事実が明らかにされ、従来の記述は次々にリニューアルされたのである。

伝・聖徳太子像
（日本宮内庁蔵）

聖徳太子墓とされた叡福寺の古墳
（大阪府・南河内郡）

---

[1] 笹山晴生、佐藤信［他］：『詳説日本史B』、山川出版社、2016年、34〜35頁。

55

「聖徳太子慧思転生説」

　聖徳太子は没した後、生まれながらに超人的な能力を持つ者として、神秘化・聖人化が進んでいった。『日本書紀』は、彼について「生而能言、有聖智。及壮、一聞十人訴、以勿失能辨、兼知未然。且習内教於高麗僧慧慈、学外典於博士覚哿、並悉達矣」と記している（『日本書紀』巻二二）。もちろん、先に述べた厩戸で生まれたことも、実は東アジアの諸民族の間でよく見られる聖人異常出生説と関係があると考えられている。時の経つにつれて、聖徳太子を観音菩薩の化身として崇敬する太子信仰も発生し、平安時代前期の『聖徳太子伝暦』をはじめとして、彼の資質・能力を讃える伝記が多く成立した。鎌倉時代になると、聖徳太子を教祖として追慕する仏教教団も現れた。特に浄土真宗の場合、聖徳太子を浄土への導き手と崇め、太子絵・像を本尊として祀り、民間の太子信仰をいっそう広めたのである。

　一方、聖徳太子は中国天台宗第二祖とされる南岳慧思（515～577）禅師の生まれ変わりであるとする説も広く伝えられている。さらに、この「聖徳太子慧思転生説」は、後の唐時代の鑑真の渡日動機にもなったと言われている。例えば、漢学者淡海三船（722～785）の『唐大和尚東征伝』には、「昔聞南岳思禅師遷化之後、託生倭国王子、興隆仏法済度衆生」と記されており、鑑真和上の渡日と聖徳太子の託生が結びつけられている（『唐大和尚東征伝』）。しかし、南岳慧思という人物は577年に没し、聖徳太子の誕生は574年頃であったという記録から、この説は事実としては誤っている。仏教思想史の面でも、聖徳太子と結びつけられた慧思転生説は、後代の創作・誤読などがあり、なお検討すべきところが多いとされている[1]。

南嶽慧思像
（南岳仏教協会編著『慧思大師文集』）

---

[1] 伊吹敦:「聖徳太子慧思後身説の形成」、『東洋思想文化』1号、2014年、1～23頁。

第四章　隋代の中国と日本

飛鳥文化

　日本推古朝の都が飛鳥地方（奈良盆地の南部）にあったので、この時に興った文化は飛鳥文化と呼ばれている。日本におけるそれまでの外国文化の移植は、もっぱら大陸から伝えられたものを受け入れるという受動的姿勢で進められたのに対し、七世紀に入ると積極的にそれを輸入しようとする自覚が明らかに見られるようになった。遣隋使の派遣などによって、日本の飛鳥文化は、中国六朝・隋文化の影響のもとで大きく発展し、後の白鳳文化・天平文化の基礎を築きあげた。

洛陽龍門石窟賓陽中洞の釈迦像*

　特に、新しく伝入してきた仏教は、政治の基本として捉えられ、飛鳥文化の中心となった。奈良県生駒郡斑鳩町(いこまぐんいかるがちょう)にある法隆寺は、607年に聖徳太子が建立したと伝えられ、670年に焼失したが再建され、当時の仏教芸術の代表とも言える。法隆寺の中門や金堂は、現存する世界最古の木造建築であり、世界遺産にも指定されている。

　中でも金堂にある「釈迦三尊像」は、後世の日本の仏像様式と異なり、当時の中国大陸の影響を受けた作風が著しい。長面の顔、アーモンド形の眼、軽く笑みを浮かべるように見える唇、太い耳たぶ、三つのくびれ線がない円筒状の頸部、長く伸ばした爪などの点から、その造形は北魏時代の仏像彫刻、例えば洛陽龍門石窟の「賓陽中洞本尊」の釈迦像に非常に似ていることが早くから指摘されていた。また、釈迦三尊像の光背裏面に刻された銘文も、「時王后王子等及与諸臣、深懐愁

法隆寺金堂の釈迦像
(Japanese Temples and Their Treasures, Vol. 2)

毒、共相発願、仰依三宝、当造釈像、尺寸王身、蒙此願力、転病延寿、安住世間」と造像の施主・動機・祈願などの内容を記しており、当時の中国の四六駢儷体(べんれいたい)の格調高い書風を伝えるものである。

『隋書』に記された日本

　この時期の中日の相互認識は、前代より相当に進んでいた。前述したように、遣隋使の目に映ったものとして、隋の整った国家体制、豊かな国力、圧倒的な文化などが挙げられるだろう。一方、正式な使節として渡日した裴世清らも、日本の様子を身をもって実感することができた。『隋書』の「倭国伝」は、裴世清の見聞をもとにして書かれたとの見方もある。その中には、冠位十二階など日本政治制度のほか、日本人の生活ぶりについても種々記載されている。

奈良県高市郡高松塚(たかいちぐんたかまつづか)古墳の女子群像
（古都飛鳥保存財団『高松塚壁画館パンフレット』）

　例えば、「其服飾男子衣裙襦、其袖微小、履如履形、漆其上、繋之於脚。人庶多跣足、不得用金銀為飾、故時衣横幅、結束相連而無縫。頭亦無冠、但垂髪於両耳上。至隋、其王始制冠、以錦綵為之、以金銀鏤花為飾」など、隋の時代になってから、日本国王が初めて冠位を制定したことが言及されている。社会風俗について、「其俗殺人強盗及姦皆死、盗者計贓酬物、無財者没身為奴、自余軽重、或流或杖。毎訊究獄訟、不承引者、以木圧膝、或張強弓以弦鋸其項、或置小石於沸湯中、令所競者探之、云理曲者即手爛。或置蛇瓮中、令取之、云曲者即螫手矣」と、無欲で落ちつきがあり、訴訟はほとんど起こらず、盗賊も少ないことが注目されている。また、「楽有五弦、琴、笛。男女多黥臂點面文身、没水捕魚。無文字、

第四章　隋代の中国と日本

唯刻木結縄。敬仏法、於百済求得仏経、始有文字。知卜筮、尤信巫覡。毎至正月一日、必射戯飲酒、其余節略与華同」と、仏教や漢字の受容、中国に倣った季節行事の催しなどが挙げられている。さらに自然風物について、「有阿蘇山、其石無故火起接天、俗以為異、因行祷祭」と、九州にある阿蘇山の噴火を異変として、山麓の住民が祭祀を行っていたことも記されている（『隋書』「倭国伝」）。

関連史料

①『隋書』に記載された日本の遣使。「阿毎」「多利思比孤」は「天（あま）」「垂し彦（ひこ）」（天から降りた男子）、「阿輩鶏弥」は「大王（おおきみ）」であるように解釈できるが、どの倭王を指したのかについては諸説ある。

「開皇二十年、倭王姓阿毎、字多利思比孤、号阿輩鶏弥、遣使詣闕。上令所司訪其風俗、使者言、倭王以天為兄、以日為弟、天未明時、出聴政跏趺坐、日出便停理務、云委我弟。高祖曰：此大無義理。於是訓令改之。」

「大業三年、其王多利思比孤、遣使朝貢。使者曰：聞海西菩薩天子重興仏法、故遣朝拝、兼沙門数十人来学仏法。其国書曰、日出処天子、致書日没処天子、無恙、云云。帝覧之不悦、謂鴻臚卿曰：蛮夷書有無礼者、勿復以聞。明年、上遣文林郎裴世清使倭国。」

——『隋書』「倭国伝」

②『日本書紀』の遣隋使の記載

「爰妹子臣奏之曰：臣参還之時、唐帝以書授臣。然経過百済国之日、百済人探以掠取、是以不得上。於是群臣議之曰：夫使人雖死之不失旨、是使矣。何怠之失大国之書哉？則坐流刑。時天皇敕之曰：妹子雖有失書之罪、輒不

可罪。其大国客等聞之、亦不良。乃赦之不坐也。」

「使主裴世清親持書、両度再拜言上使旨而立之。其書曰、皇帝問倭皇、使人長吏大礼蘇因高等至具懐。朕欽承宝命、臨仰区宇、思弘德化、覃被含靈、愛育之情、無隔遐邇。知皇介居海表、撫寧民庶、境内安楽、風俗融合、深気至誠、遠脩朝貢、丹款之美、朕有嘉焉、稍暄、比如常也。故遣鴻臚寺掌客裴世清等、指宣往意、并送物如別。」

「唐客裴世清罷帰。則復以小野妹子臣為大使、吉士雄成為小使、福利為通事、副於唐客而遣之。爰天皇聘唐帝、其辞曰、東天皇敬白西皇帝。使人鴻臚寺掌客裴世清等至、久憶方解、季秋薄冷、尊何如、想清悆。此即如常。今遣大礼蘇因高、大礼乎那利等往、謹白不具。」

——『日本書紀』巻二二

③聖徳太子の出生について

欽明天皇三十二年（571）「辛卯春正月朔甲子夜、妃夢有金色僧、容儀太艷、対妃而立、謂之曰：吾有救世之願、願暫宿后腹。妃問：是為誰？僧曰：吾救世菩薩、家在西方。妃曰：妾腹垢穢、何宿貴人。僧曰：吾不厭垢穢、唯望感人間。妃曰：不敢辞譲、左之右之随命。僧懐歓色、躍入口中。妃即驚寤、喉中猶似呑物。妃意大奇、謂皇子。皇子曰：你之所誕、必得聖人。自此以後、始知有娠。……一日、妃巡第中、到于廁下、不覚有産。女孺驚抱、疾入寝殿。妃亦無恙、安宿幄内。皇子驚詢侍従、会庭忽有赤黄光至西方、照耀殿内、良久而止。敏達天皇乍聞此異、命駕而問。比及殿戸、復有照耀。天皇大異、敕群臣曰：此兒後有異於世。」

——藤原兼輔？『聖徳太子伝暦』

④十七条憲法の全文

「一曰、以和為貴、無忤為宗。人皆有党、亦少達者。是以或不順君父、乍違於隣里。然上和下睦、諧於論事、則事理自通、何事不成。

二曰、篤敬三宝。三宝者、仏法僧也。則四生之終帰、万国之極宗。何世何人、非貴是法。人鮮尤悪、能教従之。其不帰三宝、何以直枉。

三曰、承詔必謹。君則天之、臣則地之。天覆地載、四時順行、万気得通。地欲覆天、則至壊耳。是以君言臣承、上行下靡。故承詔必慎、不謹自敗。

四曰、群卿百寮、以礼為本。其治民之本、要在乎礼。上不礼而下非斉。下無礼以必有罪。是以君臣礼有、位次不乱。百姓有礼、国家自治。

五曰、絶饕棄欲、明辨訴訟。其百姓之訟、一日千事。一日尚爾、況乎累歳。頃治訟者、得利為常、見賄聴讞、便有財之訟、如石投水。乏者之訴、似水投石。是以貧民則不知所由、臣道亦於焉闕。

六曰、懲悪勧善。古之良典、是以無匿人善、見悪必匡。其諂詐者、則為覆国家之利器、為絶人民之鋒剣。亦佞媚者、対上則好説下過、逢下則誹謗上失。其如此人、皆無忠於君、無仁於民。是大乱之本也。

七曰、人各有任、掌宜不濫。其賢哲任官、頌音則起。姦者有官、禍乱則繁。世少生知、剋念作聖。事無大少、得人必治。時無急緩、遇賢自寛。因此国家永久、社稷勿危。故古聖王、為官以求人、為人不求官。

八曰、群卿百寮、早朝晏退。公事靡盬、終日難尽。是以遅朝不逮於急、早退必事不尽。

九曰、信是義本、毎事有信。其善悪成敗、要在於信。群臣共信、何事不成。群臣無信、万事悉敗。

十曰、絶忿棄瞋、不怒人違。人皆有心、心各有執。彼是則我非、我是則彼非。我必非聖、彼必非愚、共是凡夫耳。是非之理、詎能可定。相共賢愚、如鐶無端。是以彼人雖瞋、還恐我失。我独雖得、従衆同挙。

十一曰、明察功過、賞罰必当。日者賞不在功、罰不在罪。執事群卿、宜明賞罰。

十二曰、国司国造、勿斂百姓。国靡二君、民無両主。率土兆民、以王為主。所任官司、皆是王臣、何敢与公賦斂百姓。

十三曰、諸任官者、同知職掌。或病或使、有闕於事。然得知之日、和如曾識。其以非与聞、勿防公務。

十四曰、群臣百寮、無有嫉妬。我既嫉人、人亦嫉我。嫉妬之患、不知其極。所以智勝於己則不悦、才優於己則嫉妬。是以五百歳之後、乃今遇賢、千載以難待一聖。其不得賢聖、何以治国。

十五曰、背私向公、是臣之道矣。凡人有私必有恨、有憾必非同。非同則以私妨公、憾起則違制害法。故初章云、上下和諧、其亦是情歟。

十六曰、使民以時、古之良典。故冬月有間、以可使民。従春至秋、農桑之節、不可使民。其不農何食、不桑何服。

十七曰、大事不可独断、必与衆宜論。少事是軽、不可必衆。唯逮論大事、若疑有失。故与衆相辨、辞則得理。」

——『日本書紀』巻二二

第五章　唐代の中国と日本（一）

ガイダンス

　遣隋使に引き続き、唐代に日本は二百年間以上にわたって遣唐使を派遣し、中国文化を積極的に受け入れていた。白村江の戦いで一時的に中断したこともあったが、中国に学ぼうとする姿勢はほぼ一貫していた。奈良や京都の町づくり、京都御所や正倉院の文物などには、現在でも唐風の色合いが所々に見られるのである。

遣唐使の派遣

　618年に唐は成立してから、「貞観の治」・「開元の治」などを経て繁栄期を迎え、当時世界に誇る大強国となった。日本も、遣隋使に引き続き遣唐使を派遣し、唐の制度や文化の導入に努めていた。623年、遣隋使として派遣された留学僧恵日(えにち)（生没年不詳）らは日本に帰り、「留於唐国学者、皆学以成業、応喚。且其大唐国者、法式備定之珍国也、常須達」と上奏し、唐との通交、使節派遣の必要性を進言した（『日本書紀』巻二二）。それを背景に、日本は630年、犬上御田鍬(いぬがみのみたすき)（生没年不詳）らを使節として、第一回の遣唐使を派遣した。

奈良平城宮跡にある復原された朱雀門
（平城宮跡歴史公園HP）

　ところが、朝鮮半島では、かねてから百済と争っていた新羅が、660年に唐と手を結び、百済の都を占領し、百済王らも捕虜とした。663年、日本は百済の遺臣の救援要請に応じ、唐・新羅の連合軍と朝鮮半島南西部の白村江河口付近で戦ったが、大敗してしまった。その後、最初の対外戦争における大規模な敗戦を喫した日本は、さらに攻撃される危機感を抱きながらも、唐の優れた政治制度や文化技術を学ぼうとする意欲もいっそう固め、唐との国交を回復し、遣唐使を再開したのである。

　遣唐使の実際に派遣された回数については、中止・失敗や送唐客使な

第五章　唐代の中国と日本（一）

ど、数え方・考え方の違いにより、意見が分かれている。630年の使節を第一回として、894年に停止されるまで、二十回の任命が認められるが、そのうち746・761・762・894年の使節は中止されたので、実際には十六回派遣された。さらに、665と667年の唐の百済駐留軍のもとに赴いた使節と759・779年の迎送唐客使を正式な遣唐使と見なさず、最小で十二回と考える学者もいる[①]。また、遣使の間隔については、「南岳高僧思大師生日本為王、天台教法大行彼国、是以内外経籍、一法於唐、約二十年一来朝貢」（『唐決集』下）という記載もあるが、実際の派遣は不規則的になっていた。

遣唐使の回数（二十回の場合）

回	出発・任命年	使節・関連事項	回	出発・任命年	使節・関連事項
一	630	犬上御田鍬・旻帰国	十一	746	石上乙麻呂・中止
二	653	吉士長丹	十二	752	藤原清河・吉備真備再渡唐
三	654	高向玄理	十三	759	高元度・渤海経由の迎入唐使
四	659	坂合部石布	十四	761	仲石伴・中止
五	665	守大石・送唐客使	十五	762	中臣鷹主・中止
六	667	伊吉博徳・百済までの送唐客使	十六	777	小野石根
七	669	河内鯨・平高麗慶賀使	十七	779	布勢清直・送唐客使
八	702	粟田真人・弁正渡唐	十八	804	藤原葛野麻呂・空海、最澄渡唐
九	717	多治比県守・阿倍仲麻呂、吉備真備渡唐	十九	838	藤原常嗣・円仁、円載渡唐
十	733	多治比広成	二十	894	菅原道真・中止

　中日関係史研究者としてよく知られる木宮泰彦（1887～1969）は、正式な遣唐使を十三回とし、四期に区分している。すなわち、第一期は舒

[①] 藤家礼之助著、章林訳：『中日交流両千年』、北京聯合出版公司、2019年、97～98頁。

明天皇から斉明天皇に至るおよそ三十年間における四回（630・653・654・659 年）で、遣隋使の延長と見るべきものであった。使節団の組織はまだ一定するに至らず、規模も小さかった。第二期は天智天皇時代の二回（665・669 年）で、唐と百済との政治関係から派遣されたもので、他の遣唐使とは異なっていた。第三期は文武天皇から孝謙天皇に至るおよそ五十年間における四回（702・717・733・752 年）で、遣唐使一行の組織も一定し、規模が大きく、儀容も整い、遣唐使の最盛期とも言える。第四期は光仁天皇から仁明天皇に至るおよそ六十年間における三回（777・804・838 年）で、組織や規模においては第三期と同様もしくはそれ以上であったが、実態としてはすでに衰微期に入っていた[①]。

653 年に大使として唐に赴いた吉士長丹像（東京国立博物館）彼は唐高宗にまみえ、「多得文書宝物」という実績で、帰国後「呉」の姓も賜わったという（『日本書紀』巻二五）。

東アジアの秩序

国際関係の面においては、「九天閶闔開宮殿、万国衣冠拝冕旒」（王維「和賈舎人早朝大明宮之作」）と謳われたように、唐を中心として形成された東アジア秩序のもとで、多くの国が使節団を長安に派遣してきた。その派遣回数は、日本を除けば、新羅が八九回、大食（タージ）が三九回、林邑（チャンパ）が二四回、真臘（カンボジア）が十一回、拂菻（東ローマ帝国）が七回、獅子国（スリランカ）が三回であった。そのほか、高句麗、百済、婆羅門国（インド）、泥婆羅（ネパール）、驃国（ミャンマー）、波斯（ペル

[①] 木宮泰彦著、胡錫年訳：『日中文化交流史』、商務印書館、1980 年、62～75 頁。

第五章　唐代の中国と日本（一）

シャ）、さらに西アジア、北アフリカの国々の遣使もしばしば見られる[①]。

復元された唐大明宮正南門の丹鳳門（西安市）

　遣使について、日本は進貢はしたものの、唐の冊封を受けず、遣唐使も唐と対等の立場で見学や貿易などを行っていただけだと主張する人もいる。しかし、実際には日本の遣唐使は唐王朝に「外臣」の「朝貢使」として扱われ、使節一行もそれに沿って絹製品や銀・水晶などの特産物を朝貢品として唐皇帝に献上したので、終始朝貢行為から逸しなかったのである。

　それを背景に、各種儀式が催される唐朝廷の宮殿は、周辺諸国・諸民族の使節が、唐皇帝との賓礼を通じて関係を確認し、国際序列を競い合う場ともなっていた。天宝十二年（753）正月に大明宮の含元殿で行われた拝賀儀式において、席次の争い事件が起きた。日本使節の席が西側の吐蕃の下座に用意され、新羅の席が東側の第一の上座に用意されたのである。これに対し、遣唐副使の大伴古麻呂（？～757）は、それは新羅より格付けが下にされたということであるとして、「自古至今、新羅之朝貢日本国久矣。而今列東畔上、我反在其下、義不合得」と抗議した。そこで、儀式を取り仕切る唐の呉懐実（690～754）将軍は、日本と新羅の席を交換させたという（『続日本紀』巻十九）。しかし、この話は日本側の記載にしか見られないため、その信憑性が問われている。また、唐の決めた基準に逆らうこ

---

① 葛承雍：『胡漢中国与外来文明（交流巻）』、生活・読書・新知三聯書店、2019 年、100 ～ 101 頁。

とができるのか、できたとしても座席の礼では西は東より高いので、朝貢国の日本の地位は実際には変わらなかったのではないか、という別の意見もある①。

「客使図」（陝西省歴史博物館）

　唐代の長安には、各国の使節・商人らが集まってきており、その人物像は中国の仏寺・陵墓などの建築物の壁画の重要な内容ともなった。章懐太子李賢（りけん）（655～684）の墓にある壁画「客使図」は、当時唐に朝貢に来た使節の姿を生き生きと表したものとして有名である。挿図から分かるように、右の三人の外国使節が、唐官僚の服装をした人々（鴻臚寺の役人か）に連れられ、宮中に参内しようとしている。三人の使節の中央に立っている者は、鳥の羽を付けた冠をかぶっていて、日本からの使節だという説がかつてあったが、現在は新羅か高句麗の使節である可能性が高いとされている。隣の光頭の者は東ローマ（ソグディアナ説もある）、毛皮のようなものを纏っている者は北方寒冷地方の少数民族（室韋或いは靺鞨か）の使節であるらしい。

---

① 潘仁安：「唐日関係的若干問題」、『日本起源考』、昆侖出版社、2004年、345～348頁。

第五章　唐代の中国と日本（一）

「日本」という国名

　ここまで、便宜上「日本」という言葉をたびたび使ってきたが、実際に「日本」という国名が正式に誕生したのは、唐代になってからのことである。中国の正史書「二十四史」の計十四部の中に、十五篇の日本関連記載がある。一篇多くなっているのは、『旧唐書』が「倭国」と「日本国」を別国扱いで記述しているからである。『旧唐書』は、「倭国」の条で「倭国者、古倭奴国也」などと記述した後、「日本国」の条で「日本国者、倭国之別種也。以其国在日辺、故以日本為名。或曰、倭国自悪其名不雅、改為日本。或云、日本旧小国、併倭国之地。其人入朝者、多自矜大、不以実対、故中国疑焉」と書いている（『旧唐書』「東夷伝」）。この『旧唐書』を境に、中国の正史書はすべて「日本」という国名を使うようになった。

　周知のように、「日本」とは、「日の本」「日出づる国」の意味である。ところが、日本側は「倭」という国名を名乗ることを快く思わなかったため、自ら「日本」に変えたと『旧唐書』は述べているが、実は「日本」という

2011年に出現した唐代の百済人祢軍（でぃぐん）（623～678）の墓誌（西安博物院）
その中には「日本」という語が記され、最古の用例ではないかと議論になっている。

名も、中国側によった命名であるとされている。例えば、日本の鎌倉時代に成立した『日本書紀』の注釈書『釈日本紀』には、日本という国名が唐朝による命名なのか、それとも自称なのかとの問いに対し、講師は「延喜講記曰、自唐所号也」と答えたことが記されている（卜部兼方『釈日本紀』）。また、歴史学者の網野善彦（あみのよしひこ）も次のように述べている。この「日本」という国号は「けっして特定の地名でも、王朝の創始者の姓でもなく、東の方向

を指す意味であり、しかも中国大陸に視点をおいた国名であることは間違いない。そこに中国大陸の大帝国を強く意識しつつ、自らを小帝国として対抗しようとしてヤマトの支配者の姿勢をよくうかがうことができるが、反面、それは唐帝国にとらわれた国号であり、真の意味で自らの足で立った自立とは言い難いともいうことができる」①。

唐文化の受容

世界帝国として繁栄した唐は、東アジア全域に影響を与え、「東アジア文化圏」と呼ばれる広大な文化圏を形成した。日本も、アジアの「辺縁」に位置しながらも、約二百年間以上にわたる遣唐使の派遣によって、唐文化の導入に積極的に努めていた。

例えば、東大寺に次ぐ大寺として栄えた奈良大安寺の創建にあたり、どのように建てればよいか見当がつかなかったところ、留学僧の道慈(どうじ)(?～744)が自身の唐での経験を活かし、長安西明寺の様式を模して建造に参与したという。聖武天皇(しょうむてんのう)（701～756）の天平九年(727)、「帝将新大官寺、下詔覓伽藍制式、時無知者。道慈奏曰：臣僧在中華時見西明寺、私念異日帰国、苟逢盛縁、当以此為則、写諸堂之規、襲蔵巾笥。今陛下聖問、実臣僧之先抱也」（卍元師蛮『本朝高僧伝』巻四「道慈伝」）。さらに、842年に「天下儀式、男女衣服、皆依唐法。五位已上位記、改従漢様。諸宮殿院堂門閣、皆著新額。又肆百官舞踏、如此朝儀、並得関説」（『続日本後紀』巻十二）との詔が下されたように、文化技術から政治制度（「唐律」や「租庸調制」を手本に「大宝律令」や「班田収授法」などが制定された）まで、当時の日本社会全般に唐文化の色が

西明寺の遺跡に建てられた
「橘逸勢勉学之地」記念碑
（西安市・西北大学）

---

① 網野善彦：『日本とは何か』、講談社、2000年、92頁。

第五章　唐代の中国と日本（一）

濃く残されていた。現在の中国では、「本当の唐文化を感じるには、外国の日本に行くしかない」というような言い方がしばしば聞かれるが、こうした歴史を遡ると、実は不思議なことでもないのであろう。

平安京の造営

　日本の平城京（奈良）、平安京（京都）などは、基本的に隋唐の長安城や洛陽城に倣って造られたものである。例えば、794 年から千年以上にわたり日本の都となっていた平安京は、規模は小さかったが、造営理念は長安城と同じであった。条坊制をとり、北端の中央に宮城（大内裏）を置き、朱雀門から続く大路を中心に左右をシンメトリーにし、街路を「碁盤の目」のように整然と設けている。「朱雀門」と呼ばれる南正門は長安城の南正門と同じ名称であり、「朱雀大路」や「東市」・「西市」などの大通りや市場の名称も長安城の同じ場所名から来ている。

唐長安城と平城京・平安京の比較
（児玉幸多編『日本史年表・地図』）

　朱雀大路を軸として、平安京は右京と左京に分かれている。古くから中国の西の長安と東の洛陽が並び立つ「両都制」になぞらえて、西半分は「長安城」、東半分は「洛陽城」と雅称されていた[①]。しかし、西半分は地勢が低く水害が多かったため、徐々に衰退してしまい、東半分だけが発展していった。そのため、洛陽という名前が人々に意識されるようになり、平安京全体の代名詞にもなったのである。920 年に詩人の大江朝綱が朱雀大路の西側にある鴻臚館で、帰国の渤海の使節に送った「暁鼓声中出洛陽、還悲鵬鷃遠分行」（「奉酬裴大使重依本韻和臨別口号之作」）という漢詩は、

---
① そのほかに、鳳闕・関中・九重などの呼び名もある。

洛陽の代用の古い例である。現在でも、「洛中」「洛北」「上洛」などの言葉に示されているように、「洛」は依然として京都の別名としてよく使われている。

紫宸殿の賢聖障子

儒教文化の輸入に伴い、中国の儒家聖賢への崇拝も日本で行われるようになった。その表れの一つとして、京都御所において、天皇が朝賀や公事を行うもっとも格式の高い正殿である紫宸殿には、賢聖障子（けんじょうのしょうじ）という障子が立てられている。

京都国立博物館「京都御所障壁画紫宸殿」の展示ポスター

その賢聖障子は、徳のある君主のもとにはよい家臣が集まるという儒教思想にもとづいたもので、唐宮殿の壁絵画に倣った日本宮廷絵画の代表である。『日本紀略』延長七年（929）九月の条に、「令少内記小野道風、令改書紫宸殿障子賢臣像。先年道風所書也」（『日本紀略』「後篇」一）とあるため、賢臣像は929年以前にすでにできていたことが知られる。中国の古代より唐代までの聖賢や名相、すなわち管仲、張良、蕭何、董仲舒（とうちゅうじょ）、蘇武（そぶ）、班固（はんこ）、諸葛亮、房玄齢（ぼうげんれい）、魏徴（ぎちょう）ら三二人の立像絵のほか、各人物の上部の色紙にその徳行才能の賛詞も書かれている。度々の焼失などを経て、現存する絵は江戸時代のものであるが、近世に至るまで伝統的に描き続けられてきたため、依然として平安時代の中国趣味が読み取れる。ちなみに、その

第五章　唐代の中国と日本（一）

正殿である紫宸殿の名も、唐長安の大明宮にある紫宸殿に由来したものである。

正倉院の宝物

　唐代には、白・緑・褐の三色を基調とする三彩陶器が盛んに作られ、その美術品としての価値は世界中に認められている。日本にも奈良時代から平安時代にかけて、唐三彩に倣って焼かれた奈良三彩というものがある。日本最古の施釉陶器である奈良三彩には、その形や釉の塗り方の点で、日本独自にアレンジされた技法が見られるものの、唐三彩を手本にしていたことは明らかである。特に奈良東大寺の正倉院に保存されている器物がもっとも有名で、窯の形式、施釉法、成形術などの面において、中国からの影響が大きいと見られている。

三彩の碗と金銀花盤
（正倉院）

　そのほか、正倉院の宝庫には、遣唐使たちが持ち帰ったとされる金銀花盤という宝物もある。これは銀製の皿で、中央に大きく表された鹿は花状の角をもつ特徴的な姿である。花鹿は西アジアのペルシャから唐に伝わった図案だが、この金銀花盤の縁は「唐花文」によって飾られ、裏面の銘文に中国固有の重量の単位が記されているなど、中国製の可能性が極めて高い。「所得錫賚、尽市文籍、泛海而還」（『旧唐書』「東夷伝」）などの記録から、遣唐使が唐皇帝から授かった回賜品であったかとも推定されている。

漢詩文の影響

　751年に成立した『懐風藻』は、主に日本の宮廷で作られた漢詩を収録したもので、中国漢詩文学の影響下で生まれた現存する日本最古の漢詩集

である。そこに収められた作品の中には、中国の詩をそのまま改作したもの、あるいは真似て作ったものが多く見られる。例えば、686年に謀反の嫌疑をかけられて自害した大津皇子（663〜686）が残した「臨終」（金烏臨西舎、鼓声催短命。泉路無賓主、此夕離家向）という有名な五言詩は、中国南朝の陳後主（553〜604）の詩「鼓声催命短、日光向西斜。黄泉無客主、今夜向誰家」を模して作られたと推定されている①。さらに、「職貢梯航使、従此及三韓」（藤原総前「秋日於長王宅宴新羅客」）の「及」の言葉遣いのように、まだ「和臭」のきついものが多かったとしばしば指摘されている。これらの現象を、東アジア漢字文化圏における文化の交流・比較として考えると、まことに興味深い。

『懐風藻』書影（1684年版）

そして、七世紀後半から八世紀後半にかけて和歌を中心に編まれた『万葉集』は、日本に現存する最古の和歌集としてよく知られているが、2019年に日本新天皇の即位にあたって、また世間の注目を浴びた。というのは、選定された新元号の「令和」は、『万葉集』の「梅花の歌」第三二首の序文「初春令月、気淑風和、梅披鏡前之粉、蘭薫珮後之香」を出典としたものだったからである。これまでの元号が中国の「四書」「五経」などの漢籍を典拠としていた慣例と異なり、初めて日本の古典から選び、独自性を主張しようとした動きである。しかし、日本の「豊かな国民文化と長い伝統を象徴する国書」のように典拠の『万葉集』がよく評価されたものの②、その歌自体が中国漢代張衡（78〜139）の『帰田賦』の「仲春令月、時和気清」

---

① 大津皇子詩の末句の「誰」は「離」であるとする説もある。金文京：「大津皇子〈臨終一絶〉と陳後主〈臨行詩〉」、『東方学報』第73冊、2001年、207頁。
② 安倍晋三：「改元に際しての内閣総理大臣談話」、日本内閣府 https://www.cao.go.jp/others/soumu/gengou/index.html

という句を踏まえたものであることはすでに多くの識者に指摘されている。『帰田賦』を収録した『文選』という中国の詩文集は、日本にも早くに伝わり、奈良時代以降盛んに読まれていたため、その出自が容易に遡れるのである。『万葉集』そのものの特徴や価値を否定するわけにはいかないが、日本古典と中国の漢詩文との間に切っても切れない関係性があることも認めなければならないだろう。

『白氏文集』

　唐代には詩人が輩出したが、日本にもっとも影響を与えたのは中唐の詩人白居易（772〜846）である。彼の詩作は、「平易で理解しやすい」「題材が広く語彙に富む」などの理由で、当時の日本人に広く受け入れられた。三千首に近い詩と多くの散文が収められた詩文集『白氏文集』も、「集七十巻、尽是黄金」（都良香『都氏文集』巻三「白楽天讃」）と絶賛され、平安時代には日本の教養人の必読書となっていたほどであった。

京都祇園祭・前祭山鉾巡行の一つである「白楽天山」
（京都もようHP）
学問成就や厄除けなどのご利益があるとされている。

　例えば、日本随筆文学の代表作の『枕草子』や『徒然草』には、「少納言よ、香炉峰の雪いかならむ、と仰せらるれば、御格子上げさせて御簾を高

く上げたれば、笑はせ給ふ」(『枕草子』第二九九段)と「香炉峰雪撥簾看」(白居易「重題」)、「匂ひなどは仮のものなるに、しばらく衣裳に薫物すと知りながら、えならぬ匂ひには、必ず心ときめきするものなり」(『徒然草』第八段)と「為君薫衣裳、君聞蘭麝不馨香」(白居易「太行路」)のように、白居易の詩文からの引用・改作が多く見られる。世界最古の長編小説と称される『源氏物語』も、白居易の『長恨歌』がそのストーリーの源泉であったと言われている。両者の筋書きや構想を比べてみると、帝王に愛される世に類まれなる美女が不遇薄幸な事態の中で先立って世を去る、後に残された帝王の追慕は止まらず日夜悲哀の涙に暮れて忘れえないなどの点において、共通するところが非常に多い。

関連史料

①白村江海戦についての記載

唐龍朔三年(663)「九月、戊午、熊津道行軍総管、右威衛将軍孫仁師等、破百済余衆及倭兵于白江、抜其周留城。初、劉仁願、劉仁軌既克真峴城、詔孫仁師将兵浮海助之。百済王豊南引倭人以拒唐兵。仁師与仁願、仁軌合、兵勢大振。諸将以加林城水陸之衝、欲先攻之。仁軌曰：加林険固、急攻則傷士卒、緩之則曠日持久。周留城、虜之巣穴、群凶所聚、除悪務本、宜先攻之、若克周留、諸城自下。於是仁師、仁願与新羅王法敏、将陸軍以進、仁軌与別将杜爽、扶余隆将水軍及粮船、自熊津入白江、以会陸軍、同趣周留城。遇倭兵於白江口、四戦皆捷、焚其舟四百艘、煙炎灼天、海水皆赤。百済王豊脱身奔高麗、王子忠勝、忠志等帥衆降、百済尽平、唯別帥遅受信据任存城不下。」

——『資治通鑑』巻二〇一

第五章　唐代の中国と日本（一）

②唐開元二三年（735）に宰相の張 九齢（ちょうきゅうれい）（673〜740）が起草した『敕日本国王書』は、唯一残された唐と日本の間の国書である。それによって、遣唐使の遭難、唐王朝の日本認識などの情報が得られる。文中の「主明楽美御徳」は「スメラミコト」で、天皇を意味する。

「敕日本国王主明楽美御徳。彼礼義之国、神霊所扶、滄溟往来、未嘗為患。不知去歳、何負幽明。丹墀真人広成等入朝東帰、初出江口、雲霧闘暗、所向迷方、俄遭悪風、諸船漂蕩。其後一船在越州界、其真人広成尋已発帰、計当至国。一船漂入南海、即朝臣名代、艱虞備至、性命僅存。名代未発之間、又得広州表奏、朝臣広成等漂至林邑国。既在異域、言語不通、并被劫掠、或殺或売、言念災患、所不忍聞。然則林邑諸国、比常朝貢、朕已敕安南都護、令宣敕告示、見在者令其送来。待至之日、当存撫発遣。又一船不知所在、永用疚懐、或已達本蕃、有来人可具奏。此等災変、良不可測、卿等忠信、則爾何負神明而使彼行人罹其凶害。想卿聞此、当用驚嗟。然天壌悠悠、各有命也。冬中甚冷、卿及首領百姓并平安好、今朝臣名代還、一一令口具、遣書指不多及。」

――李昉［他］編『文苑英華』巻四七一

③『日本書紀纂疏』では、「日本」の字義が以下のように解釈されている。
「日本、吾国之大名、在東海中、近於日所出也。拠韻書説文曰、日実也、太陽之精不虧、从圏一象形。通論天無二日、故於文圏一為日。又本字、説文、木下曰本、从木一在其下、一記其処也、与末同義。太陽出於扶桑、則此地自為日下、故名曰日本。東字、从日木、義同也。」

――一条兼良『日本書紀纂疏』

④中国が「呉」と呼ばれる理由について
「支那を日没処と呼ぶことは、実はこの時に始まったものではなく、その

由来はすこぶる久しいものであった。応神天皇以来交通した東晋以下、宋・斉・梁等の所謂南朝の諸国は、通じてこれを『クレ』と呼び、『呉』の字を当つる例で、今に至ってなお『呉』の字をクレと読む習慣になっているのである。当時これら南朝の諸国に当つるに『呉』の称を以てしたことは、これらの諸国が古え三国時代の呉国の域に当るが為めで、それはつとに百済人等の用いたところをそのままに襲用したに他ならぬ。しかるに一方クレの語は、もと夕暮の義で、ひとり呉の旧地に国した東晋以下南朝諸国のみのことではなく、一般に我が国で西方なる支那を呼んだ名称であった。しかもそれに『呉』の字を当てたことは、たまたま我が国が始めて交通した支那の南朝諸国が、古えの呉国の域であり、それを『呉』として呼称する例であったからである。されば孝徳天皇白雉五年に、唐国に使いして多くの文書宝物を得て帰った吉士長丹の労を嘉して位を陞し、封二百戸を給し、呉氏の姓を賜わった如きは、唐国をクレと称し、そのクレ国に使いしたことを記念したためであるに外ならぬ。それに『呉』の字を当てたのは、古くそれをクレと読む例であったからである。……我が国は当時の地理上の知識において、知りうる限りの世界の最東にあるが故に、所謂日出処、すなわち『朝』の国であり、これに対して西方なる支那は日の没る国、すなわち『暮』の国である。」

——喜田貞吉『国号の由来』

---

⑤日本平安時代の漢詩

◎「皇明光日月、帝徳載天地。三才並泰昌、万国表臣義。」

——『懐風藻』大友皇子「待宴」

「職貢梯航使、従此及三韓。岐路分衿易、琴樽促膝難。
山中猿叫断、葉裏蝉音寒。贈別無言語、愁情幾萬端。」

——『懐風藻』藤原総前「秋日於長王宅宴新羅客」

第五章　唐代の中国と日本（一）

◎「登臨初九日、霽色敞秋空。樹聴寒蝉断、雲征遠雁通。晩蕊猶含露、衰枝不裛風。延祥盈把菊、高宴古今同。」
　　　　　——『凌雲集』嵯峨天皇「重陽節神泉苑賜宴群臣、勒空通風同」

「我是東蕃客、懐恩入聖唐。欲帰情未尽、別涙湿衣裳。」
　　　　　——『凌雲集』菅原清公「越州別勅使王国文還京」

「王事古来称靡監、長途馬上歳云闌。黄昏極嶂哀猿叫、明発渡頭孤月団。旅客期時辺愁断、誰能坐識行路難。唯余敕賜袋与帽、雪犯風率不加寒。」
　　　　　——『凌雲集』小野岑守「遠使辺城」

⑥『源氏物語』の冒頭に、桐壺帝（きりつぼてい）が身分のそれほど高くない桐壺の更衣（こうい）だけを寵愛したことによって、朝廷内外の人々が楊貴妃（ようきひ）の例を思い起こして世の中が乱れるのではないかと心配するくだりがある。

「いづれの御時にか、女御、更衣あまたさぶらひたまひけるなかに、いとやむごとなき際にはあらぬが、すぐれて時めきたまふありけり。はじめより我はと思ひ上がりたまへる御方がた、めざましきものにおとしめ嫉みたまふ。同じほど、それより下臈の更衣たちは、ましてやすからず。朝夕の宮仕へにつけても、人の心をのみ動かし、恨みを負ふ積もりにやありけむ、いと篤しくなりゆき、もの心細げに里がちなるを、いよいよあかずあはれなるものに思ほして、人のそしりをもえ憚らせたまはず、世のためしにもなりぬべき御もてなしなり。上達部、上人なども、あいなく目を側めつつ、『いとまばゆき　人の御おぼえなり。唐土にも、かかる事の起こりにこそ、世も乱れ、悪しかりけれ』と、やうやう天の下にもあぢきなう、人のもてなやみぐさになりて、楊貴妃の例も引き出でつべくなりゆくに、いとはしたなきこと多かれど、かたじけなき御心ばへのたぐひなきを頼みにてまじらひたまふ。」
　　　　　——『源氏物語』「桐壺」

第六章　唐代の中国と日本（二）

ガイダンス

　遣唐使の渡海航路には北路と南路があったが、いずれも命がけの旅路であった。それでも、困難を乗り越え、留学を達成して大活躍した日本人が数多くいた——五十年間も滞在した阿倍仲麻呂、帰国後右大臣まで昇進した吉備真備、「才称天縦」の井真成、真言宗を開いた空海、天台宗を開いた最澄……。

第六章　唐代の中国と日本（二）

「永遠の都」長安

　しばしば言われるように、開放性・国際性は唐帝国の繁栄の根源であり、漢民族と各少数民族の血と文化の絶えない混交によって、強力なエネルギーが生み出されたのである。当時の航海では、生きて帰れる保証などがないものの、世界に冠たる大唐帝国に行きたい、行って学びたいと望む日本人は数多くいた。特に、「とこしえにやすらかなり」という願いが込められた都の長安は、多様性と寛容の精神に満ちたグローバルな都市として、周辺国の人々が憧れる目的地となっていた。

高宗と則天武后の合葬墓・乾陵に立っている六十一番臣像（咸陽市）
首が切られたが、西域をはじめとする国々からの使節であると言われる。

　さらに、有名なシルクロードも「長安に始まり、長安に終わる」と言われており、長安という都市は、広大かつ神秘的な西域に通じる窓口でもあった。1980年代初頭に、日本放送協会（NHK）と中国中央テレビ局（CCTV）が共同で、西安を出発点に、中国領内シルクロードを扱った歴史ドキュメンタリー『シルクロード』を制作し、大評判となった。その四半世紀後の2005年に、経済発展により著しく変貌した西安でドキュメンタリーシリーズ『新シルクロード』の取材が行われ、井真成（699〜734）

81

という新たに知られるようになった日本留学生の目を通して、再び西安の過去・現在・未来を描き出した。まさにそのタイトル「永遠の都」で示されているように、唐代の長安は、現代の日本人にとっても輝かしい思い出が詰まった都である。書物においても、石田幹之助の『長安の春』、司馬遼太郎の『長安から北京へ』、井上祐美子の『長安異神伝』など、専門的な研究書から一般人も楽しめるエッセイ・小説まで、長安を舞台としたものが数多くある。

危険な航海

　遣唐使の渡海航路は、主に北路と南路があった。北路は、遣隋使の航路とおおむね同じで、北九州や対馬より朝鮮半島の西海岸沿いを経て、中国の遼東半島の南海岸から山東半島の登州へ至るルートである。しかし、後に日本と朝鮮半島を統一した新羅との関係が悪化したため、これが使用できなくなった。南路は、九州の五島列島から、直接に東海（日本側で東シナ海と呼ばれる）を横断し長江付近に上陸するルートである。一気に東海を突っ切る南路は、うまくいけば航海期間がかなり短縮できたため、中期以降の遣唐使はこのルートを辿ることが多かった。以前は、九州南方の南西諸島を経由して、東海を渡り長江付近に上陸する「南島路」というルー

渡海した鑑真の遭難（『東征伝絵巻』第二巻）

第六章　唐代の中国と日本（二）

トがしばしば提起されたが、現在はそれが気象条件によって南路の往復ルートから外れ、やむを得ず取った航路に過ぎないと認識されるようになっている[①]。

なお、靺鞨族（後に満族などへと発展した）を中心として、698年から926年まで、現在の中国東北地方とロシア沿海地方、朝鮮半島北部にまたがる地域を領土とした渤海国が存在し、日本と遣使や貿易を盛んに行っていた。そのため、時には遣唐使らの往復も渤海国を経由することがあった。

しかし、いずれの航路にせよ、季節風の影響や造船技術・航海術が未熟だったため、渡海の危険性が大きかった。出航した遣唐船が一隻たりとも欠けることなく往復できることは極めて稀で、沈没したり難破漂流したりすることがしばしばあった。後述の鑑真和上の渡海もそうであったが、『続日本紀』に記された別の話からも、その渡海の恐ろしさがよく感じられる。763年に、音楽に長じた高内弓（生没年不詳）という留学生が、家族を連れて渤海から日本への帰国の途に就いた。この時、入唐学問僧と優婆塞（在家の男性仏教信者）らも同行していたが、船は途中で激しい暴風雨に見舞われ、乗組員の舵取りと水手が波にさらわれて沈んでしまった。そこで、船の人々は、異国の婦女子らがいるなどの理由から、海神の怒りを鎮めるために、高内弓の妻、子供、子供の乳母、優婆塞の四人を荒れ狂う海中に投げ込んだのである。しかしながら、風の勢いはなお猛烈で、船は漂流を続け、十日余り後に隠岐の海岸に流れ着いたという。「異方婦女今在船上、又此優婆塞異於衆人、一食数粒、経日不飢、風漂之災未必不由此也。乃使水手、撮内弓妻並緑児乳母優婆塞四人、挙而擲海。風勢猶猛、漂流十

聖武天皇像（東大寺）
現代画家の小泉淳作が積極的に唐の文物や制度を採用した聖武天皇の冕冠を着用した姿を描いたもの。

---

① 東野治之：『遣唐使』、岩波書店、2010年、65～66頁。

余日、着隠岐国」（『続日本紀』巻二四）。

　後期の遣唐使の場合、朝廷側に優遇されても、外国への派遣を畏途と見なし、任命を拒否したり病と称して出発を遅らせたりする者も多くなった[①]。それゆえにこそ、危険を冒し、辛苦の末に中国に渡り、積極的に新文化を摂取しようと目指した遣唐使たちに対しては、まことに敬意を払うべきである。次に、その中の何人かの人物を紹介し、当時の中日往来・交流の様子を見よう。

阿倍仲麻呂

阿倍仲麻呂記念碑（西安市・興慶公園）

　遣唐使として名が残っている日本人の中で、阿倍仲麻呂（あべのなかまろ）（698〜770）はよく知られている。彼は十九歳で留学生に選ばれ、717年に遣唐使に従って入唐した。勉学に励んだ彼は、唐の科挙に登第し、朝廷で左補闕（皇帝に近侍する側近の官で、皇帝の政治に行き過ぎがある場合にそれを諫める）などの官位を歴任し、唐玄宗にも重用された。阿倍仲麻呂の才能に対し、後に監察御史になった唐人の儲光義（ちょこうぎ）は、「朝生美無度、高駕仕春坊。出入蓬山裏、逍遙伊水傍」（「洛中貽朝校書衡」）とこの上なく優れていると褒

---

① 池歩洲：『日本遣唐使簡史』、上海社会科学院出版社、1983年、55〜62頁。

め、『続日本紀』も、「我朝学生播名唐国者、唯大臣及朝衡二人而已」(『続日本紀』巻三三)と高い評価を与えたのである①。753年、阿倍仲麻呂はようやく日本へ帰ることを許され、鑑真一行らをも伴って出航したが、彼が乗った船は遭難し安南(現在のベトナム北部)に漂着してしまった。苦心の末、長安に戻ったが、その後は帰国の夢はついに叶わず、770年に唐で没した。

阿倍仲麻呂は、「朝衡」・「晁衡」など中国風の名を持ち、李白、王維といった中国の友人たちと親しく交遊したこともよく知られている。例えば、李白の詩に「身着日本裘、昂蔵出風塵」という句があり、そこに加えられた注「裘則朝卿所贈、日本布為之」から、李白と阿倍仲麻呂との関係がいかに親密であったかが察せられる(李白「送王屋山人魏万還王屋」)。また、阿倍仲麻呂が帰国の途で遭難して死んだとの誤報を受けた時に、李白は「日本晁卿辞帝都、征帆一片遶蓬壺。明月不帰沈碧海、白雲愁色満蒼梧」(李白「哭晁卿衡」)という詩を詠み、深く悲しんだ。阿倍仲麻呂の活躍ぶりは、史書の記述のほかに、友人たちの詩からもその一端を知ることができるのである。

吉備真備

阿倍仲麻呂と同じ年に唐に渡った吉備真備(695〜775)は、備中(現岡山県)の豪族の出身で、735年に日本に帰った後は、大学寮の制度改革などに努めた。751年に遣唐副使に任命され、翌年再び入唐した。帰国後、右大臣という高官にまで昇進し、律令の策定などに尽力した。1986年、吉備真備が唐の文化を日本に持ち帰って一二五〇周年となるのを記念するため、彼がかつて学んでいた長安国子監の跡地(現西安市の南門近く)に、吉備真備記念園が建設された。

---

① 「大臣」は吉備真備を指す。

吉備真備記念園（西安市）

　才能技芸に優れた吉備真備については、多くのエピソードが伝えられている。『続日本紀』天平宝字四年（760）の条によると、天皇に近侍して警衛する授刀舎人ら六人が大宰府に派遣され、吉備真備から諸葛亮の「八陣」、孫子の「九地」など兵法・軍営の作り方を習わせたという。「就大弐吉備朝臣真備、令習諸葛亮八陳、孫子九地及結営向背」（『続日本紀』巻二三）。中国の孫子についてはそれ以前の記録に現れていないことから、「孫子兵法」を日本に伝えたのは吉備真備であろうと考えられている。

『吉備大臣入唐絵巻』（Museum of Fine Arts, Boston）
唐の囲碁名人と対局した吉備真備が、碁石を一つ隠し飲むことで勝ったという場面。

第六章　唐代の中国と日本（二）

　日本で人気のある囲碁も、伝来の元祖は吉備真備とされている。十二世紀後半に成立した有名な『吉備大臣入唐絵巻』には、吉備真備が唐に渡った後、その才能のゆえに嫉妬を招き、幽閉されてしまったが、途中、幽霊となった阿倍仲麻呂の助けもあって、出された漢文や囲碁の難題を悉く退け、無事に帰国を達成した、という内容がある。現在、吉備真備の生誕地とされる岡山県の矢掛町には吉備真備公園と「囲碁発祥の地」の石碑があり、日本各地で吉備真備の名を冠した囲碁大会も毎年開かれている。

　2019年末、唐代外国使節の接待を担当していた鴻臚寺の官僚、李訓という人物の墓誌が北京で公開された。そこに刻まれた三二八字の文末には、「日本国朝臣備書」と書かれている。収蔵者の深圳望野博物館の閻焔館長は、文字が書かれた年代・内容などから、「朝臣備」は吉備真備を指す可能性が非常に高いと指摘している[1]。墓誌の真偽や「朝臣備」の解釈などについては現在もなお論争が続いているが、もし本当にそうであれば、吉備真備が書いた文字は日本でも見つかっていないため、それは本人の書体や留学生活の一端を知ることができる貴重な資料となる。

井真成

　2004年、これまで知られていなかった、井真成という日本留学生の墓誌が公表され、大きな話題となった。中国西安市東の郊外の工事現場から発見されたもので、墓そのものはすでに破壊され、墓誌も不法に民間の文物市場に売り出されたため、掘り出された正確な時期や場所などについては不明なところが多い。にもかかわらず、その墓誌に記された内容は、当時の入唐した日本留学生たちの生活などを知る上では、宝物ほどの重要性を持っている。墓誌に刻まれた「国号日本」という文字も、石刻資料の中で「日本」という国号が確かめられる古い記録として注目されている。

---

[1] 閻焔:『日本国朝臣備書丹褚思光撰文鴻臚寺丞李訓墓誌考』、文物出版社、2019年 55～64頁。

井真成墓誌（西安市・西北大学博物館）

　墓誌には、日本人留学生の井真成が、開元二二年（734）に三十六歳の若さで死去したので、「尚衣奉御」の官職を遺贈されたなどといったことが記されている。「尚衣奉御」とは、皇帝の衣服を管理する官職の長で、皇帝のかなり身近な立場にある官位である。碑文の「才称天縦、故能□命遠邦、馳聘上国。蹈礼楽、襲衣冠、束帯□朝、難与儔矣」という節からは、勉学を好み、向上心に富んだ彼の活躍ぶりがうかがえる。ところで、井真成という名については、本人の本名であるという説と、中国で名の一字が取られ、改名されたものであるという説がある。さらに、出身については、彼は当時多くの遣唐使が出た「葛井氏（ふじい）」または「井上氏（いのうえ）」の一族ではないかとも推測されている。現在は完全に確定できるまでには至っていないが、奈良県の藤井寺市が有力な出身候補地とされている。同市は、井真成をモデルにした公式キャラクター「まなりくん」を作り上げたりして、地元の観光振興などに積極的に取り組んでいる。

入唐八家

　中国から伝入した仏教は、日本の律令国家の形成過程において、国を守護し安定させる力がある思想として位置づけられていた。同時に、国家の保護を受け、国家と緊密に結びつくことは、日本仏教が大きく発展できた

背景でもあった。日本の仏教受容繁栄期とも言える奈良時代および平安時代前期には、遣唐使団の中に仏法を学ぼうとする僧侶がかなりいた。仏教による中日の往来も、まさにこの時期から徐々に盛んに行われるようになったのである。

円珍の福州公験（東京国立博物館）
入唐僧に発給された通行許可証「公験」も、当時の中日交流史料として貴重である。

　七〜八世紀頃インドで興った密教は、その後中国、日本にも伝わってきたが、九世紀からしだいに衰退した中国の場合と違い、日本では純粋な形で残ることになった。一般的に、密教の日本移入に貢献した八人の僧侶、空海・最澄・円仁・円行・常暁・恵運・円珍・宗叡は、入唐八家と称されている。後で述べる空海・最澄・円仁のほか、空海の姪の子にあたる円珍（814〜891）もよく知られている。彼は、853年に商船で唐に渡り、五年間にわたって仏法を学んだ。帰国後、延暦寺の第五代座主となり、天台密教の全盛期を築いた。そのほか、円行は838〜839年、常暁は838〜839年、恵運は842〜848年、宗叡は862〜865年に、それぞれ在唐していた。彼らによって伝えられた密教（空海の開いた真言宗系は東密、最澄の開いた天台宗系は台密と呼ばれることが多い）は、後に日本の貴族層に広く信仰され、影響力の極めて大きい宗派となった。

空海

　「弘法大師」の諡号で知られる真言宗の開祖空海（774〜835）は、804年に入唐し、長安の青龍寺で密教の第七祖恵果（746〜806）に師事した。

約半年の短い間だったが、師匠の恵果に才能を認められ、多くの教えを授けられた。恵果は入寂する前に、空海を次なる伝承者と決め、「汝未知吾与汝宿契之深乎。多生之中、相共誓願、弘演密蔵、彼此代為師資、非只一両度也。是故勧汝遠渉、授我深法、受法云畢、吾願足矣。汝西土也接我足、吾也東生入汝之室。莫久遅留、吾在前去也」と早く帰国して密教を広めるように言い渡した（『性霊集』巻二「大唐神都青龍寺故三朝国師灌頂阿闍梨恵果和尚之碑」）。その後、長安の青龍寺は兵火を経て、長い歳月のうちに名も知られなくなってしまったが、日本に帰った空海は、高野山に金剛峰寺を建立するなど、青龍寺で学んだことを広め、密教を一大宗派として確立したのである。「結構堂舎、造立仏像、年中行事、僧衆威儀、皆悉移青龍寺之風」（成尊『真言付法纂要抄』）。

恵果と空海像（西安市・青龍寺）

「弘法にも筆の誤り」「弘法は筆を選ばず」などのことわざがあるように、空海は宗教家であっただけでなく、書法の達人でもあった。代表作の『風信帖』は、日本の国宝にも指定されている。その達筆ぶりについて、後世に様々な伝説が生み出されている。当時、唐の順宗皇帝も空海が能書家であることを知り、宮殿の壁に名書家王羲之のかつて書いた詩が歳月の経過によって消えてしまっていたので、空海に新たな書を書くように命じた。すると、空海は手足と口で五本の筆を使い、素早く書き終えたという。「大

師兼善草法、昔左右手足及口秉筆成書、故唐朝謂之五筆和尚」(大江匡房『本朝神仙伝』)。現代作家の陳舜臣（ちんしゅんしん）（1924～2015）も、歴史小説『曼荼羅の人——空海求法伝』で、空海が揮毫する場面を生き生きと描写している。

最澄

　空海とともに入唐した最澄（さいちょう）（767～822）は、天台の教えを学び、日本天台宗の開祖となり、入寂後に日本最初の大師号である「伝教大師」の諡号を贈られた。当時、中国へ来た学問僧には、請益僧と留学僧という区別があった。請益僧とは、長期間仏法を学ぶ留学僧と違い、知識向上や疑問解決のために短期間留学する僧侶のことである。最澄も、「天台義宗」を求めに来た請益僧の類であった。半年ほどしか滞在しなかった最澄は、台州地方の官吏や文人と交友し、その求法への信念や才華で多くの人を感心させた。例えば、明州の刺史は、「最澄闍梨、性禀生知之才、来自礼義之国、万里求法、視険若夷、不憚難労、神力保護。南登天台之嶺、西泛鏡湖之水、窮智者之法門、探灌頂之神秘、可謂法門龍象、青蓮出池」と彼を賞賛している（『伝教大師全集』巻一「顕戒論縁起」上）。

最澄が菩薩戒を受けた極楽浄土院（台州市・龍興寺）＊
現在庭に「伝教大師最澄受戒霊跡碑」も建てられている。

実は、最澄は、お茶とのかかわりも深い。最澄が唐から帰国する際に、友人たちは彼のために詩茶会を行った。「酌新茗以餞行、対春風以送遠」（「顕戒論縁起」上）。これは、中国史上初めて外国人のために行われた詩茶会だと言われている。そして、日本に帰った最澄は、中国の天台山より持ち帰った茶種を比叡山で栽培したという伝承がある。比叡山の東麓にある日吉茶園という茶園は、彼が植えたものと伝えられ、日本最古の茶園と称されている。近年、東京大学の研究グループによるDNA鑑定で、日吉茶園と中国天台山に現存する茶葉が同種に間違いないという報道もあった。また、平安初期に編纂された『日本後記』には、最澄とともに唐から帰った永忠という僧が、815年に梵釈寺（大津市滋賀里）に立ち寄った嵯峨天皇に対し「手自煎茶奉御」、つまり茶を献じたことが記されており、これは文献に残る日本最初の喫茶記録でもある（『日本後記』巻二四）。

円仁

　最澄の弟子円仁（794〜864）は、838年に渡海し、九年間余り中国に滞在した。長安で、大興善寺、青龍寺、慈恩寺、薦福寺などで仏教を学び、新訳経典を集めて日本に持ち帰り、天台密教の大成をなした。しかし、円仁が長安に滞在していた時、折悪しく唐武宗の仏教弾圧「会昌廃仏」に遭った。一連の廃仏政策によって、円仁は長安の資聖寺に長く留め置かれ、最後は還俗の上、国外退去を命ぜられたのである。彼が残した旅行記『入唐求法巡礼行記』は、唐代の仏教寺院の状況や社会状態を知る上で、基礎史料として重要であり、玄奘の『大唐西域記』、マルコ・ポーロの『東方見聞録』とともに、三大東方旅行記と視されている。

赤山禅院神殿（京都市・赤山禅院）

　円仁はもともと短期間の請益僧として天台山の巡礼を目指したが、唐政府の規制が厳しくなって旅行許可が下りず、そのまま帰国せねばならない事態に陥った。当時、山東半島沿岸一帯では張宝高（790～846？、張保皐とも）をはじめとする多くの新羅人海商が活躍しており、円仁一行は赤山法華院（現山東省栄成市）に留まることにし、張宝高らから公験下付の交渉など、物心両面の支援を得た。それゆえ円仁は、赤山の神々に五台山巡礼を願い、成就すれば日本にも同じような赤山禅院を建てることを誓ったという。「海会諸尊、当処山神、心施冥助、令遂本願。若適帰本国、当建立禅院、弘伝法門、資益山神。此山盛伝禅法、故発此願」（本多綱祐『慈覚大師伝』）。日本に戻った円仁は、残念ながら赤山禅院の建立を果たせないまま亡くなったが、後に弟子たちが比叡山の西麓で禅院を創建し、その遺命を叶えた。また、その赤山禅院に祀られている本尊の赤山大明神は、泰山府君ともいい、中国山東の赤山法華院にあった東岳泰山神の泰山府君を勧請した由緒があると言われている。

関連史料

①阿倍仲麻呂についての詩

◎阿倍仲麻呂は帰国しようとする際に、王維をはじめ、多くの中国の友人から惜別の詩文を送られた。

（序）「海東国、日本為大、服聖人之訓、育君子之風、正朔本乎夏時、衣裳同乎漢制。歴歳方達、継旧好於行人。滔天無涯、貢方物於天子。同儀加等、位在王侯之先。掌次改観、不居蛮夷之邸。我無爾詐、爾無我虞、彼以好来。廃関弛禁、上敷文教、虚至実帰。故人民雑居、往来如市。」

「積水不可極、安知滄海東。九州何処遠、万里若乗空。
向国惟看日、帰帆但信風。鰲身映天黒、魚眼射波紅。
郷樹扶桑外、主人孤島中。別離方異域、音信若為通。」

——王維「送秘書晁監還日本国並序」

それに対し、阿倍仲麻呂も次の詩をもって応えた。

「銜命将辞国、非才忝侍臣。天中恋明主、海外憶慈親。
伏奏違金闕、騑驂去玉津。蓬莱郷路遠、若木故園隣。
西望懐恩日、東帰感義辰。平生一宝剣、留贈結交人。」

——阿倍仲麻呂「銜命使本国」

◎1913年、中国学者の劉文典（りゅうぶんてん）は奈良を訪ねた時、「過奈良吊晁衡」という詩を詠み、当時の日本の好戦主義の風潮を批判した。

「当年唐史著鴻文、怜汝来朝読典墳。渤国有知応念我、神州多難倍思君。蒼梧海上沈明月、嫩草山頭看碧云。太息而今時事異、不修政教但興軍。」

——諸偉奇［他］編『劉文典全集補編』

②渤海国と日本との交通について

（渤海国）「其聘日本之使、初往以春、返以秋、常遭飄没之患。其後則往

第六章　唐代の中国と日本（二）

以冬、返以夏、遂得安渡。以今験之、日本海有寒暖二流、暖流傍日本国之西岸、自南而北而逼近北来之寒流。寒流則傍俄領海岸、自北而南、以圧於南来之暖流。渤海之去船、蓋藉冬季北風及西北風之力、由東京龍原府発航、逐寒流而南航、復受暖流之迫圧、折而東北、以達於日本之加賀、能登、越前等処而登岸焉。及其回船、則籍夏季南風及東南風之力、逐暖流而北、至近於寒流之処、則逐寒流折而南航、以達於龍原府而登岸。以視往昔、安危頓殊。此又以久航而得之経験也。日本之入唐使、多由南道航海以達蘇州。与其役者、九死一生。因亦迂道渤海、以達於唐。」

——金毓黻『渤海国志長編』巻十六

③井真成の墓誌の全文は次のようである。（　）の中の字は、破損した部分を補うための推測文字。

「贈尚衣奉御井公墓志文並序。公姓井、字真成。国号日本、才称天縦。故能（銜）命遠邦、馳聘上国。蹈礼楽、襲衣冠、束帯（立）朝、難与儔矣。豈図強学不倦、問道未終。（時）遇移舟、隙逢奔駟。以開元廿二年正月（？）日、乃終於官弟、春秋卅六。皇上哀傷、追崇有典、詔贈尚衣奉御、葬令官（給）。即以其年二月四日、窆於万年県滻水（東）原、礼也。嗚呼、素車暁引、丹旐行哀。嗟遠（人）兮頽暮日、指窮郊兮悲夜台。其辞曰、（寿）乃天常、哀茲遠方、形既埋於異土、魂庶帰於故郷。」

④702年に遣唐使として唐に渡った粟田真人(あわたのまひと)について

◎『旧唐書』によれば、則天武后は大明宮麟徳殿で粟田真人のために宴を張り、司膳卿の職を授け、丁重にもてなしたという。

長安三年（703）「其大臣朝臣真人来貢方物。朝臣真人者、猶中国戸部尚書。冠進徳冠、其頂為花、分而四散、身服紫袍、以帛為腰帯。真人好読経史、解属文、容止温雅。則天宴之於麟徳殿、授司膳卿、放還本国。」

——『旧唐書』「東夷伝」

◎日本側の『続日本紀』にも、粟田真人の遣使について記されている。使節らと唐人との問答から、日本という国号への変更時期も推測できる。

文武天皇慶雲元年（704）「秋七月甲申朔、正四位下粟田朝臣真人自唐国至。初至唐時、有人来問曰：何処使人。答曰：日本国使。我使反問曰：此是何州界。答曰：是大周楚州塩城県界也。更問：先是大唐、今称大周。国号縁何改称。答曰：永淳二年、天皇太帝崩、皇太后登位、称号聖神皇帝、国号大周。問答略了。唐人謂我使曰：亟聞、海東有大倭国、謂之君子国。人民豊楽、礼義敦行。今看使人、儀容大浄、豈不信乎。語畢而去。」

——『続日本紀』巻三

⑤当時の入唐僧が行脚する時の困難さは、円仁の記録からもうかがえる。

開成五年（840）三月：「十三日早朝発、西行廿里、到戦斎館於東桓宅斎。主人極慳、乞一盤菜、再三而方与。斎後発、西行廿五里、到乗夫館喫茶。行廿五里、到莱州掖県界徐宋村姜平宅宿。主人心直。夢見義真和尚。十四日、発、行卅里、到図丘館王家断中。主人初見不肯、毎事難易、終施塩菜周足。斎後、行十里、到喬村王家喫茶。行廿里、到中李村。有廿余家、経五六宅覓宿処、家家多有病人、不許客宿。最後到一家、又不許宿、再三嗔罵。更到藤峰宅宿。主人有道心。十五日、発、行十五里、到牟徐村程家断中。主心殷勤。斎後、行十五里、到莱州。……出城外東南龍興寺宿。仏殿前有十三級磚塔、基階頽坏、周廊破落。寺無衆僧、僅有二僧、寺主、典座、心性凡庸、不知主客之礼。……十七日平明、発、向西南行。錯入密州路、行五里、偶然人教、得赴正路。行十五里、到潘村潘家断中。主心粗悪。不作礼数。就主人乞菜醤酢塩、総不得。遂出茶一斤、買得醤菜、不堪喫。斎後発、行卅里、到膠水県界三埠村劉清宅宿。家婦嗔怒、夫解扑戯。」

——円仁『入唐求法巡礼行記』巻二

第七章　唐代の中国と日本（三）

ガイダンス

　包容性に富んでいた唐代には、国際結婚も珍しいことではなかった。遣唐使としてやってきて、思郷の念を募らせた場合もあったが、中国人と結婚し、長く生活した日本人も何人もいた。中国から日本に行った人は少なかったけれども、鑑真東渡にまつわる逸話や楊貴妃の渡日伝説は、現代まで美しく伝えられている。

弁正

　僧弁正(べんじょう)（?～736）は、渡来人「秦氏」の子孫であり、702年に遣唐使に加わり入唐してから三十余年間も滞在し、最後は唐の地で亡くなった。『懐風藻』には、弁正の伝記と漢詩二首が収められ、彼を知るには重要な手がかりとなっている。その伝記に、「弁正法師者、俗姓秦氏。性滑稽、善談論。少年出家、頗洪玄学。大宝年中、遣学唐国。時遇李隆基龍潜之日、以善囲碁、屢見賞遇」という記述がある（『懐風藻』）。つまり、弁正は弁舌に長け、奇抜な着想や巧妙な言い回しで正しい道理を示せるような才を持った人物で、まだ帝位についていない「龍潜の日」の唐玄宗と会い、囲碁の技量のためにしばしば賞遇されたのである。この記載により、五代の南唐の画家周文矩(しゅうぶんく)に描かれた「明皇会棋図」の中で、中央の唐玄宗に向かって左から三人目が弁正その人だろうとも推定されている[①]。

「明皇会棋図」（台北市・台北故宮博物院）

　後に弁正は還俗し、唐人の女性と婚姻して、朝慶(ちょうけい)・朝元(ちょうげん)の二人の男子をもうけた。長男の朝慶は、父弁正と同じく唐で没したが、次男の朝元は日本に行き、医術と語学をもって日本の朝廷に仕えた。特に、733年に朝元が遣唐使の入唐判官として唐に渡り、父の縁故により唐玄宗から厚く賞賜を与えられたことはよく知られている。「有子朝慶・朝元、法師及慶在唐死。元帰本朝、仕至大夫。天平年中、拝入唐判官、到大唐見天子。天子以其父故、特優詔厚賞賜」（『懐風藻』）。

---

① 王勇：『唐から見た遣唐使——混血児たちの大唐帝国』、講談社、1998年、99～104頁。

第七章　唐代の中国と日本（三）

藤原清河

　藤原清河（生没年不詳）は、752 年に遣唐大使として吉備真備らとともに入唐した人物である。鑑真の渡日を要請し、翌年に鑑真らを伴って帰国の途についたが、藤原清河の乗船（阿倍仲麻呂も同乗）は遭難し安南に流れ着いてしまった。以後、唐朝廷に仕えて高官となり、「安史の乱」にも遭遇し、最後まで日本に帰れずに唐で没した。

　彼が唐玄宗に謁見した時、玄宗は、日本には賢明な君主がいると聞いているが、今の使者たちの殿上での行儀作法を見て、改めて日本が礼儀君子の国であることに感心したと述べ、絵師に藤原清河と副使の吉備真備の肖像を描かせて、それを殿中に納めておいたという。「至長安、見玄宗。玄宗曰：聞彼国有賢君。今観使者、趍揖有異、乃号日本為礼儀君子国。命阿倍仲麻呂導清河等、視府庫及三教殿。又図清河及副使吉備真備貌、納於蕃蔵中」。さらに、藤原清河が日本へ帰ろうとする時に、唐玄宗は「日下非殊俗、天中嘉会朝。念余懐義遠、矜爾畏途遙。漲海寛秋月、帰帆駛夕飈。因驚彼君子、王化遠昭昭」という御製詩も贈ったという（『大日本史』巻一一六）。

藤原清河像
（菊池容斎『前賢故実』巻二）

　弁正と同じように、藤原清河も唐の女性と結婚し、一人の娘をもうけた。『続日本紀』によれば、喜娘と名付けられたこの娘は、帰国の夢を果たせなかった父の代わりに、778 年に遣唐使とともに日本に渡り、父の故郷を訪ねた。旅路では、乗った船は不幸に嵐に見舞われ、船体も壊れたが、荒海をさまよった後、命からがら肥後国（現熊本県）天草郡に漂着したという（『続日本紀』巻三五）。

　要するに、唐代には、日本人の使節や留学生が中国の女性と結婚したケ

ースはそれほど珍しくなかった。阿倍仲麻呂の従者として入唐した羽栗吉麻呂は、唐の女性と結婚し、「翼」と「翔」という双生児を育て、十七年後の734年に子供を連れて日本に帰った（『類聚国史』巻一八七）。留学生の大春日浄足も、李自然という唐の女性と結婚し、二人とも日本に帰り、従五位下などの位階を授けられたという（『日本紀略』「前篇十三」）。

円載

多くの日本留学生・留学僧の中で、円載（？～877）という人物は、異様な面影を後世に残している。彼は幼い頃から最澄に師事し、838年に円仁とともに入唐し、第二代天台座主円澄（772～837）の天台教義に関する疑問五十条を天台山の学僧に呈し、解答を受けて弟子に託して日本に送った。（このような日本仏教界がもたらした疑問に対する中国側の回答は「唐決」と呼ばれ、仏教の日本化を考える上で示唆に富む第一級資料と見られている。）四十年間も在唐した円載は、唐宣宗の厚遇を受け、紫袍も賜った。877年に典籍を数千巻携え、帰国の途についたが、船が難破して溺死したという。

しかし、唐滞在中に会昌の廃仏に遭遇して、他の多くの僧と同様に強制的に還俗させられるといったことがあったため、円載は、後に唐に来た円珍に「山宗留学因何如此……今度円載見解已爾、恐辱徒衆、都無利益、既不及叡山沙弥童子見解、況於僧人」などと厳しく批判された（頼覚『行歴抄』）。このため、それ以来、円載は意地悪く欲張りで、修行をおろそかにし、しかも女色戒も犯した者として日本史上で悪名が高かったのである。一方、晩唐

「唐決」を収載した『唐決集』書影
（1646年版）

の高名な詩人皮日休(ひじつきゅう)が円載の帰国の際に贈った「取経海底開龍蔵、誦咒空中散蜃楼。不奈此時貧且病、乗桴直欲伴師遊」（皮日休「重送」）という詩などから、数奇な生涯を送った円載がそれなりの才能を備えた人物であったことが察せられる。それゆえ、中国では僧や尼僧が還俗を余儀なくさせられたことを考慮し、円珍の円載評価については、割り引いて考量したほうが適切だろうとの見方もある（佐伯有清『悲運の遣唐僧――円載の数奇な生涯』）。

望郷の情

　人情の常として、長年遠い異国にいる人は、自然に故郷を慕う念が湧いてくる。唐に長く仕えた阿倍仲麻呂は、一度ならず帰国することを上請したが、許されなかった。彼の「慕義名空在、輸忠孝不全。報恩無有日、帰国定何年」という詩は、まさにそのホームシックの表れである（阿倍仲麻呂「思帰」）。そして、ようやく帰国することが許され、明州（現寧波市）で船に乗ろうとした時に残した「天の原　ふりさけみれば　春日なる　三笠の山に　いでし月かも」という有名な和歌も、送別に来た中国の友人たちを深く感動させたという。「既而至明州、与唐人別、仲麻呂望月悵然、詠和歌曰：阿麻能波羅、布利佐計美礼婆、加須我奈流、美加佐能夜麻珥、以伝志都岐加毛。因写以漢語示之、衆皆感歎」（『大日本史』巻一一六）。また、唐で没した弁正も、思郷の念に苦しみ、その「日辺瞻日本、雲裏望雲端。遠遊労遠国、長恨苦長安」という詩からも、当時の遣唐使たちの人生の夢と望郷の情の入り交じった苦悩が、つくづく

錦絵「月百姿」（月岡芳年『月百姿』）
朧月に郷愁をそそられる阿倍仲麻呂。左は王維かと思われる。

感じられるのではないだろうか（弁正「在唐憶本郷」）。

　その上、遣唐使の中には、名すら残っていない者もいれば、旅路の疲れや病で願いを叶えることなく亡くなった者も少なくなかった。例えば、唐の詩人項斯(810〜893)の詩「日本病僧」は、重い病気のためもはや帰ることを断念し、望郷の念を抱きつつも、異国の地に骨を埋めなければならないと覚悟した一人の日本僧の最後の様子を描いている。「雲水絶帰路、来時風送船。不言身後事、猶坐病中禅。深壁蔵灯影、空窓出艾煙。已無郷土信、起塔寺門前」（項斯「日本病僧」）。渡唐してきた日本人たちの人生模様は、様々であった。

鑑真

　鑑真（688〜763）は、中国の揚州に生まれ、十四歳で出家、長安にある実際寺において登壇して具足戒を受け、正式な僧侶となった。後、故郷の揚州に戻り大明寺で仏法を講じ、「博渉経論、尤精戒律、江淮之間、独為化主」（『続日本紀』巻二四）と記されているように、江南第一の大師と称された。そのころの日本では、仏教の僧には戒律が不可欠だという知識がなく、脱税や脱役などの目的で不当に出家をする者が続出していた。733年、日本僧の栄叡（?〜749）、普照（生没年不詳）は、「仏法東流至日本国、雖有其法而無伝法人」のゆえに、大明寺へ中国の高僧を「伝戒の師」として招請しに来た。しかし、日本へ行くには生命の危険が伴うことから、衆僧は黙然として誰一人応じる者はいなかった。すると、鑑真は「是為法事也、何惜身命。諸人不去、我即去耳」と渡日の決意をしたという（淡海三船『唐大和上東征伝』）。

　その後、鑑真は五回も渡日を試みたが、他人の密告や妨害によって未遂に終わったり、海に乗り出してから風浪に弄ばれて遭難したりしたなど、様々な不運のために失敗してしまった。例えば、748年の第五回の渡航では、ようやく出国することに成功したが、あいにく強い風に見舞われ、船も壊れ、

果てしない海での漂流を経て、安南に流れ着いた。陸路で揚州に帰る途中で、同行の日本僧栄叡も死去したなど、苦難に満ちる長旅であった。

唐招提寺金堂（奈良市）

しだいに視力も失った鑑真は、753年に六回目にして遂に日本の地を踏んだ。以後、東大寺に初めて戒壇を設け、日本聖武上皇らの帰依を受け、奈良で唐招提寺を創建して戒律の根本道場とした。「招提」は僧侶の住む寺を指す言葉で、唐の戒律を教える寺ということから、「唐律招提」と称されたのである。鑑真が渡日し律宗を伝え、唐招提寺を創建するまでの経緯と事跡は、『唐大和上東征伝』や『東征伝絵巻』に詳しく記されている。

鑑真東渡像（揚州市・痩西湖）

唐代には中国からの渡日者は少なかったものの、命懸けで海を渡った鑑真は、仏教の教えを広めただけでなく、薬草・印刷・彫刻などの技術も日本にもたらし、唐の最新文化を普及させたという面においても見逃せない存在である。俳人の松尾芭蕉（1644～1694）が「若葉して御目の雫拭はゞや」（松尾芭蕉『笈の小文』）という句を詠んだように、千年来鑑真は日本人に深く愛され、その慈悲の心・不撓不屈の精神は時代を超えて日本人を感動させ続けている。1980年、唐招提寺は、日本の国宝とされている鑑真和上の座像を彼の故郷の揚州市に「里帰り」させた。その二七年後の2007年、揚州市も鑑真の全身立像を作り、唐招提寺に贈り返したのである。

「山川異域、風月同天」

実は、鑑真が日本に渡るきっかけとなったのは、一つは前述した聖徳太子の話であり、もう一つは長屋王(？～729)にかかわる話であると言われている。『唐大和上東征伝』などによると、仏教を尊崇していた天武天皇の孫・長屋王は、自ら千枚の袈裟を作り中国の僧侶に贈った。その袈裟には、

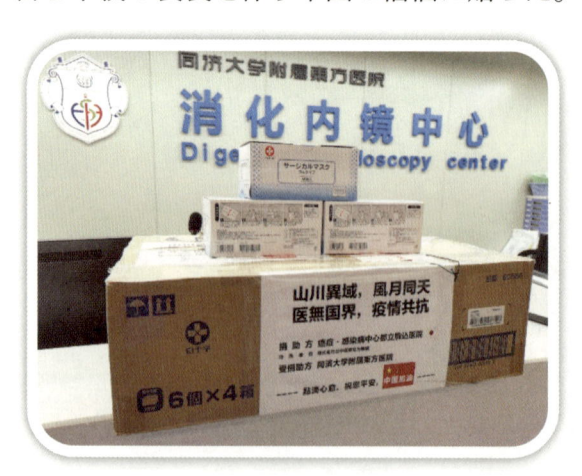

上海同済大学附属東方医院に届けられた日本からの救援物資（文彙網2020年2月14日）

金糸で「山川異域、風月同天、寄諸仏子、共結来縁」の十六文字が刺繍されていたという。それを知った鑑真は、「以此思量、誠是仏法興隆有縁之国也」と、たいへん感心したのである（淡海三船『唐大和上東征伝』）。長屋王の詩は『全唐詩』にも収録されており、「明皇時、長屋嘗造千袈裟、繍偈於衣縁来施中華、真公因泛海至彼国伝法焉」という注がつけられている（『全唐詩』巻七三二）。

　仏教交流に尽力した長屋王の詩句は、現代もなお生き続けている。2020年頭から、突然の新型コロナウイルスによる肺炎の影響で、中国の多くの地域ではマスク・体温計・防護服などの医療物資が一時不足した。そうした中、日本HSK（漢語水平考試）事務局、がん・感染症センター東京都立駒込病院など多くの団体および個人が、迅速にマスクなどを武漢や上海に贈り届けた。特に、支援物資の箱に「山川異域、風月同天」と書かれたエールの言葉は、中国のネットユーザーから、「雪中に炭を送ってくれた」「日本からのメッセージに心を打たれた」などと絶賛を浴びた。数カ月後、日本もコロナウイルスの拡大が止まらない状況に陥り、今度は逆に中国からマスクや医療用品の支援を受けることになった。このように、唐代の中日仏教交流は、千数百年を隔ててなお両国の友好関係を築く架け橋の役割を果たしているのである。

楊貴妃の伝説

　傾国の美女と称され、古代中国四大美人の一人とされる楊貴妃（719～756）については、実は「安史の乱」で死なず、最後に日本へ亡命したという伝説がある。現在も、日本の山口県長門市にある二尊院に楊貴妃の墓と呼ばれる五輪塔が残り、地元では当時死を賜ったのは身代わりの宮女であり、楊貴妃本人は遣唐使らの護送により日本長門の地に漂着し、唐玄宗との連絡は取りあっていたものの、ついに帰国は叶わずその一生を終えたという伝承も伝わっている。2018年、筆者が広島県日中親善協会の方々

にお会いした時に、この話も中日友好交流の例として言及され、楊貴妃伝説と現実とのつながりが如何に大きいかを実感させられたものである。

手前にある木は「楊貴妃桜」、奥の小屋は「楊貴妃観音堂」
（京都市・泉涌寺）

　徐福伝説と同じように、楊貴妃にかかわる伝承・伝説は日本各地に多く存在している。例えば、京都東山区の泉涌寺には「楊貴妃観音」が祀られている。唐玄宗が亡き妃の面影をしのぶために香木で作った等身坐像が、南宋時代に中国に渡った僧侶俊芿湛海（しゅんじょうたんかい）によって持ち帰られ、そこに安置されたという。さらに、古書『雲州樋河上天淵記（うんしゅうひのかわかみあめがふちのき）』などには、もう一つ興味深い話が記されている。当時、唐玄宗が野心を持ち、日本を侵略しようとしていたので、日本を守る熱田大神（あつたのおおかみ）が楊貴妃に姿を変えて後宮に入り、唐玄宗の心を惑わすことに成功した。結局、唐玄宗は日本を攻めるどころか、部下の謀反に遭い、都からも追われてしまった。その後、熱田大神は無事に日本に戻り、熱田神宮に帰還したという。

「不肯去観音」

　唐に渡り法を求めた日本僧の中に、恵萼（えがく）（生没年不詳、慧鍔などとも）という人がいた。嵯峨天皇（さがてんのう）の皇后橘嘉智子（たちばなのかちこ）（786～850）の命を受け、中国五台山から観音像を求め、日本に持ち帰ろうとしたが、出航してまもな

第七章　唐代の中国と日本（三）

く普陀山で船が進まなくなった。恵萼は、それは観音様が日本へ行く機縁はまだ熟していないと思い、動こうとしないからだと考え、そこに寺院を建て観音像を安置したという。「舟過補陀山、附著石上、不得進、衆疑懼、祷之曰：若尊像於海東機縁未熟、請留此山。舟即浮動、鍔哀慕不能去。乃結廬海上以奉之」（志磐『仏祖統紀』巻四三）。こうして、その観音像は「不肯去観音」と名付けられ、像を祀る寺も「不肯去観音院」と呼ばれるようになり、仏教聖地普陀山の開山寺院となったのである。

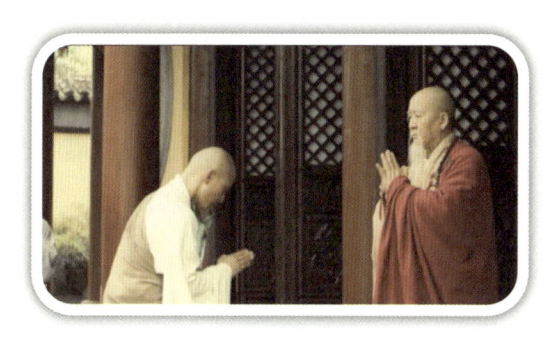

映画『不肯去観音』の一シーン

　2013年に、中日両国のスターが出演した映画『不肯去観音』が上映され、恵萼が唐で観音を求めた話はさらに広く知られるようになった。その意義について、橘嘉智子皇后を演じた中野良子氏は、「この映画が描写しているのは一千年以上前の故事だが、観世音菩薩の慈悲の心は現在でも重要な精神的意義を持つと思う。どんな時代でも、相互に学び、互いを気遣い、平和を信じる心が重要だからだ」と語った[①]。『人民中国』雑誌社の日本人専門家井上俊彦氏も、「考えてみれば、観音像は『日本に行かないことで普陀山を中国有数の仏教の聖地にした』というわけで、中日の長い交流の中でも異彩を放つエピソードではないでしょうか」と評した[②]。まさにその通りである。

---

① 「映画『不肯去観音』——中日両国の先賢の教訓とは」、人民網日本語版、2013年8月2日。
② 井上俊彦：「中日仏教交流ドラマ『不肯去観音』」、『人民中国』インターネット版、2013年7月29日。

遣唐使の停止

九世紀の後半になると、隆盛を誇っていた唐も、やがて「黄巣の乱」などが起こり衰退に入った。日本では、894年にすでに遣唐使の大使に任命されていた菅原道真(すがわらのみちざね)(845～903)は、当時の日本僧中瓘(ちゅうかん)、唐商人王訥(おうとつ)の報告を受け、唐への遣使を再考するようにと、公卿たちの審議を要請した。「右臣某謹案。在唐僧中瓘、去年三月附商客王訥等、所到之録記、大唐凋弊載之具矣。更告不朝之問、終停入唐之人。中瓘雖区区之旅僧、為聖朝尽其誠。代馬越鳥、豈非習性。臣等伏撿旧記、度度使等、或有渡海不堪命者、或有遭賊遂亡身者、唯未見至唐有難阻飢寒之悲如中瓘所申報未然之事。推而可知。臣等伏願、以中瓘録記之状、遍下公卿博士、詳被定其可否」(菅原道真『菅家文草』巻九)。

菅原道真を祭神とする天満宮の総本社北野天満宮(京都市)

結局、菅原道真の意見が受け容れられ、遣唐使の派遣は「中止」と決まった。その理由として、唐の争乱・航海の危険性・財政の困難などの客観的なことがよく挙げられるが、菅原道真自身が渡唐を不安に思っていたからだとする説もある。なお、年号を覚えるための語呂合わせの「白紙に戻す」

第七章　唐代の中国と日本（三）

のように、「894年に遣唐使が廃止された」という言い方もある。しかし、正確に言えば、それは「廃止」ではなく、「中止」あるいは「停止」と表現したほうが適切である。なぜなら、894年以降も菅原道真は遣唐大使の役職名を名乗っているし、十世紀前半に編纂された法令集『延喜式』にも遣唐使に関する条文が度々見られるからである[①]。つまり、唐の滅亡により遣唐使制度は名実ともに無くなるが、894年の段階ではその制度自体はまだ廃止されていなかったのである。

関連史料

①円載について、円珍は次のような記載を残している。

「食後下堂欲帰房、忽然起心、円載不久合来。不用入房、且彷徨待他来。思已行到南門看望。橋南松門路上有師、騎馬来到橋南頭、下馬下笠、正是留学円載菩薩也。珍便出門迎接。橋北相看、礼拝流涙相喜。珍雖如此、載不多悦、顔色黒漆、内情不暢。珍却念多奇多奇。若本郷人元不相識、異国相見、親於骨肉、況乎旧時同寺比座。今遇此間、似無本情、多奇多奇。相共帰院、東道西説、無有香味。説道：我在唐国、已経多年、総忘却日本語云云、都不語話。入夜説道：送牒与本国太政官、不因王敕不令人来。珍曰：太好太好。載曰：有人説、珍将来五千両金。珍曰：金有何限。」

「当時載捧受頂戴、喜躍無限、礼謝天台大師、拝賀円珍。従此以後、口中吐出本国言語、不可尽説、因此事次具知此人本性未改。帰到房裏、更与土物沙金棉絁、転益歓喜、因語次第。……或時円珍対他試問天台義目、曾無交接。両三度略如此。在後休去、更不談話。珍心惆悵、山宗留学因何如此。……又徒衆曰：円載乍見日本人、総作怨家。会昌三年本国僧円修、恵運来到此山、具知円載犯尼之事。僧道詮和尚曰：円修道心、多有材学。在

---

① 東野治之：『遣唐使』、岩波書店、2010年、56頁。

禅林寺見円載数出寺、挙声大哭：国家与汝糧食、徒衆待汝学満卻帰本寺流伝仏法。何不勤業、作此悪行、蒼天蒼天。円載因此結怨含毒、円修從天台発去明州已後、載雇新羅僧、将毒薬去擬煞円修、修便上船発去多日、事不著便。新羅卻来曰：趁他不著。載曰：叵耐叵耐。」

——頼覚『行歴抄』

②日本僧栄叡らの招聘に応じ、鑑真が渡日を決意した経緯について

「栄叡、普照、留学唐国、已経十載。雖不待使、而欲早帰。於是請西京安国寺僧道航、澄観、東都僧徳清、高麗僧如海、又請得宰相李林甫之兄林宗之書、与揚州倉曹李湊、令造大舟、備粮送遣。又与日本国同学僧玄朗、玄法二人、俱下至揚州。是歳、唐天宝元載冬十月（日本天平十四年歳次壬午）。

時、大和上在揚州大明寺為衆講律。栄叡、普照至大明寺、頂礼大和上足下、具述本意曰：仏法東流至日本国、雖有其法、而無伝法人。日本国昔有聖徳太子曰：二百年後聖教興於日本。今鍾此運、願和上東遊興化。大和上答曰：昔聞南岳思禅師遷化之後、託生倭国王子、興隆仏法、済度衆生。又聞、日本国長屋王崇敬仏法、造千袈裟、来施此国大徳衆僧。其袈裟縁上繡着四句曰：山川異域、風月同天。寄諸仏子、共結来縁。以此思量、誠是仏法興隆、有縁之国也。今我同法衆中、誰有応此遠請、向日本国伝法者乎。時衆黙然、一無対者。良久、有僧祥彦進曰：彼国太遠、性命難存、滄海淼漫、百無一至。人身難得、中国難生。進修未備、道果未到。是故衆僧咸黙無対而已。大和上曰：是為法事也、何惜身命。諸人不去、我即去耳。祥彦曰：大和上若去、彦亦随去。爰有僧道興、道航、神崇、忍霊、曜祭、明烈、道黙、道因、法蔵、法載、曇静、道巽、幽厳、如海、澄観、徳清、思託等廿一人、願同心随和上去。」

——淡海三船『唐大和上東征伝』

③ 2020年の新型コロナウイルスとの戦いの中、日本から中国へ、中国から日本へ送られた支援物資に書き添えられた漢詩文は、「山川異域、風月同天」のほかに、別の詩文（一部はアレンジされた）も多数あった。この危機に際して、改めて中日文化の結びつきの深さが分かる。

◎「青山一道同雲雨、明月何曾是両郷。」

——京都府舞鶴市から遼寧省大連市へ

「遼河雪融、富山花開。同気連枝、共盼春来。」

——富山県から遼寧省へ

「豈曰無衣、与子同裳。」

——NPO法人「仁心会」、日本湖北総商会などから湖北省へ

「四海皆兄弟、誰為行路人」
「相知無遠近、万里尚為隣」

——日本道観から中国道教協会へ

◎「願歳并謝、与長友兮」

——浙江省慈渓市から岩手県滝沢市へ

「満載一船明月、平鋪千里秋江。」

——山東省から和歌山県へ

「天台立本情無隔、一樹花開両地芳」

——浙江省から静岡県へ

「紫金草満地、春桜花連枝。持此芳華意、摘以寄心知。」

——江蘇省南京市から愛知県名古屋市へ

④熱田明神が楊貴妃に変じたとする物語について

◎「又四十五代聖武、四十六代孝謙帝間。李唐玄宗募権威、欲取日本。於時日本大小神祇評議給、以熱田倩給。生代楊家而為楊妃、乱玄宗之心、醒日本奪取之志給。誠貴妃如失馬塊坡、乗舟着尾刕智多郡宇津美浦。帰熱田給云云。」

——北畠親房『雲州樋河上天淵記』

◎「熱田廟前有山、松茂森森然、是号蓬萊。俗相伝云：熱田大明神化楊貴妃、乱彼大唐、故玄宗困天宝之蒙塵。熱田之廟背、有一基之石塔、其長二尺計、其形太醜。巫祝等指之曰：貴妃之塔婆也。又廟外有玄太輔之祠。僉云玄宗三郎之祠也。貴妃謂楊什伍曰：此後一紀当相見、願保聖体云々。」

——林羅山『本朝神社考』

⑤空海、最澄らとともに入唐した橘逸勢（たちばなのはやなり）（？～842）は、唐人から「橘秀才」と称賛された。日本でも、書家として名を馳せ、空海・嵯峨天皇とともに「三筆」と言われる書道の名人であった。しかし、当初は二十年間の留学予定だった彼は、中国語が苦手で、語学の壁のために自由に勉強ができず、学資の面においても生活が窮乏し、唐朝から支給される衣糧でわずかに命を繋ぐような状況になったため、予定を繰り上げて早めに帰国させてもらうように許可を請い、一年半足らずで日本に帰ったのである。次に掲げるのは、橘逸勢が空海に代筆してもらった願い書である。

「留住学生逸勢啓：逸勢無驥子之名、預青衿之後、理須天文地理、諳於雪光、金声玉振、縟於鉛素。然今山川隔両郷之舌、未遑游槐林。且温所習、兼学琴書。日月荏苒、資生都尽。此国所給、衣糧僅以続命、不足束修読書之用。若使専守微生之信、豈待廿年之期。非只転螻命於塹、誠則国家之一瑕也。今見所学之者、雖不大道、頗有動天感神之能矣。舜帝撫以安四海、言優拍而治一国。尚彼遺風、耽研功畢、一芸是立、五車難通、思欲抱此焦尾、奏之於天。今不任小願、奉啓陳情、不宣謹啓。」

——『性霊集』巻五「為橘学生与本国使啓」

第八章　五代・宋代の中国と日本（一）

ガイダンス

　五代期、呉越国は一つの割拠政権でありながらも、貿易や仏教の面において日本とのやりとりが多かった。日本でも、「国風文化」が開花し、中国への文物輸出が見られるようになった。南宋に入ると、海上貿易が両国で公的に奨励され、それに伴う文化の交流、人員の往来なども盛んに行われていた。

呉越国の遣使

　唐代末、大勢力を持っていた節度使の朱全忠(しゅぜんちゅう)（852～912）は、907年に唐哀帝(とうあいてい)に禅譲をさせ、後梁を建てた。しかし、朱全忠の勢力は中国の華北地方を占めていたに過ぎず、別の地には自立した群国が立っており、中国は五代十国の分裂時代に入った。その中に、杭州の自衛団を背景に銭鏐(せんりゅう)（852～932）が建てた呉越国があり、対外貿易を盛んに行い、経済が発達していた。「地方千里、帯甲十万、鋳山煮海、象犀珠玉之富、甲於天下」（蘇軾「表忠観碑」）。日本に対しては、古来の交通往来の門戸である江浙地方を占拠していたため、歴代の王が度々使者や貿易船を遣わすなどしていた。

　早くも、『日本紀略』承平五年（935）九月の条に、呉越国の商人蒋承勲(しょうしょうくん)が日本へ数頭の羊を献じたという記述がある（『日本紀略』「後篇」二）。その後、蒋承勲のような商人らが、呉越国王の使いとして、日本を何度か訪れていた。しかし、外交の面においては、両国の往来・交渉はあまり進まなかった。例えば、947年に呉越の第五代国王銭弘俶(せんこうしゅく)（929～988）は、日本の左大臣の藤原実頼(ふじわらのさねより)（900～970）のもとへ書簡と贈物を送ったが、藤原実頼は、外国と交を結ぶのは人臣の道にあらずと遠慮した上で、返書と砂金二百両の返礼を送った。また、953年に、政治の実権を握った右大臣の藤原師輔(ふじわらのもろすけ)（908～960）のところに、銭弘俶は再び書と贈礼を送ったが、それに対し、藤原師輔も「抑人臣之道、交不出境。錦綺珍貨、奈国憲何。然而志緒或織叢竹之色、徳馨或引沈檀之薫。愛之則雖忘玉条、辞之恐謂嫌蘭契、強以容納。蓋只感君子親仁之義也」と答え、消極的な態度を示した（藤原明衡編『本朝文粋』巻七）。その原因は、日本側が当時の中国の分裂状態を考慮し、正式な外交関係については慎重に扱っていたことであろうと見られている。その後、大陸で統一の機

銭弘俶像
（銭林纂修『新鐫呉越銭氏続慶系譜』）

第八章　五代・宋代の中国と日本(一)

運が高まるにつれ、呉越国の力は弱まり、やがて日本との通航も途絶えるようになった。

銭弘俶八万四千塔

インドでは、古代マウリヤ朝第三代の王であるアショーカ王(前304〜前232、阿育王とも)は、青年時代は領土拡張のための戦争を強力に推進したりしていたが、後に仏教を熱心に信仰するようになり、釈迦の遺骨を集め、それを納めた仏塔を各地に八万四千基建てたと伝えられている。呉越王銭弘俶も、後に戦場殺生を懺悔して仏教を篤く信仰し、菩薩戒を受けたり、霊隠寺などを再建したりして仏教振興に努めた。そして、インドのアショーカ王の故事に倣い、八万四千基の塔を造り、舎利の代わりに「宝篋印陀羅尼経」という経典を塔に納め、領内外に広めたのである。

銭弘俶八万四千塔
(奈良国立博物館)

　この塔は「銭弘俶八万四千塔」と呼ばれ、高さ二十センチ程度で、銀・銅・鉄製のものがある。「八万四千」というのは無数を表す語であった可能性があり、実際にその数の塔が作られたかどうかは明らかではないが、そのうちの数基が日本にも伝存している。現在、奈良国立博物館の所蔵している「銭弘俶八万四千塔」は銅製で、内部の一面に「呉越国王／銭弘俶敬造／八万四千宝／塔乙卯歳記」という四行の刻銘があり、銭弘俶の在位中の955年に製作されたものであることが分かる。同博物館の説明によると、清代の『金石契』や『金塗銅塔攷』に引用された宋人の程祕の「龍山勝相寺記」には、この小塔が日本にも五百基送られたことが記されているという。また、仏教関係の歴史書『扶桑略記』

所載の「宝篋印経記」にも、平安中期の天台僧日延(にちえん)(生没年不詳)が中国からこのような塔を日本にもたらしたことや、塔の作られた経緯などが記載されている(皇円『扶桑略記』巻二六)。

生駒市円福寺にある宝篋印塔
(生駒市デジタルミュージアム)

　日本では、銭弘俶の作った塔を模した「宝篋印塔」という塔が、鎌倉初期頃から制作され始めたと見られる。もともとは密教系の塔で、「宝篋印陀羅尼経」を納めていたが、時を経て教文や呪文の有無にかかわらず、すべて宝篋印塔と呼ばれるようになった。時代により形が少し違うが、宗派を超えて流行し、特に石造の宝篋印塔は、鎌倉時代以降に数多く建てられた。現在でも、滅罪や延命などの利益から、供養塔・墓碑塔としてよく使われている。ちなみに、日本には、同じ密教系の塔として五輪塔という塔もある。上から宝珠形＝空輪、半月形＝風輪、三角形(または笠形、屋根形)＝火輪、円形＝水輪、方形＝地輪であり、いわゆるインド仏教の五大思想によって組み立てられたもので、宇宙を構成する要素を表している。しかし、インドや中国などでは同じようなものが確認されていないため、五輪塔は日本が独自に作った塔ではないかと考えられている。

「流布唐家」

　中国では、相次ぐ兵乱や後周の世宗（921～959）の廃仏運動などにより、当時の仏教界が多大な打撃を受けた。大寺院の重要な経典が散逸し、海外のほうが逆に一部がよく保存されているというような状況となった。そのため、仏教に敬虔な銭弘俶は、日本や高麗に何回も遣使し、散逸した経典を集めようとしたのである。例えば、彼は黄金五百両を出して貿易商人を日本に遣わし、天台経疏を求めたことがある。「呉越銭氏多因海舶通信、天台智者教五百余巻、有録而多闕、賈人言日本有之、銭俶致書其国王、奉黄金五百両、求写其本、尽得之。迄今天台教大布江左」（楊億口述、黄鑑筆録『楊文公談苑』）。

　一方、926年に日本の興福寺の僧寛建（生没年不詳）は、朝廷に中国五台山の巡礼を願い出て、許可された。その上、旅費として「黄金小百両」のほか、菅原道真らの詩集と書家の小野道風の書なども与えられ、「令流布唐家」という詔を下されたのである（皇円『扶桑略記』巻二四）。翌年、寛建は従僧の寛輔（？～980？）、超会（生没年不詳）ら十人とともに中国に渡った。その後のことについては関連史料が少ないが、後に入宋した奝然が洛陽で超会から寛建らの消息を聞いたことが『在唐記』に記されているため、寛建らの活動はおおむね把握できる。

『古今和歌集』書影（出版年不明）
平安前期の最初の勅撰和歌集『古今和歌集』に真名序と仮名序の二つの序が併記されたことは、日本詩文がいよいよ本来の漢文から脱出しようとしていた動きを示している。

　「寛建上人於建州浴室悶了。澄覚等長興年中入京、詣五台山及遍礼諸方聖迹、到鳳翔、長安、洛陽城等。其後、澄覚学習漢語、講唯識論上生経等、

賜資化大師賜紫号。有帰朝之心、遠去両浙。寛輔在京、弘瑜伽大教、賜弘順大師号。当京元無弘真言教、寛輔来後弘密教、教授灌頂弟子三十余人、逝去之後数年。超会雖有談話志、本朝言語皆以忘却、年八十五云云」（心覚編『鵝珠抄』二）。ここから、渡唐した後、寛建は不幸にして浴室で悶死したものの、弟子らは母国語を忘れてしまうほど長く中国に滞在し、大師号を賜わり、あるいは経論を講じ、あるいは密教を広め、仏教の興隆に力を尽くしていたことが分かる。

　このように、銭弘俶が日本に経典を求めたことや、寛建らが書籍を携えて日本文化を中国に広げようとしたことから、遣唐使の停止とともに、日本は「国風文化」という独自の文化をしだいに発展させていたことが分かる[①]。特に、仏教の面において、もっぱら受け学ぶのみであった日本僧が、その動乱期の中国に対し、逆に授け教えるという地位に立つようになったのも、以前とは異なるところである[②]。

『釈氏六帖』の記載

　後周顕徳五年（958）に、斉州（現済南市）開元寺の僧義楚(ぎそ)（生没年不詳）は、寛建の従僧寛輔から、日本について様々なことを聞いたという。義楚は自身の編纂した仏教類書『釈氏六帖』（『義楚六帖』とも）の「日本国」の項で、次のように記している。

　「日本国亦名倭国、東海中。秦時、徐福将五百童男、五百童女、止此国也。今人物一如長安。又顕徳五年、歳在戊午、有日本国伝瑜伽大教弘順大師賜紫寛輔、又云：本国都城南五百余里、有金峰山、頂上有金剛蔵王菩薩、……又東北千余里有山、名富士、亦名蓬莱。其山峻、三面是海、一朶上聳、頂有火煙。日中上有諸宝流下、夜則却上、常聞音楽。徐福止此、謂

[①] 九世紀中葉頃から、日本ではすでに唐の学問に匹敵ないしはこれを凌駕したとする意識が散見されるとの指摘がある。森公章：「遣隋・遣唐留学者とその役割」、『専修大学東アジア世界史研究センター年報』第4号、2010年3月、100頁。

[②] 王勇：『中日関係史考』、中央編訳出版社、1995年、56頁。

蓬莱、至今子孫皆曰秦氏。彼国古今無侵奪者、龍神報護、法不殺人、為過者、配在犯人島。其他霊境名山、不及一一記之」(義楚『釈氏六帖』巻二十一)。

徐福雨乞地蔵祠（山梨県・富士吉田市）
富士山周辺には、このような徐福伝承のある場所が多い。

つまり、日本僧寛輔から聞いた情報として、日本の富士山が蓬莱とも呼ばれていること、その富士山に徐福が住み着いたこと、徐福の子孫たちは秦氏を名乗っていることなどが記されている。その情報の正確さはともかくとして、徐福の渡海伝説は、司馬遷の『史記』によってすでに伝えられていたものの、千年後の『釈氏六帖』の記録により、徐福の最後の上陸地が初めて明確に日本と結びつけられたことは特に注目されるべきである。それ以後、『釈氏六帖』による記述が日本に逆輸入され、日本側でも「徐福渡日説」が急速に広まったと考えられている。

市舶司と大宰府

960年に、後周の武将趙 匡胤（ちょうきょういん）（927～976）が部下に擁立されて即位し、宋を建国した。周知のように、1127年「靖康の変」まで開封を都と

したのが北宋、それ以後杭州を都としたのが南宋である。経済の面では、宋朝廷は、明州、泉州、広州などの地に、貨物の検査や関税の徴収・外国商人の保護監督などにあたる「市舶司」を整備し、海外の国々と貿易を行っていた。

復元された鴻臚館（福岡市・鴻臚館跡展示館）

　日本側では、七世紀後半から筑前国筑紫郡（現福岡県太宰府市）に「大宰府」が設置され、対外交渉や防備などの事務を総管していた。京都朝廷の出先機関であったが、大陸への門戸として大きな行政権限を持ち、「遠の朝廷」と呼ばれており、中国との貿易もその統制下で行われていた。その後、平氏政権や鎌倉幕府の主導力が強くなるにつれ、大宰府の権能や役割はしだいに衰えてしまった。現在は、大宰府官庁の跡地に楼閣などはもう存していないが、礎石や遺構を辿ることによって、昔の建物の概要をつかむことができる。

　また、唐の外務省にあたる鴻臚寺の迎賓館を模倣し、大宰府の外港の博多津に、外国からの使節を接待する施設である鴻臚館が設置されていた。九世紀以降、外国使節の数が少なくなると、鴻臚館は来日した民間商人の辞見、饗宴、送迎の役割も担っていた。その跡地は、大宰府から北西に約十六キロメートル離れた福岡市の旧福岡城内に位置している。

第八章　五代・宋代の中国と日本（一）

平清盛の対宋貿易

　日本の平安時代末期、平清盛（たいらのきよもり）（1118～1181）を中心とした平氏政権が成立し、「平家一門にあらずんば人にあらず」と言われるほど、一時期強い権勢を誇り、栄華を極めていた。実は、平家繁栄の背後には、宋日貿易によって得られた豊富な財力の存在もあったのである。対外貿易に熱心な平清盛は、日本で最初の人工港を博多に築き、瀬戸内海航路の要地である大輪田泊（おおわだのとまり）（現神戸港付近）も拡張するなどして水路の整備を推し進めた。今の広島県呉市にある「音戸の瀬戸（おんどのせと）」も、宋からの大型商船が瀬戸内海を順調に通れるように、平清盛の命令により開削されたと言われる。地元には夕陽を招き返そうとしている平清盛の像があり、宋船の航路を確保するために開削工事を早く成し遂げたがっていた彼の姿を表しているのである。

音戸の瀬戸（広島県・呉市）

その当時、海上貿易を行うのは相変わらず危険なことで、海難事故がしばしば起こっていた。『宋史』の「日本伝」からも、日本船が遭難し、救助されることが多くあったのが分かる。淳熙三年（1176）、「風泊日本舟至明州、衆皆不得食、行乞至臨安府者復百余人。詔人日給銭五十文、米二升、俟其国舟至日遣帰。十年、日本七十三人復飄至秀州華亭県、給常平義倉銭米以振之。紹熙四年、泰州及秀州華亭県、復有倭人為風所泊而至者、詔勿取其貨、出常平米振給而遣之。慶元六年、至平江府。嘉泰二年、至定海県。詔并給銭米遣帰国」（『宋史』「日本伝」）。しかし、そのような状況はあったものの、後で述べるように、民間の商人を中心に宋日貿易は絶えず、規模も前代よりかなり大きくなったのである。

「賜日本国王物色」

　宋日間に正式な国交はなかったが、地方官府間などに政治レベルに応じた書簡の往来がしばしばあった[①]。1172年に、宋から後白河上皇（1127〜1192）と平清盛に「方物」が届けられた。それに付けられた送文には、「賜日本国王物色」や「送太政大臣物色」といった文句が書かれており、日本側を「奇怪」に思わせた。「自大唐有供物、献国王之物、並送太政大臣入道之物、有差別云々。其送文二通（一通書云、賜日本国王。一通書云、送日本国太政大臣）、此状尤奇怪。……今度供物、非彼国王、明州刺史供物也、而其状奇怪也」（九条兼実『玉葉』巻十）。

　文中の「太政大臣」は平清盛を指すが、「国王」は中国皇帝が周辺の諸国に授ける臣下の称号であるし、「賜」という言葉も日本を見下した文言であり、さらに物を送ってきたのが宋の皇帝・孝宗ではなくその兄で明州刺史の趙伯圭（生没年不詳）であったので、無礼であるとして受け取らず、返書も出すべきではない、という反発の声が日本側であがった。ところが、こ

---

① 山崎覚士：「書簡から見た宋代明州対日外交」、『専修大学東アジア世界史研究センター年報』第3号、2009年、53〜61頁。

の「外交問題」とも言える件について、日本側は様々に論議をした後、翌年になって「只偏褒進物之美麗珍重」の「返牒」を出し、答進物も送った（九条兼実『玉葉』巻十二）。つまり、宋側の贈り物に対し、日本側は無視できない立場に置かれながらも、ただ贈品の「美麗珍重」を褒める意を強調することによって、外交的な色合いを薄めようとしたのである。

平清盛公日招像（呉市・音戸の瀬戸公園）

阿育王寺への寄進

　中国寧波市に位置する阿育王寺は、唐代には律宗寺院であり、鑑真が日本へ渡る前、そこに立ち寄り休息したこともある。宋代に入ってから、禅宗寺院として五山十刹の禅宗五山の第五位に列せられ、多くの日本人が巡礼や修行に訪れる名刹となった。『育王山妙智禅師塔銘』によれば、「日本国王」も阿育王山の妙智禅師（1119～1180）の偈語に啓発され、国を譲って仏門に入り、毎年「弟子の礼」を修め、幣物を奉り、また良材をもっ

て阿育王寺の舎利殿を建立したという。「日本国王閲師偈語、自言有所発明。至遜国以從釈氏、歳修弟子礼、辞幣甚恭。且以良材建舎利殿、器用精妙、荘厳無比」（楼鑰『攻媿集』巻一一〇「育王山妙智禅師塔銘」）。この碑文が言う仏門に入った「日本国王」は、後白河上皇であると推定されている。

阿育王寺（寧波市）

また、平清盛の嫡子平重盛（たいらのしげもり）（1138～1179）は、父に先立って病死したが、生前は武勇に優れた人物であったと伝えられている。軍記物語『平家物語』には、平重盛が阿育王寺に金千両を寄進したという話もある。それによれば、平重盛は、罪を滅ぼして善を生ずるという志を持ち、他国で善根をなして後世で弔われたいと希望していた。後に、九州から妙典（みょうでん）という船頭を上京させ、金三千五百両を取り寄せて、そのうち五百両を妙典に与えたほか、三千両を宋へ持っていき、千両を阿育王山の僧に渡し、二千両を宋の皇帝へ献上するように命じた。妙典はその通りに実行したので、平重盛が来世で浄土に生まれ変われるための祈祷が今でも続けられているという（『平家物語』巻三「金渡」）。この話自体はフィクションである可能性が高いが、当時の阿育王寺は信者による金帛の捨施や営利事業を巧みに行っていたのだから、平家一門の中にもその勧誘に応じて阿育王山と仏縁を

第八章　五代・宋代の中国と日本（一）

結ぼうとした人物がいた、ということまで否定する理由はないという指摘がある[①]。

馬蝗絆

　唐代と比べて、宋代の陶磁工芸はいっそう向上した。北宋の耀州窯・定窯、南宋の景徳鎮窯・龍泉窯などは、陶器の名産地としてよく知られている。様々な陶土と釉薬が使われ、新たな焼成法により焼かれた宋代の陶磁器は、器形・文様の点において優れていたため、宋日貿易の重要な貿易品とされたほか、両国人員が往来する際の好適な贈答品ともなっていた。

馬蝗絆（東京国立博物館）

　江戸時代の儒学者伊藤東涯（いとうとうがい）（1670〜1736）が書いた『馬蝗絆茶甌記』によると、平重盛が阿育王山に黄金を喜捨したところ、数品の器を返礼として受けたという。その中の一つは、「翠光瑩徹、世所希見」の青磁茶甌（茶碗）であった。茶碗は、のちに室町幕府の第八代将軍足利義政（あしかがよしまさ）（1436〜1490）の所持するところとなったが、ひび割れが生じたので、足利義政はそれを中国に送って代品を求めた。ところが、当時の中国ではこのような優れた茶碗はもはや作れないと答えられ、鎹（かすがい）で修理されてから返送されたのである。「慈照院源相国義政公得之、最其所珍賞。底有瑩一脈、相国因使聘之以送之大明、募代以侘甌。明人遣匠以鉄釘六鈴束之、絆如馬蝗、還覚有趣、仍号馬蝗絆茶甌」（伊藤東涯『馬蝗絆茶甌記』）。

　余談だが、茶碗について、打たれた鎹があたかも大きな馬に止まった蝗（いなご）のように見えるため「馬蝗絆」と名付けられた、と東京国立博物館をはじめとする各博物館はよく説明しているが、実はこの「馬蝗」は「馬に止ま

---

① 高橋昌明：「平家政権の日中間交渉の実態について」、『専修大学古代東ユーラシア研究センター年報』第5号、2019年3月、156〜157頁。

125

った蝗」ではなく、中国語の「螞蟥」（蛭）として理解すべきだとの指摘がある[①]。しかしいずれにせよ、以上のような伝承があったことから、この龍泉窯の作と推測される茶碗の趣はいっそう深まり、愛好家には青磁茶碗を代表する名品とされている。

関連史料

①呉越国の遣使に対する日本側の態度は次の返書に見られる。
◎947年、藤原実頼からの返書
「蒋袞再至、枉一札、開封捧読、感佩駭懐。筆語重畳、不異面展、幸甚幸甚。袞等逆旅之間、聊加慰問、辺城程遠、恐有疏略。今交関已畢、帰帆初飛。秋気凉、伏惟大王動用兼勝、即此其祖遣。又所恵土宜、有憚容納、既恐交于境外、何留物于掌中。然而遠志難拒、忍而依領。別贈答信、到宜収納。生涯阻海、云涛几重、南翔北向、難付寒温于秋鴻、東出而西流、只寄瞻望於暁月。抑去四月中、職升左相府、今見封題、在未転前、左右之間、願勿遅疑。勒袞等還、不宣謹言。

天歴元年閏七月二十七日　日本国左大臣藤原朝臣
呉越殿下謹堂
沙金弐百両
右甚雖軽微、当土所出、聊表寸心、謹状。
天歴元年閏七月二十七日」

——藤原明衡編『本朝文粋』巻七
後江相公（大江朝綱）「為清慎公報呉越王書、加沙金送文」

---

① 岩田澄子：「青磁茶碗『馬蝗絆』の語義について」、『茶の湯文化学会会報』（No.75）、2012年12月4〜7頁。

第八章　五代・宋代の中国と日本(一)

◎ 953年、藤原師輔からの返書

「蒋承勲来、投伝花札。蒼波万里、素意一封。重以嘉恵、歓暢集懐。抑人臣之道、交不出境。錦綺珍貨、奈国憲何。然而志緒或織叢竹之色、徳馨或引沈檀之薫。愛之則雖忘玉条、辞之恐謂嫌蘭契、強以容納。蓋只感君子親仁之義也。今抽微情、聊寄答信、以小為遺、到願検領。秋初、伏惟動履清勝、空望落日、常縈私恋而已。勒承勲還、書不尽言。謹状。

天暦七年七月日　日本国右大臣藤原朝臣謹言」

　　　　　　　　　　　　　　——藤原明衡編『本朝文粋』巻七
　　　　　　　　　菅三品（菅原文時）「為右丞相贈大唐呉越公書状」

---

②応和元年（961）に、現在の佐賀県で、道喜(どうき)という僧侶が銭弘俶塔の一つを見せられた時の記録である。それが957年頃中国から帰った僧日延が招来し、国守が受け取ったものであるということが分かる。

「応和元年春、遊左扶風、於時肥前国刺史称唐物、出一基銅塔示我。高九寸余、四面鋳鏤仏菩薩像、徳宇四角上有龕形、如馬耳。内亦有仏菩薩像、大如棗核。捧持瞻視之頃、自塔中一嚢落、開見有一経、其端紙注云：天下都元帥呉越国王銭弘俶国王、揩本宝篋印経八万四千巻之内、安宝塔之中、供養廻向已畢、顕徳三年丙辰歳記也。文字小細、老眼難見、即雇一僧、令写大字、一往視之。文字落誤、不足眈読、然而粗見経趣。肝動膽奮、涙零涕迸、随喜感悦。問弘俶意、於是刺史答曰：由無願文、其意難知、但当州沙門日延、天慶年中入唐、天暦之抄帰来、即称唐物付属是塔之次。談云、……於時弘俶思阿育王昔事、鋳八万四千塔、揩此経、毎塔入之、是其一本也云々。妙哉、大国之僧有此優識、惜哉、小芸之客無其精勤。」

　　　　　　　　　　　　　　　　——皇円『扶桑略記』巻二六

---

③日本平安後期以後、『江談抄』や『吉備大臣入唐絵巻』などのように、吉備真備の入唐をもとにした奇想天外な説話が現れた。死んで霊となった

阿倍仲麻呂に導かれ、唐人の無理難題をすべて解き、無事に帰国を果たしたというあらすじであるが、大国の中国への幻想や対抗意識・自国に対する劣等感や優越感なども読み取れる。

「吉備大臣入唐習道之間、諸道芸能博達聡恵也。唐土人頗有恥気、密相議云、我等不安事也、不可劣先普通事。日本国使到来、令登楼令居。此事委不可令聞。又件楼宿人多是難存。然只先登楼可試之。偏殺さば不忠也。帰すには又無由。留居ば、為我等頗有恥なんと議。令居楼之間、及深更風吹雨降、鬼物伺来。吉備作隠身之封、不見鬼。吉備云、何物乎。我是日本国王使也、王事靡盬。鬼何伺やといふに。鬼云、尤為悦。我も日本国遣唐使也、欲言談承と云に。吉備云、然ば早入れ。然らば停鬼形相可来也と云に随、鬼帰入着衣冠出来相謁。鬼先云、我是遣唐使也、我子孫安倍氏侍哉。此事欲聞、于今不叶也。我は大臣にて来りて侍りしに、被登此楼て不与食物して餓死也。其後鬼物となる。登此楼人雖無害心、自然に得害如此。相逢欲問本朝事、不答して死也。逢申貴下所悦也。我子孫官位侍りや。吉備答、某人々々官位次第子孫之様、七八計令語聞。大感云、成悦聞此事尤極也。此恩に、貴下に此国事皆悉語申さんと思也。吉備大感悦、尤大切也云々。天明鬼帰畢。其朝開楼食物持来るに、不得鬼害存命。唐人見之弥感云、希有事也と思ふに。其夕又鬼来りていふ、此国に議事ありて。日本使才能奇異也。令読書て欲笑其誤云々。吉備云、何書乎。鬼云、此朝極難読古書也。号文選一部卅巻、諸家集の神妙の物を所撰集也と云々。」

——大江匡房『江談抄』第三「吉備入唐間事」

④『平家物語』は、平家の栄華を次のように語っている。

「日本秋津島は纔に六十六箇国、平家知行の国三十余箇国、既に半国に超えたり。其外庄園田畑いくらといふ数を知らず。綺羅充満して堂上花の如し。軒騎群集して門前市をなす。楊州の金、荊州の珠、呉郡の綾、蜀江の錦、七珍万宝、一つとして缺けたる事なし。歌堂、舞閣の基、魚竜、爵馬

の玩び物、恐らくは帝闕も仙洞も、是には過ぎじとぞ見えし。」

——『平家物語』巻一「吾身栄華」

⑤ 1019年3月に、高麗の北辺に接していた一部の女真族が、五十隻余の船に分乗し、日本の対馬や壱岐を侵した。地元民を殺戮し、家畜・穀物なども奪い、大きな被害をもたらした。日本では、これを「刀伊の入寇」(刀伊は朝鮮語で夷狄のこと) と呼んでいる。次の記載から、事件の様子がうかがえる。

「賊船、五十余艘、来着対馬島。……然間壹岐島講師常覚、同七日申時参来申云、合戦之間、島司及島内人民、皆被殺略、常覚独逃脱者。同日襲来筑前国怡土郡、経志摩早良等郡、奪人物、焼民宅。其賊徒之船、或長十二箇尋、或八九尋、一船之檝、三四十許、所乗五六十人、二三十人、耀刃奔騰、次帯弓矢、負楯者七八十人許、相従如此。一二十隊、登山絶野、斬食馬牛、又屠犬肉、叟嫗児童、皆悉斬殺。男女壮者、追取載船、四五百人、又所々運取穀米之類、不知其数、云々。」

——三善為康編『朝野群載』巻二十

第九章　五代・宋代の中国と日本（二）

ガイダンス

　宋日貿易のもとで、繁栄した博多港に多くの中国商人は定住するようになり、日本初のチャイナタウンを形成した。さらに、有無相通ずることによって、食品のうどんや饅頭、流通貨幣の宋銭、生活と国防に必要な木材や硫黄、調度品としての日本扇子や日本刀なども、海を渡って宋日交流を豊かに彩っていた。

第九章　五代・宋代の中国と日本(二)

源実朝の渡宋計画

　鎌倉時代、第三代将軍の源実朝（みなもとのさねとも）（1192〜1219）は二八歳で暗殺され、その人生は短いものであったが、歌人として評価を得ていたほか、自ら渡宋を計画した話も有名である。鎌倉幕府の事跡を記した史書『吾妻鏡（あづまかがみ）』によれば、1216年、宋から来た大仏鋳造工人陳和卿（ちんわけい）（生没年未詳）は、源実朝への面会を求め、源実朝が実は阿育王山長老の後身であり、自分もその門弟の後身であると述べたという。「和卿三反奉拝、頗涕泣。将軍家憚其礼給之処。和卿申云、貴客者、昔為宋朝医王山長老、于時吾列其門弟云々」（『吾妻鏡』巻二十二）。源実朝はちょうど、かつて夢の中に現れた高僧も同じようなことを言っていたことから、直ちに陳和卿の話を信じ込んでしまった。そして、阿育王山へ詣でようと渡宋計画を企て、大船を造らせた。しかし、大船が完成した後、砂浜の上から海上に曳き出すことになったが、船があまりにも大きかったためまったく動かず、結局、砂浜で朽ち果ててしまったという。

源実朝像
（永井如雲編『国文学名家肖像集』）

　もちろん、このような逸話は創作の部分も多く、どこまで信用できるのか、何を反映しているのか、さらに検討される必要がある。例えば、江戸時代の儒学者菅茶山（かんちゃざん）は、当時の不穏な鎌倉の政治情勢にいた源実朝は、宋に対する憧れを抱いていたと同時に、その身が周りの権臣に制約され、やがて謀殺されかねないありさまであったから、突飛な大船製造構想を抱いたのだろう、と推測していた。「当時鎌倉も穏ならず、いかで此狂謀をばなし出し給ふべき」（菅茶山『筆のすさび』巻二「源実朝大船を造りし説」）。

131

貿易港としての博多

　宋日民間貿易の繁栄に伴って、官貿易のシステムがしだいに形骸化し、宋からの商人も鴻臚館の外に居住するようになった。こうして、博多津の東部が市の中心になり、商業都市として勃興し始めた。これまでの考古発掘などによって、中国の陶磁器をはじめとする遺物が大量に出土し、海岸の南側を中心として住居群が数多く存在していたことが確認できる。中国明代の史書『日本考』も、「花旭塔」（博多）に多くの中国商人が定住していることについて、次のように記している。

　「我国海商聚住花旭塔津者多、此地有松林、方長十里、即我国百里之状。名曰十里松、土名法哥煞機、乃廂先是也。有一街名大唐街、而有唐人留恋於彼、生男育女者有之。昔雖唐人、今為倭也。……花旭塔津為中津、地方広濶、人煙湊集、商賈等項無物不備」（李言恭・郝傑『日本考』巻二「商舶所聚」）。

博多千年門（福岡市）

　現在の博多駅前を走る大通りの周辺は、かつて「宋人百堂」（宋人が建てた百の墓堂という意味）や「大唐街」と呼ばれ、宋商人の住居や店が軒を連ねていたという。その後、元日戦争や鎌倉幕府による新来外国人排除令

の実施などにより、宋人の居留地は徐々に衰退してしまったが、博多は長崎や横浜よりもはるか以前に日本最初のチャイナタウンを有していたのである。

博多の宋商

渡日した宋商人らは「博多綱首」（綱首は本来は貨物を輸送する組織を指していたが、後に貿易船のオーナーの意味になった）と呼ばれ、寄付や婚姻関係により、寺社・貴族などの権門と結びつき、地元の発展に強い影響力を持つようになっていた。渡宋僧栄西（えいさい）を開山とする日本最初の禅寺と言われる聖福寺は、博多綱首から多大な援助を集めて建立されたという。積極的に海外交易を行い、九州における貿易の中心的な役割を果たした宗像（むなかた）神社大宮司家の宗像氏も、宋人の女子と婚姻することがあり、王氏・張氏といった中国人を母に持つ人物が歴代大宮司の中に何人もいた。日本での貿易を円滑にさせるため、宋商人が日本名を名乗る場合もあった。僧成尋（じょうじん）が入宋した時に乗った中国船の船乗りも、「一船頭曾聚字曾三郎南雄州人、二船頭呉鋳字呉十郎福州人、三船頭鄭慶字鄭三郎泉州人」というように、それぞれ日本風の名を持っていた（成尋『参天台五台山記』巻一）。

大楠様（福岡市）*

そのうち、中国臨安府（現杭州市）出身の有力な商人謝国明（？～1252？、日本名は謝太郎国明という）は、博多の承天寺の建立や貧民の救済に尽力するなど、彼にまつわる伝承が多い。例えば、ある年に博多で飢饉が起き、年の暮れになっても飢えている人に、謝国明が大晦日に承天寺でそばを配った。それ以来、博多の人々は、謝国明への恩義を記念するために、毎年大晦日にそばを食べることにしているという。これは、日本人が年越しそばを食べる風習の縁起だとも言われている。謝国明が亡くなった後、墓所の近くに楠が植えられ、地元の人に「大楠様」と呼ばれ親しまれ、毎年8月21日に、彼の遺徳を顕彰する「大楠様千灯明祭」も行われている。

うどん・そば・饅頭

宋人の渡日により、食文化の面においても日本に導入されたものが少なくなかった。周知のように、小麦粉で作られたうどん（餛飩）は、手軽な庶民食として日本中で食されている。うどんといえば、留学僧の空海が中国からその作り方を持ち帰ったのが起源とされる香川県の讃岐うどんは有名だが、博多もその発祥地であるとの説がある。例えば、福岡市博多区の承天寺には「餛飩蕎麦発祥之地」という石碑があり、その碑文によれば、承天寺の開山聖一国師（1202～1280）が、中国で禅をはじめとする大陸文化を種々学び、1241年に帰国した後、宋から持ち帰った水車による製粉法を記した設計図「水磨の図」を使い、初めて挽き臼技術による粉をベースにした食品、羹（羊羹の原型）・麺（うどん・そば）・饅（まんじゅう）の製法を日本人に教え、広めたという。

日本の饅頭の始まりについて、もう一つの説では、1349年に林浄因という中国人が日本へ渡って奈良に住み、饅頭の作り方をもたらしたとされている。肉や脂の入った物を仏に供えるわけにはいかないので、小豆を煮詰めて甘葛と塩で味を調えたものを、小麦粉で作った皮で包んで蒸しあげ

たのが最初の饅頭であった。その美味しさで大好評を得て、当時の天皇にも献上されたという[①]。現在、奈良市の漢国神社の境内の一角に、林浄因を祀る林神社という神社がある。社殿はごく小さいが、日本で唯一の「饅頭神社」とも言われている。林浄因の命日にあたる毎年四月十九日に、日本の菓子業界の繁栄を祈願する饅頭祭も行われている。特に、「塩瀬総本家」という和菓子の製造販売会社は、林浄因を始祖としていて、1986年に林浄因の故郷の杭州市西湖の畔に、彼の偉業を讃える記念碑も建立した。

饂飩蕎麦発祥之地と御饅頭所の碑（福岡市・承天寺）

貿易の隆盛

すでに延喜三年（903）に日本の朝廷が大宰府に出した訓令から見られるように、中国からの品物は日本人にとって非常に魅力的であった。中国商船が着くと、諸院・諸宮・諸王臣家らがこぞって使いを送り、貨物の値段を高騰させてしまうほど争って買っていたとの記載もある。「唐人商船来着之時、諸院諸宮諸王臣家等、官使未至之前遣使争買。又堺内富豪之輩、心愛遠物、踊直貿易、因茲貸物価直定准不平」（『類聚三代格』巻十九）。そ

---

① 林正秋：「林浄因和中日飲食文化交流」、『杭州師院学報』（社会科学版）、1986年第3期 68～69頁。

れゆえ、「匹夫惜性命、貪冒以賈罪。歌笑履波涛、竟死復何悔」(方夔「続感興二十五首 其十六」)と詩に詠まれているように、絶大な利益を手に入れるために中日商人らが渡海の危険や政府の禁令を冒して海上貿易を行ったのは、不思議でもないだろう。

浄因亭(杭州市・西湖)

特に南宋に入ると、海外との貿易は国家財政を支える重要な手段として承認され、政府にも支持されるようになった。例えば、初代の皇帝高宗(こうそう)(1107〜1187)は、「市舶之利最厚、若措置合宜、所得動以百万計、豈不勝取之於民。朕所以留意於此、庶幾可以少寛民力爾」「市舶之利、頗助国用、宜循旧法、以招徠遠人、阜通貨賄」と海外貿易を十分利用するよう大臣に指示していた(徐松『宋会要輯稿』「職官」四四)。これらを背景に、宋日間の貿易は隆盛を迎えていった。

その貿易品の内訳を見ると、中国から

平清盛像(呉市・厳島神社)

第九章　五代・宋代の中国と日本（二）

日本に輸出されたものは、主に高級絹織物・陶磁器・宋銭・薬品・書籍などであった。日本平安中期の世相や文物を記した書物『新猿楽記』には、当時の貿易品の「唐物」として、香では沈麝香・丁子・甘松・薫陸・青木・龍脳・牛頭・鶏舌・白檀、材木では赤木・紫檀、染料では蘇芳・陶砂、薬では紅雪・紫雪・紫金膏・巴豆・雄黄・檳榔子、顔料では緑青・胡粉・朱砂、調度品等では豹虎皮・犀牛角・瑪瑙帯・瑠璃壺・綾・錦・呉竹・甘竹・吹玉など、数多く挙げられている（藤原明衡『新猿楽記』）。

宋銭

活発な海外貿易活動によって、宋銭は東アジア、東南アジア諸地域に広がり、世界通貨として使用されるようになった。当時の日本では、技術低下のため、長く使える貨幣を造ることはできなかった。貿易により大量にもたらされた宋銭は、日本の貨幣経済に大きな影響を与え、日本国内で貨幣が完全に鋳造できるようになった戦国時代末期まで、長期間にわたり主要な流通貨幣として使用されていた。当時日本の朝廷側は「近代渡唐土之銭、於此朝恣売買」「私鋳銭者処八虐。縦私雖不鋳、所行旨同私鋳銭、尤可被停止」

北海道函館市志海苔遺構の出土銭（函館市役所HP）
九三種三七万枚余りのうち、北宋銭が約八五パーセントを占めているという。

（九条兼実『玉葉』巻三十一）という認識は持っていたものの、宋銭の使用を阻止することはとうていできなかった。特に、宋銭は質がよかったため、後世になっても元銭・明銭より良銭として取り扱われていた。今日までに日本各地で発見された中国銅銭のうち、大半が宋銭である。

　中国で貿易を終えた日本商船は、帰国するたびに常に大量の宋銭を載せており、中には密輸出の場合も多くあった。海外への大量流出により、中

国側にも銅銭不足の問題が生じたため、南宋政府は市舶司に専門の官吏を設け、商船が発つ前に、不正に銅銭を隠しているかどうか厳密に検査し、銅銭の外流を止めようとした。「諸舶船起発（販蕃及外蕃進奉人使回蕃船同）、所属先報転運司、差不干碍官一員、躬親点検、不得夾帯銅銭出中国界。仍差通判一員（謂不干預市舶職事者、差独員或差委清疆官）覆視候其船放洋、方得回帰」（徐松『宋会要輯稿』「職官」四四）。つまり、出航した貿易船が折り返し密貿易を行うのを防ぐため、船が大洋に出るまで検査の官吏は同行し続けるといった対応策を徹底していたのである。

日本の木材と硫黄

　日本からの輸入品の詳細は、宋代の『宝慶四明志』の記載から一瞥できる。「日本即倭国、地極東近日所出、最宜木、率数歳成囲。俗善造五色牋、銷金為闌或為花、中国所不逮也、多以写仏経。銅器尤精於中国」。具体的には、「細色」（細密で高価なもの）に「金子・砂金・珠子・薬珠・水銀・鹿茸・茯苓」があり、「麤色」（粗大で安価なもの）には「硫黄・螺頭・合蕈・松板・杉板・羅板」がある。特に、家具などに使われる松板は、「文細密如刷絲而瑩潔、最上品也」と宋人に高級品とされている（羅濬『宝慶四明志』巻六郡志六「叙賦」下）。大詩人の陸游（りくゆう）も、日本船が来れば良質の棺（ひつぎ）を三十

重要な硫黄産地であった薩摩硫黄島
（日本海上保安庁 HP ）

138

貫で購入することができると言い、日本産木材の品質を高く評価したという。「至於棺柩、亦当随力。四明、臨安倭船到時、用三十千可得一佳棺」（陸游『放翁家訓』）。

日用品のほかに、北方の金や西夏との戦争が相次いだ宋代には、火薬武器の主要原料である硫黄は、国内自給が難しかったため、日本産の硫黄が宋日貿易において大きな割合を占めていた[①]。1084年、明州の知州は宋神宗（そうしんそう）に「准朝旨、募商人于日本国市硫黄五十万斤、乞毎十万斤為一綱、募官員管押」と請った（李燾『続資治通鑑長編』巻三四三）。五十万斤は約三百トンに相当するので、その買い付けが如何に膨大な量であったかが分かる。また、1258年に沿海制置司の官吏が宋理宗（そうりそう）に、倭商が毎年大規模な貿易を行っているが、国計の助となったのは「倭板」と「硫黄」のみであると上奏した。「倭商毎歳大項博易、惟是倭板硫黄頗為国計之助」（梅応発、劉錫『開慶四明続志』「四明続志」巻八）。偏った意見ではあったが、日本の木材と硫黄の重要性を認めてもいたのである[②]。

日本扇子

日本扇子・日本刀などの日本風に満ちたものも、宋人に人気があった。中国にはもともと「うちわ」（団扇）はあったが、開閉のできる折り畳み式の「扇子（しょうせん）」（摺扇）はなく、宋代になってから日本から伝入されるようになったと考えられている。例えば、明人の陳霆（ちんてい）は、「宋元以前中国未有折扇之制、元初東南夷使者持聚頭扇、当時譏笑之。我朝永楽初始有持者、然特僕隷下人用、以便事人焉耳。至倭国以充貢、朝廷以遍賜群臣、内府又倣其制以供賜予、於是天下遂遍用。而古団扇則惟江南之婦人猶有其制、今持者亦鮮矣」と日本扇子の伝来経緯を記している（陳霆『両山墨談』巻十八）。

---

① 山内晋次：『日宋貿易と「硫黄の道」』、山川出版社、2009年、27〜41頁。
② 榎本渉：「『板渡の墨蹟』と日宋貿易──木材から見た海域アジア交流」、九州大学出版会、2008年、54〜55頁。

日本十五〜十六世紀の扇面画帖
（奈良国立博物館）

　　日本扇子の流行ぶりは、次の記載からもうかがえる。入宋僧の奝然が帰国後、弟子を遣わして宋太宗（そうたいそう）に献じた品には、「金銀蒔絵扇筥一合、納桧扇二十枚、蝙蝠扇二枚」などがあり、日本扇子の「桧扇（ひおうぎ）」「蝙蝠扇（かわほりおうぎ）」が朝貢物となっていたことが分かる（『宋史』「日本伝」）。北宋の官吏江少虞（こうしょうぐ）は、かつて東京（開封）相国寺を訪れた時、日本扇子が売られているのを見て、「淡粉画平遠山水、薄傅以五彩、近岸為寒芦衰蓼、鷗鷺佇立、景物如八九月間。艤小舟、漁人披簑釣其上、天末隠隠有微云飛鳥之状。意思深遠、筆勢精妙、中国之善画者或不能也。索価絶高、余時苦貧、無以置之、毎以為恨。其後再訪都市、不復有矣」とそれを大いに褒めたという（江少虞『事実類苑』巻六十「風俗雑誌」）。また、日本扇子が高麗の使節によって中国に持ちこまれ、人気のある私的な贈り物とされていたこともある。「彼使人毎至中国、或用摺畳扇為私覿物。其扇用鴉青紙為之、上畫本国豪貴、雜以婦人鞍馬、或臨水為金砂灘、曁蓮荷、花木、水禽之類、点綴精巧。又以銀泥為雲気月色之状、極可愛。謂之倭扇、本出於倭国也。近歳尤秘惜、典客者蓋稀得之」（郭若虚『図画見聞志』巻六「高麗国」）。

日本刀

　丈夫で切れ味がよく、軽量で携行性が高い日本刀も、宋日貿易によって絶えず中国に輸入された。関連史料に挙げられた梅尭臣(ばいぎょうしん)(1002〜1060)、欧陽修(おうようしゅう)(1007〜1072)らの詩から、日本刀がその鋭さと美しさで中国人から「宝刀」の賛美を浴びたことが知られる。例えば、欧陽修は、「世伝切玉誰能窮」(玉も切ることができる)、「佩服可以禳妖凶」(身につけることで悪いものを払う力がある)などと日本刀を称賛した(欧陽修「日本刀歌」)。当時の日本側の『宇治拾遺物語』には、太刀十振を質に入れれば、唐人に金を六、七千疋ほど借りることができるという話もある。「唐人に物を六七千疋が程借るとて、太刀を十腰ぞ質に置きける」(『宇治拾遺物語』巻十四「玉の価はかりなき事」)。一疋は古くは十文、後には二十五文に相当したから、日本刀は相当高価なものであったことが分かる。

明の御林軍が使った太刀と長刀(周緯『中国兵器史稿』)日本からの朝貢品と推定されている。

　後の話になるが、明代に入ると、日本刀は朝貢貿易の中心品目にもなり、遣明使船によって大量に舶載されてきた。1404年から1547年まで、その数は公式記録だけでも約二十万本に達したと見られている[1]。さらに、倭寇侵略の実戦的験証によって、「刀極剛利、中国不及也」(茅元儀『武備志』巻二三〇)、「倭国刀背闊不及二分許、架于手指之上、不復欹倒、不知用何錘法、中国未得其伝」(宋応星『天工開物』巻十)などと評価されたように、日本刀の製造上の優秀性が広く認知され、収蔵品としてだけでなく、武器

---

[1] 木宮泰彦著、胡錫年訳:『日中文化交流史』、商務印書館、1980年、575頁。

としても重視されるようになった。なお、戚継光の『辛酉刀法』や程宗猷の『単刀法選』などのような日本刀を扱う技を研究した兵法書も多く現れ、倭寇との戦いに導入されたこともある。

関連史料

①日本人の貿易品の嗜好とその理由について、明代の中国人は次のように記している。

「絲（所以為織絹紵之用也。蓋彼国自有成式花様、朝会宴享、必自織而後用之、中国絹紵但充裡衣而已。若番舶不通、則無絲可織、毎百斤直銀五六十両、取去者其価十倍。）

絲綿（髡首裸裎、不能耐寒、冬月非此不煖、常因匱乏、毎百斤価銀至二百両。）

布（用為常服、無綿花故也。）

綿紬（染彼国花様、作王衣服之用。）

錦繡（優人劇戯用之、衣服不用。）

紅線（編之以綴盔甲、以束腰腹、以為刀帯、書帯、画帯之用、常因匱乏、毎一斤価銀七十両。）

水銀（鍍銅器之用、其価十倍中国、常因匱乏、毎百斤売銀三百両。）

針（女工之用。若不通番船、而止通貢道、毎一針価銀七分。）

鐵錬（懸茶壺之用。倭俗、客至飲酒之後啜茶、啜已、即以茶壺懸之、不許着物、極以茶為重故也。）

鉄鍋（彼国雖自有而不大、大者至為難得、毎一鍋価銀一両。）

磁器（択花様而用之。香炉以小竹節為尚、碗碟以菊花稜為尚、碗亦以葵花稜為尚。制若非觚、雖官窯不喜也。）

古文銭（倭不自鋳、但用中国古銭而已。毎一千文価銀四両、若福建私新

第九章　五代・宋代の中国と日本(二)

銭、毎千価銀一両二銭、惟不用永楽、開元二種。)

　古名画 (最喜小者、蓋其書房精潔、懸此以為清雅、然非落款図書不用。)

　古名字 (書房粘壁之用、庁堂不用也。)

　古書 (五経則重書礼而忽易詩春秋、四書則重論語学庸而悪孟子。重仏経道経。若古医書、毎見必買、重医故也。)

　薬材 (諸味俱有、惟無川芎、常価一百斤価銀六七十両、此其至難至貴者也。其次則甘草、毎百斤二十金以為常。)

　氈毯

　馬背氈 (王家用青、官府用紅。)

　粉 (女人搽面之用。)

　小食籠 (用竹絲所造而漆飾者、然惟古之取、若新造、則雖精巧不喜也。小盒子也亦然。)

　漆器 (文几、古盒、硯箱三者、其最尚也。盒子惟用菊花稜、円者不用。)

　醋」

　　　　　　　　　　　　　　──李言恭、郝傑『日本考』巻一「倭好」

②次の宋代の公文書は、銅銭の流出を防ぐため、取り締まりを厳にする必要性を痛言している。

「倭船自離其国渡海而来、或未到慶元之前、預先過温台之境、擺泊海涯、富豪之民、公然与之交易。倭所酷好者、銅銭而止。海上民戸所貪嗜者、倭船多有珍奇、凡値一百貫文者止可十貫文得之、凡値千貫文者止可百貫文得之、似此之類、奸民安得而不楽与之為市。……所以今年之春、台城一日之間、忽絶無一文小銭在市行用、乃知本郡奸民奸弊至此之極。……倭船之主抽解之場、初不過板木螺頭等潑物耳、而使之得以博易吾銅銭而帰、是猶以土而博吾之真金、以石而博吾之美玉、利害本非難見。……倭船高大深広、人以百計、帰船視来時尤重、蓋船底莫非銭也。検空官一過其上一望而退、豈嘗知其内之所蔵為数浩瀚。況又其計奸詭、先是逐時積得現銭、或寄之海

143

中人家、或埋之海山険処、或預以小舟、搬載前去州岸已五七十里、候検空訖、然後到前洋各処、逐旋搬入船内安然而去。」

——包恢『敝帚稿略』巻一「禁銅銭申省状」

③日本刀についての詩

◎「日本大刀色青熒、魚皮帖把沙点星。東胡腰鞘過滄海、舶帆落越棲湾汀。売珠入市尽明月、解絛換酒琉璃瓶。当爐重貨不重宝、満貫穿銅去求好。会稽上吏新得名、始将伝玩恨不早。帰来天禄示朋遊、光芒曾射扶桑島。坐中燭明魑魅遁、呂虔不見王祥老。古者文事必武備、今人褒衣何足道。干将太阿世上無、拂拭共観休懊悩。」

——朱東潤編『梅尭臣集編年校注』巻二八、梅尭臣「銭君倚学士日本刀」

◎「昆夷道遠不復通、世伝切玉誰能窮。宝刀近出日本国、越賈得之滄海東。魚皮装貼香木鞘、黄白間雑鍮与銅。百金伝入好事手、佩服可以禳妖凶。伝聞其国居大島、土壌沃饒風俗好。其先徐福詐秦民、採薬淹留丱童老。百工五種与之居、至今器玩皆精巧。前朝貢献屡往来、士人往往工詞藻。徐福行時書未焚、逸書百篇今尚存。令厳不許伝中国、挙世無人識古文。先王大典蔵夷貊、蒼波浩蕩無通津。令人感激坐流涕、鏽渋短刀何足云。」

——『全宋詩』巻二九九、欧陽修「日本刀歌」

◎「有客贈我日本刀、魚須作靶青絲緪。重重碧海浮渡來、身上龍文雑藻荇。悵然提刀起四顧、白日高高天囧囧。毛髪凜冽生雞皮、坐失炎蒸日方永。聞道倭夷初鋳成、幾歳埋蔵擲深井。日淘月煉火気尽、一片凝冰闘清冷。持此月中斫桂樹、顧兔応知避光景。倭夷塗刀用人血、至今斑点誰能整。精霊長与刀相随、清宵恍見夷鬼影。邇来韃靼頗驕黠、昨夜三関又聞警。誰能將此向龍沙、奔騰一斬単于頸。古来神物用有時、且向嚢中試韜穎。」

——馬美信、黄毅点校『唐順之集』上、唐順之「日本刀歌」

第九章　五代・宋代の中国と日本(二)

④宋日貿易によって日本にもたらされた動物

◎孔雀

長和四年（1015）四月、「大宋国商客周文徳（裔）所献孔雀、天覧之後、於左大臣小南第、作其巣養之。去四月晦日以後、生卵十一丸。異域之鳥忽生卵、時人奇之。或人云、此鳥聞雷声孕、出因縁自然論云々。但経百余日未化雛。延喜之御時、如此之事云々。」

——『日本紀略』「後篇」十二

◎鸚鵡

「隴西翅入漢宮深、采采麗容馴徳音。巧語能言同辯士、緑衣紅觜異衆禽。可憐舶上経遼海、誰識籠中思鄧林。商客献来鸚鵡鳥、禁闈委命勿長吟。」

——林鵞峰編『本朝一人一首』巻六、大江佐国「聞大宋商人献鸚鵡」

◎僧成尋は宋神宗に謁見した時、日本の特産などについて聞かれた。

「皇帝問：日本風俗。答：学文武之道、以唐朝為基。……一問：本国要用漢地是何物貨。答：本国要用漢地香薬、茶碗、錦、蘇芳等也。一問：本国有是何禽獣。答：本国無師子、象、虎、羊、孔雀、鸚鵡等、余類皆有。」

——成尋『参天台五台山記』巻四

◎京都の富裕層が宋からの珍獣を競って飼ったブームについて

嘉禄二年（1226）五月十六日条：「伝聞、去今年宋朝之鳥獣、充満于華洛、唐船任意之輩、面而渡之歟、豪家競而豢養云々。旅獒曰、犬馬非其土性不蓄（非此土所生不蓄、以不習其用）、珍禽奇獣不育于国（皆非所用、有損害）、弗宝遠物則遠人格。」

——藤原定家『明月記』第二

第十章　五代・宋代の中国と日本（三）

ガイダンス

　仏教交流において、渡宋僧奝然・成尋の後、臨済宗の栄西・曹洞宗の道元が代表として開いた禅宗の受容が主流となった。蘭渓道隆や無学祖元らの渡日中国僧により、日本禅宗の発展がいっそう推進され、京都や鎌倉の禅林を中心に五山文学も隆盛し、日本中世以後の文化様式に大きな影響を与えた。

奝然

　宋代になると、単に留学するのではなく、仏法をすでに習得した日本僧が、自分の憧れや願望を叶えるために中国に渡り、「霊跡」の天台山や五台山などを巡拝するのが流行となっていた。ただ、南宋期には、北部の五台山は金などの少数民族政権に領有されたため、江南の天台山や阿育王山がその主な目的地となった。交通の面においては、宋日貿易が発達したおかげで、往来の商船に便乗し、遣唐使のような公の使節団などに頼らなくても、独自に渡航することも可能になった。

　三論宗の僧奝然（ちょうねん）（938〜1016）は、983年に宋に渡り、五台山などを巡礼して、『大蔵経』五千余巻などを日本に持ち帰った。その仏教への信仰心の篤さは、次の記載からよく分かる。「奝然天禄以降、有心渡海。本朝久停乃貢之使而不遣。入唐間待商賈之客而得渡。今遇其便、欲遂此志。奝然願先参五台山、欲逢文殊之即身。願次詣中天竺、欲礼釈迦之遺跡」。「若適有天命、得到唐朝、有人問我、是汝何人、捨本土朝巨唐、有何心、有何願乎。答曰、我是日本国無才無行一羊僧也。為求法不来、為修行即来也」（藤原明衡編『本朝文粋』巻十三「奝然上人入唐時為母修善願文」）。

　入宋後、宋太宗（そうたいそう）に謁見したこともある。特に、奝然の「国王一姓伝継、臣下皆世官」という話を聞いた宋太宗は、「此島夷耳、乃世祚遐久、其臣亦継襲不絶、此蓋古之道也。中国自唐季之乱、寓県分裂、梁周五代、享歴尤促。大臣世冑、鮮能嗣続。朕雖徳慙往聖、常夙夜寅畏、講求治本、不敢暇逸。建無窮之業、垂可久之範、亦以為子孫之計、使大臣之後世襲禄位、此朕之心焉」と嘆き、奝然を大いに優遇し、紫衣も賜ったという（『宋史』「日本伝」）。

清涼寺の五台山山門（京都市）

　中国では、北魏期から山西の五台山は文殊菩薩の住む聖地とされ、清涼山と呼ばれていた。日本に帰った奝然も、京都の西北方の愛宕山(あたごやま)を中国の五台山に模し、清涼寺の建立を図ったが、夢半ばで亡くなった。その後、弟子の盛算(じょうさん)によってその遺志は遂げられたのである。また、清涼寺に安置された奝然の持ち帰った木造釈迦如来立像は、「清涼寺式釈迦像」と呼ばれ、黒石の眼やうずまく螺髪が特徴で、釈迦が三七歳の時にインドで彫られたものが中国に渡り、奝然はそれを模刻したという。1953年の調査で、背中にふたが見つかり、中から内臓を模した「絹製五臓」や版画の「弥勒菩薩像」など数々の収納品が発見された。その収納品も合わせてすべて日本国宝に指定されたため、この釈迦如来像は「小さな正倉院」「生きているお釈迦様」とも言われている。

成尋

　天台宗の僧 成尋(じょうじん)（1011〜1081）は、1072年に宋に渡り、天台山や五台山の諸寺を巡礼した。彼が著した『参天台五台山記』は、紀行文学の中で、「慈覚大師」円仁の『入唐求法巡礼行記』とともに、日本僧の中国旅行日記の双璧と称されている。成尋の入宋の切望も、「五台山者、文殊化現之地

也。……某性雖愚魯、見賢思斉、巡礼之情、歳月久矣。爰齢迫六旬、余喘不幾、若無遂蓄懐、後有何益。宿縁所催、是念弥切也」という文から垣間見える（三善為康編『朝野群載』巻二十「聖人渡唐」）。

成尋は宋神宗に謁見したこともあり、祈雨の秘法を行ずるなどにより、「善慧大師」の号を賜った。やがて帰国しようとしたが、慰留され約十年間も宋の地に残り、最後は汴京（現開封市）の開宝寺で没した。「神宗以其遠人而有戒業、処之開宝寺、尽賜同来僧紫方袍」（『宋史』「日本伝」）。後に臨済宗の僧虎関師錬（1278～1346）が京都大雲寺を訪れ、成尋のことを聞いたところ、中国からもたらされた成尋の肖像画を見せられたという。その容貌は荘厳で深みがあり、まことに徳の優れた人の様相であった。「容質渾厚、実有徳之儀也」。

成尋像
（開封市・鉄塔公園）*

また、その像讃などからも、成尋が宋で立派に活躍していたことがしみじみと感じられたということである。「予見像賛及名画等、信尋之立宋地之不妄矣」（虎関師錬『元亨釈書』巻十六）。現在、開宝寺の跡地である鉄塔公園には成尋の像や記念碑がある。

重源

重源（1121～1206）は、中国に三度渡ったことから、「入唐三度聖人」とも称され、宋日交流において大活躍した人物である。源平の争乱で焼失した東大寺の復興にあたり、六一歳の高齢をおして大勧進職を拝命し、示寂するまでの二十五年間にわたって情熱を傾けた。東大寺の大仏殿を再建する際、それまでの和式建築技法では構造上の強度不足などの問題があったため、重源は中国人技術者の陳和卿らの協力を得て、新たな工法を加え

た大仏様という建築法を導入し、見事に工事を終えたのである。大仏様は、宋代中国江南地方の建築様式によるもので、柱に指肘木、天井に化粧屋根、用木に彩色を施すのが特徴である。かつては天竺様とも呼ばれていたが、インド様式と誤解されやすいので、この名称が提唱されたと言われる。ちなみに、東大寺南大門に立っている二体の狛犬も、宋の石工が中国から石材を取り寄せて作ったもので、日本でもっとも古い石造りの狛犬とされている。

重源像（Japanese Temples and Their Treasures, Vol. 3）

また、重源が中国の阿育王山を訪れた後、老朽化した舎利殿の修復のために周防国（現山口県）の木材の手配に尽力したこともよく知られている。日本側の史料『東大寺造立供養記』などによれば、その功労への謝意を表すために、阿育王寺は舎利殿に重源の木像と肖像を安置したという。「上人之徳不限今度。壮年当初入唐三度。大宋国育王山舎利殿二階三閣之精舎也。其最中一間弘三丈也。精舎之勢分以此可察也。而破壊年久、営作失便。於是上人運我朝之大材、以訪大唐之造寺、渡万里之蒼波以成希代大願。故大唐造上人像安先徳之列座、図和尚影為後代之証験」（『東大寺造立供養記』）。

栄西

僧栄西（1141〜1215)は、1168・1187年の二度も宋に渡って禅を学び、博多に聖福寺、京都に建仁寺、鎌倉に寿福寺をそれぞれ建立し、禅宗臨済派の開祖として日本仏教史に新時代を画する業績を残した。しかし、坐禅によって仏道を極めようとする禅宗は、最初は天台宗などの旧来宗派に激しく攻撃されていた。仏教説話集『沙石集』には、当時栄西が圧迫を受け

第十章　五代・宋代の中国と日本(三)

たことが記されている。栄西が寺を建立しようとした時に、京都に暴風が吹いて大きな被害が出たことから、世間の人々は、口々に「此風ハ異国ノ様トテ。大袈裟大衣キタル僧共。世間ニ見ヘ候。彼衣ノ袖ノヒロク、袈裟ノ大キナルガ、風ハフカスル也。如此ノ異躰ノ仁、都ノ中ヲハラハルベキ也」と騒ぎ立て、朝廷側は栄西を京都から追放するという宣旨も出したという（無住『沙石集』「建仁寺本願僧正事」）。

聖福寺の山門（福岡市）
後鳥羽上皇から贈られた「扶桑最初禅窟」の扁額がかかっている。

そのほか、栄西は宋から茶の種を持ち帰り、日本初の茶の専門書『喫茶養生記』を著し、茶の栽培や普及に大きな役割を果たした。最澄によって茶の木の種子が比叡山の日吉茶園に蒔かれたという言い伝えについて先に述べたが、喫茶の本格的な普及については、栄西茶祖説がもっとも一般的である。長崎県平戸市にある千光寺（江戸時代に富春庵から改名）は、栄西が帰国してから初めて座禅を組んだ寺院として有名で、境内には栄西が自ら手をかけたと伝えられる富春園茶畑がある。この「富春」という名も、中国浙江省の河・富春江にちなんで名付けられたという。

富春園茶畑（平戸市・千光寺）

道元

曹洞宗の開祖道元（1200〜1253）は、一般には「道元禅師」と呼ばれる。三歳の時に父を亡くし、八歳で母の死に遭うという悲しい体験を通して、

151

世の無常を強く感じ、その心が仏の道へと傾いたのである。二四歳の時に、仏法の意味をさらに深く問うために渡宋した。諸山を訪ね、ついに天童山景徳寺にて如浄禅師とめぐりあい、五年間に及ぶ坐禅修行に励み、法嗣を継ぐことを許されたという。「道元幼年発菩提心、在本国訪道於諸師、聊識因果之所由。雖然如是、未明仏法僧之実帰、徒滞名相之懐標。後入千光禅師之室、初聞臨済之宗風。今随全法師而入炎宋、航海万里、任幻身於波涛、遂得投和尚之法席、盖是宿福之慶幸也」(道元『宝慶記』)。

道元禅師入宋紀念碑（寧波市）

帰国後、道元は京都一帯で布教活動を行っていたが、旧仏教勢力からの反発を受け、武将の波多野義重の招きで、越前国(現福井県北部)に寺を開くことにした。辺鄙な越前国を選んだのは、「吾先師、如浄古仏ハ、大宋越州ノ人ナレバ。越国ノ名ヲ聞モ、ナツカシ、我所望ナリトテ」、つまり、中国越州出身の師如浄禅師を記念する意が含まれていたからである（建撕『建撕記』坤巻)。道元はその地に大仏寺を開き、二年後に永平寺と改称した。実は、この曹洞宗の大本山である永平寺の寺号も、中国に初めて仏法が伝来した後漢明帝の時の元号「永平」から名付けられたものである。

如浄の禅は「只管打坐」、つまり「ただひたすらに坐禅する」ことであったが、その思想は道元にも受け継がれ、曹洞宗の大きな特徴となった。その上道元は、普通の日本人も悟りの智慧の種子を豊かに持っており、誰も

が仏法を証得できる可能性があると唱えた。「わが朝は、仁智のくににあらず、人に知解おろかなりとして、仏法を会すべからずとおもふことなかれ。いはんや人みな般若の正種ゆたかなり」（道元『正法眼蔵』「弁道話」）。主著の『正法眼蔵（しょうぼうげんぞう）』は、曹洞宗の根本宗典であり、坐禅の方法を教える指南書・心得書として現在も多くの人に読まれ、一宗派を超えて世間に多大な影響を与え続けている。

蘭渓道隆

宋代には、日本に仏法を伝えに行った中国の名僧も何人かいた。四川涪江の人、臨済宗の僧蘭渓道隆（らんけいどうりゅう）（1213〜1278）は、純粋な禅を日本に広めた第一人者と言われている。中国を訪れた日本僧と知り合い、日本では禅がいまだに広まっていないという状況を知り、1246年に弟子とともに日本に渡ったという。「嘗聴東僧之盛称国光及禅門之草昧、常志遊化」（虎関師錬『元亨釈書』巻六）。日本に到達してから、鎌倉幕府第五代執権の北条時頼（ほうじょうときより）（1227〜1263）の帰依を受け、鎌倉建長寺の開山となり、鎌倉禅宗の基礎を築いた。没後、亀山上皇（かめやまじょうこう）から「大覚禅師」という諡号を贈られたが、これは日本における禅師号の最初であった。

蘭渓道隆は、説法や法要など中国式の修行生活を日本で提唱し、宋の禅院の清規をもって仏法を広めようとした。「種件依唐式行持、但随縁去住而已」（円顕、智光編『大覚禅師語録』上巻）。中国の径山万寿寺を模して建立された建長寺も、「宋朝ノ作法ノ如ク、行ハレシヨリノチ、天下ニ禅院ノ作法流布セリ、時ノ至ルナルベシ」と言われたほどであった（無住『雑談集』

蘭渓道隆が銘文を撰した梵鐘（鎌倉市・建長寺）
日本国宝とされている。

巻八）。

　ところが、国と国との間の人員往来は、往々にして政治情勢などの現実的なものに左右される。蘭渓道隆の禅風が鎌倉や京都を中心に盛況となったことを妬み、元朝のスパイだなどと根も葉もない流言を飛ばす者も現れ、それにより蘭渓道隆は冤罪を被り、二回も配流されてしまった。名僧無準師範の法弟兀庵普寧(ごったんふねい)（1197～1276）も、北条時頼に招かれ、建長寺の第二世となったが、北条時頼の没後、周囲の人々に誹謗中傷されたようで、六年の滞在の後、1265年に中国に帰ったのである。

無学祖元

　無学祖元(むがくそげん)（1226～1286）は、中国明州の生まれで、1279年に鎌倉幕府第八代執権の北条時宗(ほうじょうときむね)（1251～1284）の招きで渡日した。後に円覚寺を開山し、日本における臨済宗の発展に大きく貢献した。彼が宋にいた時は、ちょうどモンゴルの元軍が南下し、兵乱が相次いでいた時期であった。元軍に温州の能仁寺にまで攻めよせられ、刀を突きつけられた無学祖元は、逃げようともせず、ただ「乾坤無地卓孤筇、喜得人空法亦空。珍重大元三尺剣、電光影裏斬春風」という偈を倡えた。すると、元軍兵士は彼の泰然自若の精神に懼れ畏まって、再三拝礼して去ったという（虎関師錬『元亨釈書』巻八）。日本に着いた後も、元軍による二度目の日本侵攻が避けられない情勢となった時、無学祖元は国防を懸念する北条時宗に対し、迷うことなく信ずるところを行うようにと慰めた。北条時宗が亡くなった後、無学祖元は、「弘安四年、虜兵百万在博多、略不経

無学祖元像（鎌倉市・円覚寺）
円覚寺では、四年に一度の閏年の開山忌に、無学祖元像が輿に乗せられ巡堂することになっている。

意。但毎月請老僧与諸僧下語、以法喜禅悦自楽。後果仏天響応、家国貼然。奇哉有此力量、此亦仏法中再来人也」と偲んだという（一真［他］編『仏光国師語録』三）。

　無学祖元が開いた円覚寺も、建長寺と同じように、創建当時においては異国情緒が溢れる場所であった。実は、当時の鎌倉や京都にある禅寺の住持も、長期間にわたって多くの中国渡来僧が担当していた。中国僧の住持を五人以上出した寺だけを統計しても、建長寺が二二世までに十三人、円覚寺は十七世までに八人、南禅寺が十六世までに四人、建仁寺は二二世までに六人という結果になり、そのうち人員が重なっていた場合もあるが、やはり衝撃的な数字であろう[①]。

日本の浄土信仰

　平安時代後期から仏教の末法思想が強まると、阿弥陀仏の救いを信じ、死後西方極楽浄土に往生することを願う浄土信仰が、貴族や庶民の間でしだいに広まっていった。特に、平易な言葉で宗旨を説く浄土真宗は、後に中興の祖と称される蓮如（1415～1499）のもとで、教団組織が著しく発展した。その門徒が起こした「一向一揆」は、当時の戦国大名に伍するほど、日本社会における最大の勢力の一つともなった。今日においても、日本各仏教宗派のうち、浄土真宗本願寺派（西本願寺）・真宗大谷派（東本願寺）・浄土宗などの浄土系の信者が圧倒的に多い。

　その源を遡ってみると、中国唐代の善導（613～681）は、大成者として「南無阿弥陀仏」の名号を唱える念仏を中心とした浄土思想を確立し、日本浄土宗の開祖法然（1133～1212）、浄土真宗の開祖親鸞（1173～1263）らに大きな影響を与えたのである。例えば、法然は「偏依善導一師」（法然『選択本願念仏集』）と唱え、生涯を通して善導大師の教えを仰いでいたという。浄土真宗の寺院によく祀られている「七高僧」の掛軸の軸絵も、善導を第

[①] 村井章介：『東アジア往還――漢詩と外交』、朝日新聞社、1995年、58頁。

五祖としている。現在、中国西安の南郊外に、706年に善導を記念して建てられた香積寺という寺院が残っている。浄土宗発祥の地と称されているため、毎年日本浄土宗信者・観光客が多く参拝に訪れる。境内に日本人が植えた桜や建てた記念碑もあり、中日両国の友好交流の証となっている。

香積寺（西安市）

五山文学

　全体から見れば、五代期から北宋前期までは、ちょうど日本平安文化の繁栄時代であり、「仏典の逆輸出」のように、日本は文物をもって中国文化の欠を補う場合もあった。しかし鎌倉時代に入ると、新興の日本の武士層が京都の公家文化に反して武家文化を形成していったことを背景として、再び禅宗のような中国独自のものを積極的に摂取するようになった。

　南宋期の中国では、インドの五精舎制を導入して五山制度が制定された。五山とは、官寺の最上位に列せられる五つの禅院を指し、官界の権威が寺社統制に加わったものである。日本も中国に倣い、鎌倉五山（建長寺・円覚寺・寿福寺・浄智寺・浄妙寺）と京都五山（天龍寺・相国寺・建仁寺・東福寺・万寿寺）などをそれぞれ定めた。十三世紀後半より十六世紀に至る三百余年間、日本の僧侶が中国に渡り、中国の名僧が日本に渡る

第十章　五代・宋代の中国と日本（三）

というような往来交流が盛んに行われ、鎌倉・京都の五山禅林の禅僧を中心に、漢詩文・日記・語録などをはじめとする五山文学が大いに栄えた。室町時代に入ると、五山僧侶の漢詩文能力がさらに重視され、瑞渓周鳳（ずいけいしゅうほう）（1391〜1473）のような幕府の外交文書の起草を担当する者も多かった。

　アニメなどにも登場し、可愛らしく機知に富んだ「一休さん」は、多くの中国人に親しまれている。実は、「一休」のフルネームは一休宗純（いっきゅうそうじゅん）（1394〜1481）で、五山僧侶の一人として歴史上実在した人物である。彼は、後小松天皇（ごこまつてんのう）の皇子と言われ、六歳で京都安国寺に入った。「一休」という道号は、「有漏路（うろじ）より　無漏路（むろじ）へ帰る　一休み　雨ふらば降れ　風ふかば吹け」の悟りから授けられたという。詩・狂歌・書画をよくし、世に奇行の持ち主として知られ、出家していながらも、仏教で禁じられる飲酒や肉食だけでなく、女性との関係も絶つことなく過ごしていたという。彼の「有時江海有時山、世外道人名利間。夜夜鴛鴦禅榻被、風流私語一身閑」（一休宗純「夢閨夜話」）のような詩を読むと、その型破りな破戒僧のイメージも少し浮かんでくるだろう。

一休像（京田辺市・酬恩庵）

関連史料

①奝然は帰国してから数年後、弟子を遣わして宋太宗に謝意の上表を奉った。

「傷鱗入夢、不忘漢主之恩、枯骨含歓、猶亢魏氏之敵。雖云羊僧之拙、誰忍鴻儒之誠。奝然誠惶誠恐、頓首頓首死罪。奝然附商船之離岸、期魏闕於生涯。望落日而西行、十万里之波涛難尽。顧信風而東別、数千里之山岳易過。妄以下根之卑、適詣中華之盛。於是宣旨頻降、恣許荒外之跋渉。宿心克協、粗観宇内之瑰奇。況乎金闕暁後、望尭雲於九禁之中、巌扃晴前、拝聖燈於五台之上。……伏惟陛下恵溢四溟、恩高五岳、世超黄軒之古、人直金輪之新。奝然空辞鳳凰之窟、更還螻蟻之封、在彼在斯、只仰皇徳之盛、越山越海、敢忘帝念之深。縦粉百年之身、何報一日之恵。染筆拭泪、伸紙揺魂、不勝慕恩之至。」

——『宋史』「日本伝」

② 1003 年に宋に渡った日本僧寂照（じゃくしょう）（?~1034）は、詩文に優れ、中国語が話せなかったが、宋真宗に謁見した時には筆談でやり取りを行った。後に、「円通大師」の号と紫衣を贈られ、在宋三十年にも及び、杭州で客死した。

◎「景徳元年、其国僧寂照等八人来朝。寂照不暁華言、而識文字、繕写甚妙、凡問答並以筆劄。詔号円通大師、賜紫方袍。」

——『宋史』「日本伝」

◎宋で遊歴した成尋は、寂照がかつて住持を務めた蘇州の普門院を訪れ、亡くなった寂照の頂相画を見た。また、その頂相画に寄せて「普門先住持日本国円通大師真賛」を記し、寂照の在宋活動を知るための重要な史料を残した。

第十章　五代・宋代の中国と日本（三）

「扶桑海国、有山峻雄。師蘊霊粋、挺生厥中。少慕釈氏、早脱塵籠。帰我聖代、愛我真風。一錫破浪、万里乗空。祥符天子、延対弥隆。是身之来、空花可喩。是身之化、水月還同。長天雲散、高岩雪融。謂相非相、稽首円通。治平元年五月初一日　前住持法印大師守堅重修述賛。」

——成尋『参天台五台山記』巻三

③栄西は『喫茶養生記』で、茶を飲用することによって、病を退け、健康を維持するという養生法を唱えている。

「茶也養生之仙薬也。延齢之妙術也。山谷生之其地神霊也。人倫採之其人長命也。天竺唐土同貴重之。我朝日本曾嗜愛矣。古今奇特仙薬也。不可不摘乎。謂劫初人与天人同。今人漸下漸弱。四大五蔵如朽。然者針灸並傷、湯治又不応乎。若如此治方者漸弱漸竭。不可不怕者歟。昔医方不添削而治。今人斟酌寡者歟。伏惟天造万像、造人以為貴也。人保一期、守命以為賢也。其保一期之源在於養生。其示養生之術、可安五蔵。五蔵中心蔵為主乎。建立心蔵之方、喫茶是妙術也。厥心蔵弱、則五蔵皆生病。……不如訪大国之風、示近代治方乎。仍立二門、示末世病相、留賜後昆、共利群生矣。」

——栄西『喫茶養生記』

④南宋文人の羅大経（らだいけい）（1196〜1252？）は、中国に来た日本僧の安覚良祐（あんかくりょうゆう）（1160〜1242）と面識があり、安覚良祐の勉学ぶりを次のように記している。そして、「墨曰蘇弥、頭曰加是羅、手曰提」のように、安覚から学んだ日本語単語二十個の発音を漢字で記載し、外国人がまとまった量の日本語を写したもっとも古い例を残した。

「予少年時、於鐘陵邂逅日本国一僧、名安覚、自言離其国已十年、欲尽記一部蔵経乃帰。念誦甚苦、不舎昼夜、毎有遺忘、則叩頭仏前、祈仏陰相、是時已記蔵経一半矣。夷狄之人、異教之徒、其立志堅苦不退転至於如此。朱文公云：今世学者、読書尋行数墨、備礼応数、六経語孟、不曾全記

得三五板。如此而望有成、亦已難矣。其視此僧、殆有愧色。」

——羅大経『鶴林玉露』「日本国僧」

⑤また、同じ南宋時代の周輝(しゅうき)(1127～?)と周密(しゅうみつ)(1232～1298)は、それぞれ自身の雑記の中で日本人の風習に言及している。特に、彼らによって記された奇行や怪談は、正確性はさておき、古来の日本人に対する「不淫」のイメージに反して、後世の中国人の「淫らな日本人像」の形成に大きく影響したのである。

◎「輝頃在泰州、偶倭国一舟飄汎在境上、一行凡三、二十人、至郡館穀之。或詢其風俗、所答不可解。旁有訳者、乃明州人、言其国人遇疾無医薬、第裸病人就水浜、杓水通身澆淋、面四方呼其神請祷、即愈。婦女悉被髪、遇中州人至、択端麗者以荐寝、名度種。他所云、訳亦不能暁。後朝旨令津置至明州、趂便風以帰。」

——周輝『清波雑志』巻四「倭国」

◎「倭人所居、悉以其国所産新羅松為之、即今之羅木也、色白而香、仰塵地板皆是也。複塗以香、入其室則芬鬱異常。倭婦人体絶臭、乃以香膏之、毎聚浴於水、下体無所避、止以草系其勢、以為礼。番船至四明、与娼婦合、凡終夕始能竟事。(中略)然下体雖暑月亦服至数重、其衣大袖而短、不用帯。食則共置一器、聚坐団食、以竹作折折取之。鞋則無跟、如羅漢所著者、或用木、或以細蒲為之。所衣皆布、有極細者、得中国綾絹則珍之。其地乃絶無香、尤以為貴。其聚扇用倭紙為之、以雕木為骨、作金銀花草為飾、或作不肖之画於其上。」

——周密『癸辛雑識』「倭人居処」

⑥漢詩文に馴染んだ五山禅僧が、中国の文化・風物を好んだのも怪しむに足らない。彼らの詩文で、杭州の西湖という名所がよく提起される。次の二つの史料から、当時五山禅僧の「西湖憧憬」の様子を知ることができる。

第十章　五代・宋代の中国と日本(三)

◎明代の史書『殊域周諮録』に、次のような記録がある。

「又倭人多能詩者、其『咏西湖』曰：一株楊柳一株花、原是唐朝売酒家。惟有吾邦風土異、春深無処不桑麻。昔年曾見画湖図、不意人間有此湖。今日打従湖上過、画工犹自欠功夫。」

——厳従簡『殊域周諮録』

◎禅僧の万里集九(ばんりしゅうく)(1428～？)は、中国文化を好んだ一人である。1486年に相模国(さがみのくに)金沢(現横浜市)に杭州から移植された「西湖梅」を見に行ったが、まだ開花していなかったため残念に思って帰った。その後、建長寺の知り合いから「西湖梅」の花びらを数十片贈ってもらったため、友人の春沢梅心(しゅんたくばいしん)が梅図を描いてその花びらを巧みに図に貼ったという。(万里集九の著書『梅花無尽蔵』の書名も、陸游の詩「要識梅花無尽蔵、人人襟袖帯香帰」を出典としたものである。)

「丙午小春、余入相州金沢称名律寺、西湖梅以未開為遺恨。富士則本邦之山、而斯梅則支那之名産也。唯見蓓蕾、而雖未見其花、豈非東遊第一之奇観乎哉。金沢蓋先代好是事之主、属南舶移杭州西湖之梅花於称名之庭背、以西湖呼之。余作詩云：前朝金沢古招提、遊十年遅雖噬臍。梅有西湖指枝拝、未開遺恨翠禽啼。及今余恨未尽。巨福山有識面、丁未之春、摘其花数十片為一包見惠焉。已酉夏五、余皈濃之旧廬、奉献彼一包於春沢梅心翁。翁借余手、描枝条、貼其花。近而見之、則造化所設。遠而見之、則趙昌所画、并以出於春翁之新意矣。」

——万里集九『梅花無尽蔵』巻六「貼西湖梅詩序」

第十一章　元代の中国と日本

ガイダンス

　大帝国を作り上げた元は、日本をも服従させようとして二度にわたって兵を出したが、いずれも失敗に終わった。後、元日の敵対状態が徐々に解消すると、相互の貿易や交流は復活し、その頻繁さがほかの時代と比べても相当に際立っている。僧侶の一山一寧と雪村友梅が、その行き来の代表者とも言える。

第十一章　元代の中国と日本

フビライの国書

　モンゴル帝国第五代の皇帝フビライ（1215～1294）は、1271年に国号を元と定め、1279年に南宋を滅ぼして中国を統一し、高麗・安南・暹羅などをも従えて大帝国を築いた。その中で、日本にも数度にわたり使者を送り、臣服・朝貢を呼びかけたのである。例えば、1266年第一回の遣使で、「大蒙古国皇帝奉書」を作成し、正使・兵部侍郎のヒズル（黒的）と副使・礼部侍郎の殷弘らの使節団を日本へ派遣した。その国書には、「大蒙古国皇帝奉書日本国王。朕惟自古小国之君、境土相接、尚務講信修睦。況我祖宗、受天明命、奄有区夏、遐方異域畏威懐徳者、不可悉数。朕即位之初、以高麗無辜之民久瘁鋒鏑、即令罷兵還其疆域、反其旄倪。高麗君臣感戴来朝、義雖君臣、歓若父子。計王之君臣亦已知之。高麗、朕之東藩也。日本密邇高麗、開国以来、亦時通中国、至於朕躬、而無一乗之使以通和好。尚恐王国知之未審、故特遣使持書、布告朕志、冀自今以往、通問結好、以相親睦。且聖人以四海為家、不相通好、豈一家之理哉。至用兵、夫孰所好。王其図之」と書かれており、高圧的で恫喝を含んだものであった（『元史』「日本伝」）。

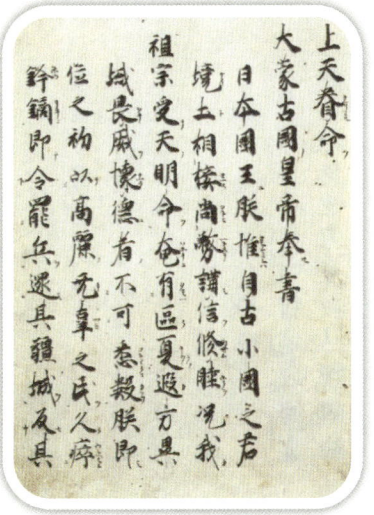

筆写された蒙古国書「蒙古国牒状」
（宗性『調伏異朝怨敵抄』）

　日本側としては、元の文書を非礼であるとし、また南宋から渡来した禅僧より、モンゴル人の暴虐などについての報告を受けていたこともあって、元に抵抗姿勢を示した。その後、元は再び使節の趙良弼（ちょうりょうひつ）（1217～1286）らを派遣し服属を命じたが、よい結果を見ないまま終わった。帰還した趙良弼も、対日政策について、「臣居日本歳余、睹其民俗、狠勇嗜殺、不知有父子之親、上下之礼。其地多山水、無耕桑之利、得其人不可役、得其地不

163

加富。況舟師渡海、海風無期、禍害莫測。是謂以有用之民力、填無窮之巨壑也、臣謂勿撃便」とフビライに日本を攻めないように諫言した（『元史』「日本伝」）。しかし、南宋との五年に及ぶ襄陽・樊城の戦いで勝利してから、元は日本に対する軍事作戦に専念できるようになった。これを受け、フビライは1274・1281年の二回にわたり、日本を攻撃した。

文永・弘安の役

　日本文永十一年（1274）十月に、元軍の三万人と九百隻余りの船団が朝鮮を出発し、まもなく対馬や壱岐を占領し、博多に上陸した。集団戦法と強力な弓や「てつはう」で戦う元軍に対し、日本軍は苦戦を繰り返し、結局、大宰府まで退くことを余儀なくされた。しかしその後、大暴風雨が元の船団を襲い、元軍は戦死者が一万数千人にも及ぶ大損害を受け、やむをえず朝鮮へと逃げ帰った。弘安四年（1281）、フビライは元軍を蒙古人・漢人・高麗人によって構成される東路軍と、南宋の降兵を主体とした江南軍に分け、再び日本に攻めこんだ。東路軍が四万人、船九百隻余り、江南軍が十万人、船三千五百隻余りという大軍であった。しかし、最初は猛威をふるった元軍であったが、日本軍と戦っているうちに再び大暴風雨に襲われ、最終的に生還したのは十分の一、二のみで、ほぼ全滅したという。1980年代に、長崎の鷹島周辺の海で調査が行われて、元軍の遺物が数多

『蒙古襲来絵詞』模本（九州大学附属図書館）

第十一章　元代の中国と日本

く発見され、大敗を喫した元軍の狼狽した様子がうかがえる。

　戦争に伴って生じたのは、大勢の人々の犠牲であった。文永の役の場合、元軍は日本の対馬や壱岐に侵入すると、島内の民衆を多く殺害し、あるいは捕虜とし、多大な被害をもたらした。日蓮宗の宗祖・日蓮(にちれん)（1222〜1282）は、その惨状について、「百姓等は男をば或は殺し、或は生取にし、女をば或は取集て、手をとをして船に結付、或は生取にす、一人も助かる者なし、壱岐によせても又如是」と記した（日明編『日蓮上人御遺文』「一谷入道御書」）。元側でも、戦死した無数の兵士はもちろん、外交の使命を負った使節の運命も時として悲惨なものであった。1275年、フビライは日本への軍事侵攻の準備をするとともに、外交交渉を進めるためにモンゴル人の礼部侍郎杜世忠(とせいちゅう)（1242〜1275）らを派遣した。しかし、杜世忠ら使者五名は、日本の国情を記録・偵察するスパイとしての性質を強く帯びているなどと見なされ、全員捕えられて鎌倉に送られ、竜ノ口で処刑されてしまった。現在、神奈川県藤沢市にある常立寺の境内に「元使五人塚」がある。正使の杜世忠の石碑には、「出門妻子贈寒衣、問我西行幾日帰。来時儻佩黄金印、莫見蘇秦不下機」という詩が刻まれており、栄達を果たして家族のもとに帰る望みが叶わなかった彼の無念さを後世の人に物語っているかのようである。

元寇防塁（福岡市・西新地区）*

神風言説

　長い間、台風のおかげで、日本は元軍に侵略されずに済んだというのが定説になっていた。当時日本の朝廷以下でも、神仏への祈祷の効果があったと喧伝され、それが日本を守る「神風」として認識されるようになった。第二次世界大戦の中に、必死の一撃で戦局を逆転させようとする「神風特別攻撃隊」などが組織されるに至ったのも、昔からの神風認識の影響がかなり大きかった。

　しかし、第一回の文永の役では、暴風雨があったことについては根拠が薄いと指摘されている。例えば、気象学者の荒川秀俊(あらかわひでとし)は、元軍が博多湾に上陸した十月二十日は、新暦では十一月二六日にあたり、台風シーズンはもう過ぎた後であるし、信頼すべき文書には暴風雨の記録もないから、通説が信用できないと主張した。歴史学者の網野善彦(あみのよしひこ)も、戦闘による損害などの理由から、実は元軍は意識的に撤退したのだと考えている。また、第二回の弘安の役の時に暴風雨があったことは資料的に確認できるが、それだけで元軍が敗退したとは言いがたいという。やはり元軍内部の対立と混乱、日本側の軍隊の抵抗、侵略に備えて海岸線に作られた防護壁の効果などに、その原因を求めるべきであろう[①]。

「敵国降伏」

　いずれにしても、強大なモンゴル帝国に対して思いがけない勝利を得たこの戦いは、日本がいわゆる「天道」に助けられたことの象徴となった。福岡市にある筥崎宮(はこざきぐう)の社殿の楼門には、「敵国降伏」と書かれた扁額が掛けられている。それは、文永の役後の1274年の社殿再建時に、日本の亀山上皇が外敵退散を祈願して寄進した親筆のものだと伝えられている。

---

① 網野善彦:『蒙古襲来——転換する社会』、小学館、2000年、216～219、292～293頁。

第十一章　元代の中国と日本

筥崎宮社殿（福岡市）

　「敵国降伏」という言葉は、武力によって敵を降伏させるのではなく、徳の力をもって導くことで、相手が自ら降伏してくると解釈されている。例えば、明治時代の国粋主義者福本日南（1857～1921）は、かつての頼山陽（1781～1832）の「降伏敵国に非ざれば、文義を為さず、惜む可き哉」という意見に対し、「敵国降伏と降伏敵国とは自他の別あり。敵国の降伏するは徳に由る、王者の業なり。敵国を降伏するは力に由る、覇者の事なり。『敵国降伏』而る後ち初めて神威の赫々王者の蕩々を看る」と主張したのである（福本日南『筑前志』「雑記・文学」）。

　また余談になるが、第二次世界大戦末期の1945年に、日本の郵政当局は戦意発揚と戦勝祈願のため、筥崎宮の楼門の額を図案化した切手を発行した。しかし、まもなく日本が敗戦し、「敵国降伏」の字句が占領軍のアメリカ軍に刺激を与える恐れがあるとして、その切手の販売や使用は直ちに停止され、在庫もすべて焼却処分されてしまったのである。

敵国降伏切手

元日貿易

　　武力で日本に服属を強制することに失敗した元は、その後も朝貢を求める使節を派遣していた。もちろん、元側には続けて日本を征伐しようとする意見があったが、元皇帝の「日本未嘗相侵、今交趾犯辺、宜置日本、専事交趾」（フビライ）、「今非其時、朕徐思之」（元成宗）といった考慮から、結局出兵は行われなかった（『元史』「日本伝」）。十三世紀末から、元日の対立関係は徐々に緩和し、両国間の貿易も再開されるようになった。さらに、フビライの日本征伐と貿易に対する態度について、学者の森克己（もりかつみ）の指摘もたいへん興味深い。「世祖の抱懐するものは、単なる征服欲ではなく、当時我が国より産出した金・水銀・真珠そのほかの生産品を獲得しようとするものであった。従って彼の意図は対日貿易方針の上に具現されている」。文永の役の後も、「一面には武力解決を試みながらも、他面に於いてはなお日本商船の貿易を許容し、日元貿易の持続を計っておったのである」[①]。日本側にしてみれば、鎌倉を中心にして始まった中国の禅宗文化の受容がますます高まっていたし、海外貿易による利益も無視できなかった。そのような状況で、元に対する警固体制を強化しつつも、貿易活動などに対しては積極的な対応を取るようにしていたのである。

　　1975 年、韓国の新安郡曾島沖で一人の漁師が発見した陶磁器を始めとして、九年余りの発掘によって、この新安沈船と呼ばれる船から、中国元代の青磁・白磁・黒釉陶など一万八千点以上、金属製品五千点以上、銅銭・香木など二十トン以上の膨大な交易品が引き揚げられた。貨物の荷札と見られる木簡に書かれた「至治三年六月一日」や「東福寺公物」などの文字から、この船が元英宗至治三年（1323）に出港したことや京都の東福寺が荷主だったことが分かる。

---

① 新編森克己著作集編集委員会編：『新編森克己著作集 1　新訂日宋貿易の研究』、勉誠出版、2008 年、381 ～ 382 頁。

第十一章　元代の中国と日本

新安沈船から出土した陶磁器と木材（「新安遺物と京都の東福寺」http://japanese.korea.net）

建長寺船・天龍寺船

　また、鎌倉時代末期から南北朝時代にかけて日本は、社寺造営の費用を調達するために、公的に認めた民間貿易船を次々に元へ派遣した。貿易船は幕府から渡航の公認や保護を受けることができたが、その見返りとして、帰国後に貿易で得た利潤のうち一定の額を寺院の造営費に充てなければならなかった。1325年、火災に遭った鎌倉建長寺の造営費捻出を目的として派遣された「建長寺造営料唐船」は、現在知られている最初の寺社造営料唐船である。後の1342年、京都天龍寺の造営費を集めるために、室町幕府公認のもとで「造天龍寺宋船」も派遣された。その派出条件についても、「不謂商売之好悪、帰朝之時、現銭五千貫文可令進納寺家」という記録が残っている（『天龍寺造営記録』）。

169

建長寺（鎌倉市）

　以上のように、元日間では、戦争後になって貿易活動が早い段階で回復されたことが明らかに見て取れる。さらに、派遣回数が限られた遣唐使時代と遣明使時代とを比べると、元末までのおよそ六、七十年間に、日本商船は絶えずに中国に赴いており、その回数がごく頻繁であったとよく指摘されている。日本鎌倉時代後期（元代の半ば頃）に成立した随筆文学『徒然草』が、貿易船が困難な航路を辿り、多くの不用品を積みこみ、船いっぱいに載せて次々と運んでくるのは、たいへん愚かなことだと批判したことからも、元日貿易の繁栄の一端がうかがえる。「唐土船の、たやすからぬ道に、無用の物どものみ取り積みて、所狭く渡しもて来る、いと愚かなり」（『徒然草』第一百二十段）。

一山一寧

　一山一寧（1247〜1317）は、中国台州出身の臨済宗の僧で、フビライの後を継いだ元成宗の仏法をもって平和的に日本を服属させようとする考えに従い、1299年に使者として渡日した。「遣僧寧一山者、加妙慈弘済大師、附商船往使日本」（『元史』「日本伝」）。最初はスパイの疑いで幽閉されたこともあったが、後に高名な禅僧であることが分かり、執権の北条貞時

（1271～1311）に迎えられ、鎌倉の建長寺、円覚寺、京都の南禅寺などの住持を務めた。後宇多上皇からも厚い帰依を受け、「宋地万人傑、本朝一禅師」という像賛を送られた。その人気ぶりは、「自大元国来我和域、象駕僑寓於京師。京之士庶、奔波瞻礼、騰沓系途、惟恐其後。公卿大臣、未必悉傾於禅学、逮聞師之西来、皆曰大元名衲過於都下、我輩盍一偸眼其徳貌乎。花軒玉驄、嘶驚輷馳、尽出於城郊、見者如堵、京洛一時之壮観也」と讃えられたほどであった（虎関師錬『一山国師妙慈弘済大師行記』）。

一山一寧は朱子学を日本に伝え、五山文学隆盛の糸口を作った人物と見られ、その門下からは夢窓疎石、虎関師錬、雪村友梅ら五山文学を代表する文人墨客が輩出した。1317年、七一歳で京都の南禅寺においてその生涯を閉じた。現在も、南禅寺のほかに、一山一寧が日本に渡る前に住持を務めていた中国普陀山の宝陀観音寺（現普済禅寺）にも記念霊塔があり、中日双方は一山一寧の記念法会を催すなど、交流活動を続けている。

一山国師霊塔（京都市・南禅寺）

入元僧

一山一寧が渡日した後、貿易が再び隆盛するとともに、日本側からも「時本邦衲子、争先入元土」（大有有諸『雪村大和尚行道記』）と言われたように、数多くの僧侶が中国に渡ってきた。当時渡日した臨済宗の竺仙梵僊（1292～1348）は、自分が建康（現南京市）保寧寺で修行していた時、同寺に日本から来た僧が三二人も住んでいたと述べている（裔尭［他］編『竺僊和尚語録』中）。また、臨済宗の第五十七祖に列せられている千巌元長（1283～1357）のもとに、日本僧の古源邵元、大拙祖能らが参禅に訪れ

たことがあり、「内而斉魯、燕趙、秦隴、閩蜀、外而日本、三韓、八番、羅甸、交趾、琉球、莫不奔走膜拝、咨決心学、留者恒数百人」という記載から、当時そこに日本を含む海内外の諸地域から多くの学僧が集まっていたことが分かる（弘儲『南岳単伝記』）。その状況はまさに、虎関師錬に「近時此方庸緇、燦然例入元土、是遣我国之恥也」と批判されたほどであった（竜泉冷淬『海蔵和尚紀年録』）。

多くの日本僧が訪ねてきた天台山国清寺（台州市）

　元日仏教交流の活発さは、交通の便利さを反映したものでもあった。竺仙梵僊は日本に招請された時、中国へ帰るのが難しいかもしれないとして猶予したが、日本からの招請者は、以前の兀庵普寧や西澗子曇（せいかんしどん）といった高僧が日本と中国の間を自由に行き来した例を挙げ、渡海の容易さを説いた。「此船一去、明年即便又来、但随意耳。昔兀庵亦回、西澗回而複往、但自貪我国之好者、自不回耳云云」（裔尭［他］編『竺僊和尚語録』中）。五山詩僧として名高い別源円旨（べつげんえんし）（1294～1364）も、「聞兄昨日江南来、詢弟今朝江南去。故人又是江南多、況我曾在江南住」（別源円旨「送僧之江南」）というような詩句があり、元日間の僧侶の往来が頻繁であったことを伝えている。

雪村友梅

　臨済宗の雪村友梅（1290〜1347）は、一山一寧に師事し、十八歳の時に入元した。元日関係が一時不穏になっていたせいで、日本僧が一律に下獄されることになり、彼もスパイの嫌疑で斬罪に処せられんとするところであったが、前代の渡日僧無学祖元の「臨剣頌」（「乾坤無地卓孤筇、喜得人空法亦空。珍重大元三尺剣、電光影裏斬春風」）を誦して難を免れたという。それ以来、中国の江南地域では逆に「臨剣頌」が雪村友梅の作だと誤って伝えられていると、数十年後に同地を訪れた日本僧の中巌円月は記している（中巌円月『藤陰瑣細集』）。

　雪村友梅は長安や四川あたりで長く生活していたため、著した漢詩文集の『岷峨集』には、「岷山岌岌天尺咫、岷水湯湯涛万里」（雪村友梅「岷山歌」）のような地元の自然風景を詠んだ詩句も多い。二四年間も中国に留まった彼は、「心憤口悱、吐出胸中自然成章、経史諸子一目皆記。……両川大官左儒、多令佳子弟鼓篋於函丈、受指畫口講者、為不鮮矣」と言われたほど優れた才能を持つ者として、多くの中国人と交遊した（大有有諸『雪村大和尚行道記』）。特筆すべきなのは、雪村友梅が長安の翠微寺の住持を務め、元朝廷より「宝覚真空禅師」の号を特賜されたこともあるということである。中国仏教寺院の住持になった唯一の日本高僧である彼は、中日仏教の交流史における伝説的な人物とも言える。

『岷峨集』書影（1694年版）

関連史料

①南宋が滅びると思肖と改名した文人の鄭思肖(ていししょう)(1241～1318)は、終生徹底して元に抗し、「元韃攻日本敗北歌」も作って元の日本征伐の失敗を嘲った。

（序文の一部）「日本即古倭也。地在海東、先朝嘗入貢、許通商旅。彼近知大宋失国、挙国茹素。元賊聞其豊庶、怒倭主不来臣、竭此土民力、弁舟艦、往攻焉、欲空其国所有而帰。」

「東方九夷倭一爾、海水截界自区宇。地形広長数千里、風俗好仏頗富庶。土産甚夥并産馬、舶来中国通商旅。徐福廟前秦月寒、猶怨旧時嬴政苦。厥今犬羊貪猶熾、瞠目東望心如虎。駆兵駕海気吞空、勢力雖強天弗与。鬼吹黒潮播海翻、雹大於拳密於雨。七千巨艦百万兵、老龍怒取帰水府。犬羊発怒与天敵、又謀竭力必於取。已刳江南民髄乾、又行併戸抽丁語。凶燄焼眼口竟啞、志士悶悶病如蠱。雖伝漳州気燄盛、又聞襄陽已大挙。割據固足稍伸気、律以大義竟何補。縦遇聖明過尭舜、畢竟不是親父母。千語万語只一語、還我大宋旧疆土。曾夢蘇武開笑口、云牧羝羊今尽乳。仗節還漢欣欣然、鬢髪尽白心如故。一念精烈無不通、天地為賓我為主。高懸白眼混沌前、那肯以命落塵土。翻身鼓掌一笑時、万古万古万万古。」

——鄭思肖『鉄函心史』「元韃攻日本敗北歌」

②鎌倉初期の武将源義経(みなもとのよしつね)(1159～1189)は、兄の源頼朝(みなもとのよりとも)と不和になり、反逆を企てたが、失敗して自害した。しかしその後、源義経は実は死んでいなかったとする「義経伝説」が生まれた。その中には、彼は蝦夷から庫頁島経由でシベリアに入り、中国大陸まで渡ったという説もあった。1920年代、小谷部全一郎(おやべぜんいちろう)(1868～1941)という人は、『成吉思汗ハ源義経也』を出版し、再び源義経がモンゴルに渡って成吉思汗となったと主張

第十一章　元代の中国と日本

した。奇想天外な物語だったが、当時日本人の偉大さを示すとともに中国大陸を侵略する「大義名分」ともなったのである。

「是を総合するに、成吉思汗はニロンと称する日の族より出で姓をキヤオン氏即ちゲン氏と云ひ、其名をクローと称し、即位の後、ゲンギケイ即ち土俗の音癖に由りゲンギス或はチンギスといひ、支那人は之に漢字の仮名を当て成吉思汗と書き、而して汗は笹龍膽を紋章とし、常に白旗を用ひ、九の数を尊重し、居住の地を相するに必ず陸奥平泉の地形に彷彿たる処を以てし、短軀敏捷にして米食緑茶を嗜み、戦術に長じ非常事に際しては断食登山して天に祷り仏をホトケといひ、観音を崇め、臣下を労はり、将士は彼をタイシヤア即ち大将と称して尊敬し、其の子をオゴ台即ち御子様と云ひ、麾下の股肱に鷲尾の名の音読せるものと解さるゝシウビ、伊勢に通ずるイサ、駿河の訛転と解さるゝチヤガ、西塔に通ずるサイタウなどゝ称する勇将あり。将士は鉄鉢の兜と鉄片を皮にて綴りたる鎧を着け、武器に長弓、鏑矢、征矢、曲刀、鉤槍、鉄棒等あり。武道を鍛錬する為に巻狩相撲を行ひ、君主に対し臣下は右膝折り左膝を立てゝ敬礼し、正月元旦には日の丸を附したる烏帽子を冠りて廻礼の式を行ひ、神廟仏閣の前には必ず下乗して出入する等の事実に照し、成吉思汗の義経なることは、源九郎が血判を捺したる古証文よりも確かなるものと観るべく、之に対し世上誰かまた否定し得むや。大汗成吉思を以て義経の後身に非らずと云ふは、蛙は蝌斗の後身に非らずと云ふが如く、成吉思汗を蒙古生粋の人なりといふは、蜥蜴を龍なりとするが如く、而して義経を衣川に死せりと主張する我が国歴史家の見解は、影を以て実体なりと強弁し、或は其の形の稍々相似たるより、鮪を目して鯨なりと言ふに等しきもの也。」

——小谷部全一郎『成吉思汗ハ源義経也』

③鎌倉時代に成立した、八幡神の霊験・神徳を説いた寺社縁起書『八幡愚童訓』には、文永の役の蒙古軍の攻勢についてこう書かれている。

「十一月廿日、蒙古自船下乗馬挙旗責カヘル。日本大将ニハ小弐入道覚恵孫、纔十二三者、箭合為トテ小鏑ヲ射出タリシニ、蒙古一度トツト咲、太鼓ヲタヽキ、トラヲ打テ作時オヒタヽシサニ、日本馬共驚躍刎狂程、馬ヲコソ刷シカ、向ント云事ヲ忘。蒙古矢短云トモ、矢根ニ毒ヲ塗タレハ、チトモ当所、毒気ニマク。数万人矢崎ヲ調テ如雨降射ケル上ニ、鉾長柄物具アキマヲ指シテ不弛。一面立双テ寄者アレハ、中ニメ引退。両方端ヲマワシ合テ取篭テ皆殺ケル。能振舞死ヲハ、腹ヲアケ取肝飲之。自元牛馬美物トスルナレハ、被射殺以馬食トセリ。冑軽馬能乗力強、命不惜、強盛勇猛自在無窮。」

——『群書類従』巻十三『八幡愚童訓』

④蒙古襲来のストーリーは、後世になってしだいに日本のナショナリズムを激発するものとなった。

◎頼山陽の漢詩「蒙古来」

「筑海颶気連天黒、蔽海而来者何賊。蒙古来、来自北、東西次第期呑食。嚇得趙家老寡婦、持此来擬男兒国。相模太郎膽如甕、防海将士人各力。蒙古来、吾不怖。吾怖関東令如山、直前斫賊不許顧。倒吾檣、登虜艦、擒虜将、吾軍喊。可恨東風一驅附大濤、不使韃血尽膏日本刀。」

——頼山陽『日本楽府』「蒙古来」

◎1892年、清との対立が日々強まる中、日本陸軍軍楽隊の楽手である永井建子が『元寇』という歌を作った。この軍歌は後に大いに歌われ、日本軍の士気を高揚させるものとなった。

「四百余州をこぞる、十万余騎の敵、国難ここに見る、弘安四年夏の頃／なんぞ恐れんわれに、鎌倉男子あり、正義武断の名、一喝して世に示す／多々良浜辺の戎夷、そは何蒙古勢、傲慢無礼もの、倶に天を戴かず／いでや進みて忠義に、鍛へし我が腕、ここぞ国のため、日本刀を試しみん／こころ筑紫の海に、浪おしわけてゆく、ますら猛夫の身、仇を討ち帰らずば

／死して護国の鬼と、誓ひし箱崎の、神ぞ知ろし召す、大和魂いさぎよし／天は怒りて海は、逆巻く大浪に、国に仇をなす、十余万の蒙古勢は／底の藻屑と消えて、残るは唯三人、いつしか雲はれて、玄界灘月清し。」

――永井建子『元寇』

第十二章　明代の中国と日本（一）

ガイダンス

　日本との交渉が思わしくないため、明太祖は日本を「不征之国」と定め、国交を断絶する姿勢を示した。しかし、後に足利義満の遣使によって、銅銭を含む下賜品などを得られる朝貢貿易が開始された。この国家レベルの往来にもとづき、画家雪舟等楊のように、明日交流史に輝かしい業績を残した人も多い。

第十二章　明代の中国と日本（一）

明の遣使

　元朝の末、「紅巾の乱」という一揆の中から生まれた朱元璋（1328～1398）の勢力は、1368年に南京で明を建国した。翌年、明太祖朱元璋は、楊載（生没年不詳）を使節として日本へ遣使した。しかし、楊載がもたらした「賜日本国王璽書」は「宜朝則来廷、不則修兵自固。倘必為寇盗、即命将徂征耳、王其図之」というような内容で、前代のフビライの国書と同じように高圧的なものであった（『明史』「日本伝」）。一方、日本は、1336年から約六十年間も続く南北朝時代に入った。九州地方では、征西大将軍に任じられた懐良親王（1329？～1383）が、南朝唯一の地方勢力として重きをなしていた。海賊を放置するなら、明軍を遣わして海賊を滅ぼし「国王」も捕えるという書面に対し、懐良親王は、国書を届けてきた使節団十七名のうち五名を殺害し、楊載ら二名を三カ月も勾留する挙に及んだのである。

明太祖像
（台北市・台北故宮博物院）

　1370年、明はまた、萊州府同知趙秩（生没年未詳）らを日本に遣わした。交渉において、懐良親王は「吾国雖処扶桑東、未嘗不慕中国。惟蒙古与我等夷、乃欲臣妾我。我先王不服、乃使其臣趙姓者誂我以好語、語未既、水軍十万列海岸矣。以天之霊、雷霆波涛、一時軍尽覆。今新天子帝中夏、天使亦趙姓、豈蒙古裔耶。亦将誂我以好語而襲我也」と述べたが、それに対して趙秩は冷静に、「我大明天子神聖文武、非蒙古比、我亦非蒙古使者後。能兵、兵我」と答えを返した。明の威に怯んだ懐良親王は、臣服して特産品を貢ぎ、倭寇による捕虜七十余名を送還したという（『明史』「日本伝」）。しかし、『明史』の記録は趙秩の報告にもとづいたものと思われるため、懐

良親王とのやりとりや臣服の件の事実性を疑問視する人もいる。

その後、明側は幾度か正式な朝貢を求めたが、懐良親王から「臣聞三皇立極、五帝禅宗、惟中華之有主、豈夷狄而無君。……蓋天下者、乃天下之天下、非一人之天下也。臣居遠弱之倭、褊小之国、城池不満六十、封疆不足三千、尚存知足之心。陛下作中華之主、為万乗之君、城池数千余、封疆百万里、猶有不足之心、常起滅絶之意。……臣聞天朝有興戦之策、小邦亦有禦敵之図。……水沢之地、山海之洲、自有其備、豈肯跪途而奉之乎？順之未必其生、逆之未必其死。相逢賀蘭山前、聊以博戯、臣何懼哉。倘君勝臣負、且満上国之意。設臣勝君負、反作小邦之差。自古講和為上、罷戦為強、免生霊之塗炭、拯黎庶之艱辛。特遣使臣、敬叩丹陛、惟上国図之」と返書された。これに対し、明太祖は怒ったものの、「蒙古之轍」に鑑み、結局出兵することはしなかった（『明史』「日本伝」）。

懐良親王像
（菊池容斎『前賢故実』十）

不征之国

明太祖によって編纂された子孫への訓戒書『皇明祖訓』は、周囲の国々に対して取るべき政策を示している。その中で、「四方諸夷、皆限山隔海、僻在一隅、得其地不足以供給、得其民不足以使令。若其自不揣量、来擾我辺、則彼為不祥。彼既不為中国患、而我興兵軽伐、亦不祥也。吾恐後世子孫、倚中国富強、貪一時戦功、無故興兵、致傷人命、切記不可」として、朝鮮・日本・琉球・安南・暹羅などの十五の国を「不征之国」と定めていた。特に日本に対しては、「雖朝実詐、暗通奸臣胡惟庸、謀為不軌、故絶

之」と評したのである（朱元璋『皇明祖訓』）。『明史』によれば、丞相胡惟庸（？～1380）は謀反を図り、日本に軍事援助を求めたことがある。日本側は、兵卒四百余人を派遣し、火薬や刀剣を巨大な蝋燭に隠して入貢を名目として来たが、その時には胡惟庸がすでに投獄されていたので、クーデターは成し遂げられなかったという（『明史』「日本伝」）。胡惟庸の日本との密通についてはまだ不明なところが多いが、「不征之国」という「祖訓」からは、明太祖の日本に対する不信感と嫌悪感が、今なお強烈に感じられるだろう。

　近年では、明太祖の「不征之国」論は後世の子孫や官吏に対する禁戒文に過ぎず、実際の外交において執行されるディプロマシーではなかったと認識すべきだとの指摘がある。それは、明太祖が、国力を背景に周辺の諸国を朝貢貿易体系に組み込むことができるならば、対外戦争などを起こす必要はないと判断したからである。したがって、「但胡戎與西北辺境、互相密邇、累世戦争、必選将練兵、時謹備之」（朱元璋『皇明祖訓』）とあるように、後の明の皇帝にとって、倭寇のような国家の安全を脅かす外患があった場合、武力の行使も「祖訓」に違反する行為ではなかったというのである。

「日本国王」足利義満

　日本では、室町幕府の第三代将軍足利義満（1358～1408）は、南北朝の合一を果たした。1401年、彼は使節を明に派遣し、国交を開きたい旨を申し送ってきた。その書は、「日本准三后某上書大明皇帝陛下。日本国開闢以来、無不通聘問於上邦。某幸秉国鈞、海内無虞、特遵往古之規法、而使肥富相副祖阿通好、献方物。……某誠惶誠恐、頓首頓首、謹言」といった内容であった（瑞渓周鳳『善隣国宝記』巻中）。准三后とは、太皇太后・皇太后・皇后に準ずる待遇を与えられた者の名誉称号で、ここでは足利義満のことを指している。

それに対する明建文帝(けんぶんてい)の返書は、「茲爾日本国王源道義、心存王室、懐愛君之誠、蹟越波涛、遣使来朝、帰還流人、貢宝刀・駿馬・甲胄・紙硯、副以良金、朕甚嘉焉」のように足利義満を「日本国王源道義」と呼び、日本を明の属国と見なした書面であった（瑞渓周鳳『善隣国宝記』巻中）。しかし、足利義満は属国視されたことに立腹することなく、それどころかむしろ明の詔書を易々諾々と焼香三拝して受領し、翌年に送った返書においても、「日本国王臣源」と自称したほどであった。その理由は、南北朝の合一を果たして国内の安定を確立した足利義満は、日本国王と認められることで自らの権威を高め、明への朝貢による高価な返礼品を獲得し、貿易による多大な利益を確保しようとしたことにあると考えられている。

足利義満像（京都市・鹿苑寺）

永楽帝勅書（京都市・相国寺）

　足利義満の返書が届けられた時期は、ちょうど靖難の役（1399～1402）の後で、簒奪者との謗りも受けていた永楽帝(えいらくてい)（1360～1424、燕王朱棣）は、日本から賀使が来朝したことを非常に喜び、1404年に答礼の国書と「日本国王之印」を足利義満に送り、十年に一度のわりで朝貢を許した。現在京都の相国寺に保存されている明永楽五年（1407）の永楽帝の勅書も、

足利義満に送られたもので、海賊を取り締まったことを評価し、遣使をねぎらって贈り物を託したという内容である。「国王源道義忠賢楽善、上能敬順天道恭事朝廷、下能祛除寇盗粛清海邦、王之誠心、惟天知之、惟朕知之。……朕甚爾嘉、特賜勅奨労」。

日本国王之印

「日本国王之印」とその収納箱（毛利博物館）

　足利義満に与えられた「日本国王之印」は、後に戦乱のため失われたという。現在山口県の毛利博物館で展示されている「日本国王之印」（重要文化財）は、明日貿易と関わりの深かった大内氏が模造したものと見られる。捺印した大内義長(おおうちよしなが)（1532～1557）の証判に「日本国昔年欽奉大明国勅賜御印壹顆」とあることや、「日本国臣源」の墨書から、この印は明から足利義満に与えられた印であったとされている。印材は桜の木、印面は十・一センチの正方形である。もともとは金印であったが、原印が失われたため代用として桜の木で再造されたものと推測されている。印を収納する印箱も、朱漆に雲竜の沈金文様が施された豪華なもので、中国明代の製作と見られ、当初からの印箱であると考えられている。

　もちろん、日本側には、足利義満が明皇帝から日本国王の称号を受けたり、国書に中国の年号を用いたりしたことに対して批判の声が絶えなかった。第四代将軍の足利義持(あしかがよしもち)（1386～1428）は、父足利義満の朝貢外交を

屈辱的であるとして中断し、明からの使を追い返すといった反発行動も取った。さらに、足利義満が没した後、明から「恭献」という諡号が贈られたこともあって、日本の後世の皇国史観によれば、屈辱外交を行った逆臣としてしばしば悪評されていた。例えば、頼山陽は「怒裂明冊書」の豊臣秀吉(とよとみひでよし)（1536〜1598）を称賛した一方、「地下空唾恭献面」、つまり足利義満の顔に唾を吐きかけたいというような詩句も作っており、足利義満の外交姿勢を極度に嫌っていたのである（頼山陽『日本楽府』「裂封冊」）。

「書籍銅銭仰之上国」

前にも述べたように、日本国内における通貨不足のため、中国の銅銭は重要な輸入品となっていた。室町時代にも、足利幕府は南北朝を統一したとはいえ、政権基盤は決して強固なものではなく、銅銭を鋳造する条件を満たす権力も備わっていなかった。それゆえ、明への遣使を送るとともに、銅銭の請求も繰り返していたのである。「書籍銅銭仰之上国、其来久矣。今求二物、伏希奏達、以満所欲、書目見於左方。永楽年間多給銅銭、近無此挙、故公庫索然何以利民、款待周急」（1464年）、「抑銅銭経乱散失、公庫索然、土瘠民貧、何以賑施。永楽年間多有此賜、記之。又書籍焚於兵火、蓋一秦也。弊邑所須、二物為急、謹録奏上、伏望兪容」（1475年）、「抑弊邑久承焚蕩之余、銅銭掃地而尽、官庫空虚、何以利民。今差使者、入朝所求在此耳。聖恩広大、願得壹拾万貫、以満其所求、則賜莫大焉」（1483年）といった上表から、足利幕府側が官庫の窮乏などを訴え、懇切に銅銭を求めていたことがよく分かる（瑞溪周鳳『善隣国宝記』巻中・下）。

それに対し、明政府は請求された書籍はもちろん、銅銭についても、財政の緊縮や銅銭の流出でしだいに朝貢使節に対する銅銭の下賜を減少する方針を取っていたものの、「不違王意」を考慮し、日本に銅銭の給与を許すことが依然として多かった（『続善隣国宝記』）。このように、明日間に形成していた朝貢関係においては、主に日本から一方的に使節を派遣するとい

う形態になっており、それにより、幕府将軍家をはじめとする遣明使団に参加した各勢力は、下賜品などの巨大な利益を得ていたことが明らかに見て取れる。

遣明船（『真如堂縁起絵巻』）

永楽通宝

　朝貢貿易などを通じて日本に大量にもたらされた明銭は、室町時代から江戸時代初期にかけて広く使用されていた。中でも、明成祖永楽年間（1403～1424）に鋳造された永楽通宝（永楽銭）は、十六世紀末以後になると、東日本を中心に標準的通貨として珍重され、価値の基準ともなった。銭で貨物の価格を示す時に、「永何貫」というように永楽銭を基準とすることを明示する言い方が現れてきたし、永楽銭であればほかの私鋳銭に比べ四倍の価値を認めるという慣行も一般化していたという[1]。

---

[1] 東野治之：『貨幣の日本史』、朝日新聞社、1997 年、119 頁。

仙石秀久着用具足
（上田市立博物館）

織田信長の旗
（『諸将旗旌図』中）

　興味深いことに、日本全国の統一をほぼ完成した「天下人」の織田信長（1534〜1582）は、永楽通宝の模様を旗印や刀剣の鍔に用いたり、麾下の武将にそれを家紋として下賜したりして、永楽通宝をとりわけ好んでいたようである。長野県の上田市立博物館に保存されている戦国武将仙石秀久（1552〜1614）の着用具足には、織田信長より下賜された永楽通宝の家紋が大きく染め抜かれていて、当時の永楽通宝の流行ぶりを物語っている。ちなみに、1401年に最初の遣明使に従い入明した禅僧の仲芳中正（1373〜1451）は、楷書をよくし、明成祖の命で「書永楽通宝四字鋳之銅銭」、つまり永楽通宝銭の筆蹟を担当したという記載がある（横川景三『補庵京華集』巻五「書江山小隠図詩後」）。もしそれが事実であれば、銅銭にかかわる中日両国のつながりは、いっそう緊密であったということになるだろう。

絶海中津

　臨済禅僧の絶海中津（1336〜1405）は、詩文に優れ、同時代の義堂周信（1325〜1388）とともに「五山文学の双璧」と併称された人物である。彼は1368年に明に渡り、杭州の中天竺寺や霊隠寺で修行を重ねた。帰国後、将軍足利義満に重んじられ、等持院、相国寺などの住持を務め、鹿苑寺院主として僧録も兼務し、五山禅林を統轄した。

金閣寺（京都市）
正式名は鹿苑寺で、院主（住持）の多くが僧録に任じられていた。

　彼が残した詩文集『蕉堅稿』に納められているのは、中国人との交遊・中国の風物を詠んだ詩が大半である。「日本絶海禅師之于詩、亦善鳴者也。自壮歳挟嚢乗艘、泛滄溟来中国。客于杭之千歳岩、依全室翁以求道、暇則講乎詩文。故禅師得詩之体裁、清婉峭雅、出于性情之正、雖晋唐休徹之輩、亦弗能過之也」（絶海中津『蕉堅稿』道衍「序」）のような、中国の友人から寄せられた序や跋も見える。また、洪武九年（1376）に絶海中津は明太祖にも謁見し、日本の状況などについて問われて語った。そして徐福について、絶海中津は「熊野峰前徐福祠、満山薬草雨余肥。只今海上波濤穏、万里好風須早帰」という詩を読み奉った。それに対し、明太祖はたいへん喜び、「熊野峰高血食祠、松根琥珀也応肥。当年徐福求仙薬、直到如今更不

帰」という勅詩を下したという（絶海中津『蕉堅稿』）。

　絶海中津は、明への渡航により多くの文学者と出会ったことで、俗的詩文の風と四六駢儷体の技法を身につけ、門下から惟肖得巖（いしょうとくがん）、太白真玄（たいはくしんげん）、曇仲道芳（どんちゅうどうほう）を輩出して、日本五山文学における四六文の体裁・作法を定着させた。「吾朝蕉堅、蚤入大明、從之以遊者、泊乎十年、故罄其所薀以帰。於是乎海東禅林、四六具体、而後登其門者、双桂（得巖）、太白（真玄）、曇仲（道芳）、為之頭角」（景徐周麟『翰林葫蘆集』「四六後序」）。その影響を受け、室町政権の外交官としての五山僧によって起草された上表文には、四六駢儷体のものが多く見られるのである。

雪舟等楊

　日本で画聖と称される雪舟等楊（せっしゅうとうよう）（1420〜1506）は、画技を研鑽するために四八歳にして遣明船で渡明した。天童山景徳寺で修行を重ね、修行僧の第一座である首座号も授与された。それ以後、彼は自身の作品の署名に、度々「天童第一座」という称号を書き入れていたのである。

雪舟記念館（寧波市）

　日本の水墨画を大成した彼は、宋・元の古典や明の浙派の画風を吸収しつつ、独自の水墨画風を確立した。「家住蓬莱弱水湾、豊姿瀟洒出塵寰。久

聞詩賦超方外、勝有丹青落世間」(徐璉「送雪舟帰国詩並序」) と讃えられたように、その優れた才能には中国人も感心していた。中国に留まっている間、明朝廷の命で礼部院の壁画を描くなど、数多くの画作を残したという。日本の江戸時代前期の画史書『本朝画史』には、雪舟等楊が明にいた時、「大明国裏無可師之人、唯明国名勝之地、山川艸木是我師也。然則師在我而不在人、豈他求乎」(狩野永納『本朝画史』三) と嘆いたという逸話が収められ、日本を代表する画家として大いに喧伝されることもあった。

雪舟等楊が中国で描いた画作のうちに、「阿育王山図」という絵があり、当時の寧波阿育王寺の様子を生き生き記した。後に、阿育王寺の東塔が崩壊したので、中国側はその「阿育王山図」をもとにして、1992年に再建を順調に果たしたという。現在、かつて彼が訪れた寧波市湖心寺の遺跡地には「雪舟記念館」が建てられ、中日文化交流の場となっている。

了庵桂悟

東福寺の高僧了庵桂悟（りょうあんけいご）(1425～1514) は、1511年に正使として明に派遣された。「抑禅師徳望之重、位師表之尊、而歯踰八耋者三、而選以充之、蓋旌皇明使命不可忽也。于是乎禅師夔鑠、示以可用、亦行化之一端也」(景徐周麟『翰林葫蘆集』「奉贈了庵和尚入大明国詩並序」)。当時八七歳の高齢の彼は、滞在中に中国の文人と多く交遊し、特に帰国する際に儒学大家の王陽明（おうようめい）(1472～1529) と会談したことは、日本人が直接に王陽明と交流した珍しい例とされている。学問と徳に優れた了庵桂悟に対し、王陽明が文を贈り、「年逾上寿、不倦為学」「其法容潔修、律行堅鞏、坐一室、左右経書、鉛采自陶、皆楚々可観愛、非清然乎」などと讃えて、別れを惜しんだという (王陽明『送日東正使了庵和尚帰国序』)。

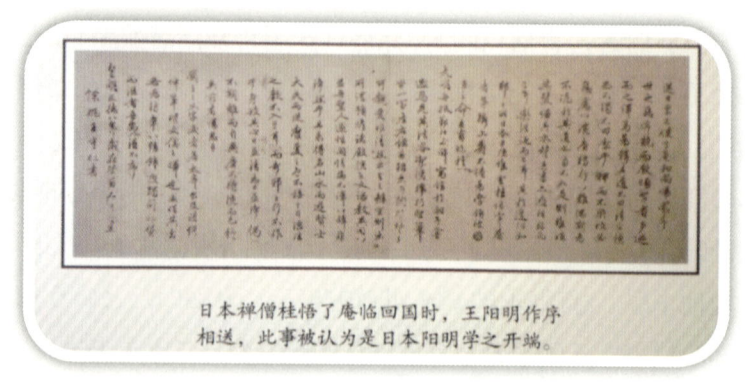

『送日東正使了庵和尚帰国序』
（寧波市・王陽明故居）

　了庵桂悟は帰国の翌年に亡くなったので、陽明学の普及への関与が少ないと思われるが、王陽明との会見を契機に陽明学が日本に伝入し始めたと考える意見もある①。いずれにせよ、その後、「知行合一」「心即理」「致良知」を主要な思想とする陽明学は日本で大きく発展し、その影響のもとで、中江藤樹・熊沢蕃山・三輪執斎・佐藤一斎・大塩平八郎のような陽明学派も形成された。特に、幕末維新期になってから、日本の陽明学は隆盛を迎え、国家の道徳、社会改革の思想、個人の修養という流れの中で広く展開し、その学説も政治理論のみならず、商業精神としても、渋沢栄一・松下幸之助・稲盛和夫といった大経営者に脈々と継がれ、受け入れられたのである。

関連史料

　①明太祖朱元璋の「倭扇行」という詩は、日本に「鄙俗」と「傲慢」のレッテルを貼ったものである。
　「滄溟之中有奇甸、人風俗礼奇尚扇。巻舒非矩亦非規、列陣健児首投献。

---
① 石崎東国：『陽明学派の人物』、前川書店、1911年、62～73頁。

第十二章　明代の中国と日本（一）

国王無道民為賊、擾害生霊神鬼怨。観天坐井亦何知、断髪斑衣以為便。浮辞嘗云卉服多、捕賊観来王無辨。王無辨、褶褲籠松誠難驗。君臣跣足語蛙鳴、肆志跳梁幹天憲。今知一揮掌握中、異日倭奴必此変。」

――胡士萼点校『明太祖集』「倭扇行」

② 1372年、二度目に日本に派遣された明の使節趙秩は、大名の大内弘世（おおうちひろよ）（1325～1380）の招要で山口を訪れ、宮野下恋路（みやのしもこいじ）・大内氷上（おおうちひかみ）・大内御堀（おおうちみほり）・宮野江良（みやのえら）・古熊（ふるくま）などの名勝十カ所を選んで、『山口十境詩』を作ったという。近年、山口市の「大内文化まちづくり推進計画」により、『山口十境詩』に関する資料の整理が行われ、詩が刻まれた顕彰碑も各場所に建てられた。次に掲げるのは、『山口十境詩』の中の三首である。

宮野下恋路を詠んだ「清水晩鐘（せいすいばんしょう）」：「暮雲疎雨欲消魂、独立西風半掩門。大内峰頭清水寺、鐘声驚客幾黄昏。」

宮野江良を詠んだ「泊瀬晴嵐（はせせいらん）」：「非煙非霧翠光迷、谷口雲連日影低。都道嵯峨山色似、依稀疑是洛陽西。」

古熊を詠んだ「猿林暁月（えんりんぎょうげつ）」：「曙色初分天雨霜、凄々残月伴琳琅。山人一去無消息、驚起哀猿空断腸。」

――田梅、荒巻大拙『明使趙秩とその山口十境詩』
「アジアの歴史と文化」十四

③ 文官の宋濂（そうれん）（1310～1381）が作った『賦日東曲十首』からも、明代初期の中国人の日本認識を知ることができる。

「其一　伊水西流曲似環、官闕遠映亀龍山。六十六州王一姓、千年猶効漢衣冠。（日本自古唯一姓、王姓藤氏、史則云王氏。）」

「其二　藤橘源平族四家、連城甲第競豪華。治書省内多官使、黄牒紛紜簇五花。（藤橘源平国中四大姓。治書省乃官署名、有尚書侍郎、郎中主事、乃鴻臚卿丞之属、其印文曰大政官印云。）」

「其九　無客持刀来厭虎、有僧擎鉢学呼龍。固知異域山川異、秖把鯨波限四封。（其国無虎、或云、亦無羊驢。）」

「其十　中土図書尽購刊、一時文物故斑斑。秖因読者多顚倒、莫使遺文在不刪。（其国但購得諸書悉官刊之、字与此間同、但読之者、語言絶異、又必休离、順文読下、復逆読而上、始為句。所以文義雖通、而其為文、終不能精暢也。）」

——宋濂『羅山集』巻四

④ 1506年の遣使派遣の際に、室町幕府第十一代将軍の足利義澄（あしかがよしずみ）（1481～1511）は明皇帝に次の上表を送った。

「日本国王臣源義澄言：一人之上、皇天之下、日月照臨、三韓之外、万国之西、夏夷来服。乃知安遠安近、復観重光重暉、故号大明、所貴同軌。欽惟陛下丕承鴻業、益同慶基。在古巣燧執鞭、於今唐虞安蠻。殊功累徳、帰乎神聖、行慶推恩、及乎陋邦。迢遞燕京、問行李往来信。渺茫洋海、通朝宗夙夜心。茲差正使桂悟長老、副使光尭西堂、親趨闕庭、伏捧方物、為是謹具表以聞。臣源義澄誠惶誠恐、頓首頓首謹言。弘治十九年丙寅正月十一日、日本国王臣源義澄。」

——『続善隣国宝記』

⑤室町時代の外交に携わった僧侶瑞渓周鳳は、将軍らが「日本国王」や「臣」の称号を用いたことについて、次のように説明した。

「彼国以吾国将相為王、蓋推尊之意、不必厭之。今表中自称王、則此用彼国之封也、無乃不可乎。又用臣字非也、不得已、則日本国之下、如常当書官位、其下氏与諱之間、書朝臣二字可乎。蓋此方公卿恒例、則臣字属於吾皇而已、可以避臣於外国之嫌也。又近時遣大明表末、書彼国年号、或非乎。吾国年号多載於唐書玉海等書、彼方博物君子、当知此国自中古別有年号、

然則義当用此国年号。不然、摠不書年号、惟書甲子乎。此両国上古無年号時之例也。凡両国通好之義、非林下可得而議者。若国王通信、則書当出於朝廷、代言之乎。近者大将軍、為利国故、窃通書信。大抵以僧為使、其書亦出於僧中爾。……且記於此、以諭異日異此事者云。」

——瑞渓周鳳『善隣国宝記』巻中

⑥ 1539 年、明に来た日本使節の策彦周良(さくげんしゅうりょう)(1501〜1579) らは、杭州城を見物しようとしたが、断られた。そこで、策彦周良は入城させてもらえるように、明官吏に懇切に頼み込んだ。

「昧早呈短疏於御史、盖愁訴違例不入城之事。日本国差来使臣等謹呈、原夫往年朝貢差使臣商従等、進京者三百余人、今次貢使等、蒙宣詔上進者才五十人。於是、所過地方、禁拒而不入、不知何謂也。生等伝小国命、観大国光、以聴政教訪風景為心、豈敢有他。生等在弊邑之日、仄聞説杭湖之奇絶、而造次顛沛、念茲在茲。生等今欲依前規入本府、不賜許諾、日衆大失望。吾王勤改前轍、続断絃誠、心修職貢、然而不以臣子待、而以強寇待之何哉？」

——策彦周良『初渡集』

第十三章　明代の中国と日本（二）

ガイダンス

明日の朝貢貿易は勘合貿易とも呼ばれる。「寧波の乱」の後、密貿易の色が強い後期倭寇の活動が激しくなった。その後、豊臣秀吉が起こした朝鮮侵略も、明にとって国防上の大問題となった。明末には、南下してきた清に対抗する運動が相次ぎ、日本に移住したり、援助を求めたりした中国人の姿も多く見られる。

第十三章　明代の中国と日本（二）

勘合貿易

　明政府は、朝貢国との国家間の位置づけを明確にし、来航してきた船が公的な遣使船であることを確認できるように、勘合という渡航許可証を使用していた。ゆえに、このような形で行われた明日の朝貢貿易は、勘合貿易とも呼ばれる。1404年から正式に始まり、足利義満の没後に中断されたこともあったが、六代将軍足利義教（よしのり）の時に再開され、1547年まで十数回にも及んだのである。「永楽初、詔日本十年一貢、人止二百、船止二艘、不得携軍器、違者以寇論。乃賜以二舟、為入貢用。……宣徳初、申定要約、人毋過三百、舟毋過三艘。而倭人貪利、貢物外所携私物増十倍、例当給直」（『明史』「日本伝」）。

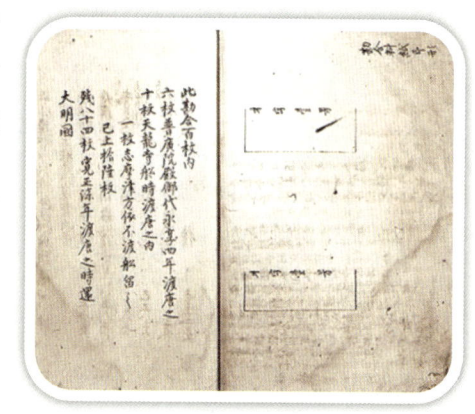

『戊子入明記』に写しとられた勘合
（京都国立博物館）

　勘合貿易に使われる勘合は、「日本」の二字が分けられたもので、明からの船は「日」字勘合を、日本からの船は「本」字勘合をそれぞれ持っていた。遣明船は「本」字勘合をもって入明し、寧波と北京で明側に保管されている底簿と照合できれば、正式な朝貢貿易として認められる。逆に明船が日本に行く場合、「日」字勘合を携帯し検査を受ける必要がある。日本禅僧の天与清啓（てんよせいけい）（生没年不詳）の渡航記録『戊子入明記』に、勘合貿易のやり方が詳しく記されている。「但有進貢及一応客商売買来者、須於本国開填勘合、内開写進貢方物件数、本国并差来人附搭物件及客商物貨、乗坐海船几隻、船上人口数目、逐一於勘合上開写明白。若朝廷差使臣到本国、需要比対硃墨字号相同、方可遵行。使臣回還本国、如有贈送物件、亦須於勘合内逐一報来、庶知遠方礼意。如無勘合及比対不同者、即系詐偽、将本人解送赴京施行」（天与清啓『戊子入明記』）。

195

勘合の実物は残っていないが、『戊子入明記』にその形も描かれている。縦長の紙の札で、中央に「本字壱号」という文字が押された模様である。従来の研究は、それを手がかりに、実物の大きさは縦が約八十センチ、横が約三十センチと考えていたが、近年では、中国古代の公文書の観点から明日勘合を捉え、『戊子入明記』に載せられたのは勘合の一部を取り上げたものに過ぎず、実物のサイズはもっと大きかったとの指摘がある[①]。

足利幕府の遣明使船派遣[②]

入明年	正使・派遣名義	入明年	正使・派遣名義
1401	祖阿・足利義満	1453	東洋允澎・足利義政
1403	堅中圭密・足利義満	1468	天与清啓・足利義政
1404	明室梵亮・足利義満	1477	竺芳妙茂・足利義政
1405	源通賢？・足利義満	1484	子璞周瑋・足利義政
1407	堅中圭密・足利義満	1495	堯夫寿蓂・足利義澄
1408	堅中圭密・足利義満	1511	了庵桂悟・足利義澄
1410	堅中圭密・足利義持	1523	宗設謙道・足利義稙？ 鸞岡瑞佐・足利義晴
1433	竜室道淵・足利義教	1539	湖心碩鼎・足利義晴
1435	恕中中誓・足利義教	1548	策彦周良・足利義晴

勘合貿易において、正当な遣使・貿易行為は保証されたが、一般の人員往来などは妨げられてしまうこともあった。そのような状況に対し、禅僧の瑞渓周鳳は次のように嘆いている。「今所謂勘合者、蓋符信也。此永楽以後之式爾。九州海浜以賊為業者、五船十船、号日本使、而入大明、剽掠瀕

---

① 伍躍：「日明関係における『勘合』——とくにその形状について」、『史林』84（1）、2001年、128〜135頁。
② 村井章介［他］編：『日明関係史研究入門：アジアのなかの遣明船』、勉誠出版、2015年、32〜33頁を参考にして作成。

海郡県。是以不持日本書及勘合者、則堅防不入。此惟彼方防賊、此方禁賊之計也。自古両国商舶、来者往者相望於海上。故為仏氏者、大則行化唱道之師、小則遊方求法之士、各遂其志。元朝絶信之際尚爾、況其余乎。有勘合以来、使船之外、決無往来、可恨哉」（瑞渓周鳳『善隣国宝記』巻中）。

倭寇の構成

　周知のように、明代においては、倭寇という海賊集団が中国の沿海を度々侵していた。日本では、南北朝（1336～1392）の混乱期に入るにつれて、九州地方の土豪・商人・漁民などが武装し、主として朝鮮半島と中国山東の沿岸を荒らし回るようになった。足利義満による勘合貿易が開始されるに至って、この時期の倭寇活動はしだいに衰えていった。これがいわゆる「前期倭寇」で、主に日本人によって構成され、人や物の略奪を目的としたものであった。

　勘合貿易が進行する中、日本の西国大名の大内氏と、京都や大阪を主に治めていた細川氏とは、貿易の利益をめ

「日本島夷入寇之図」
（鄭若曾『籌海図編』）

ぐって鋭く対立するようになった。1523年、大内氏の船は宗設謙道、細川氏の船は鸞岡瑞佐を正使とし、ともに寧波に入港したが、遅れて入港した細川船のほうが明官吏への賄賂工作によって先に入港手続を済ませ、嘉賓館での席次も上席に設けられた。これに憤激した宗設謙道らは、細川側の使節を殺し、船も焼き払った。その後さらに沿道で放火乱暴し、一般の庶民も殺害して海上に去った。この武闘事件は「寧波の乱」とも言われて

いる。それ以後、明政府の海禁政策が強められ、勘合貿易も順調に進まなくなったため、十五世紀後半から十六世紀にかけて、倭寇活動が再び激しくなった。これがいわゆる「後期倭寇」で、その構成は日本人のほかに、中国人も多く雑入し、活動範囲も中国の浙江、福建、広東の沿海まで拡大した。

戚継光像
（台州市・戚継光記念館）

　まず注意しなければならないのは、倭寇は日本によって「公的」に組織されたものではなかったという点である。つまり、倭寇行為に対し、日本の為政者も取り締まろうとする態度を示していた。例えば、1405年に日本側は対馬地方の倭寇二十人を捕らえ、明成祖に献ずることにした。「時対馬、台岐諸島賊掠浜海居民、因諭其王捕之。王発兵尽殲其衆、縶其魁二十人、以三年十一月献於朝、且修貢。帝益嘉之。……而還其所献之人、令其国自治之。使者至寧波、尽置其人於甌、烝殺之」（『明史』「日本伝」）。中国側に捕らえられた倭寇も、「審称俱系各島倭夷、因連年荒旱、食米騰貴、専恃四外売買為生。因此入寇、賊衆各自造船合伙、并無統領頭目、及彼国夷王并不知其入犯之情」と供述していた（趙文華『嘉靖平倭祇役紀略』巻三）。
　また、後期倭寇には、明の海禁政策の中で貿易の利益をあげようという

第十三章　明代の中国と日本（二）

私貿易・密貿易（例えば日本銀の密輸入など）の側面があるし[①]、日本人倭寇と同じように、福建や広東の沿岸の貧困農民らが生活上の理由で海賊になったケースも多かった。「福建辺海、貧民倚海為生、捕魚販塩乃其業也、然其利甚微、愚弱之人、方恃乎此。其間奸巧強梁、自上番舶以取外国之利、利重十倍故耳。今既不許通番、復并魚塩之生理而欲絶之、此輩肯坐而待斃乎。故愈禁愈乱」（茅元儀『武備志』巻二一四）。

倭寇の中に、中国徽州出身の王直（?〜1560）という人物がおり、明政府に「嘉靖大倭寇の巨頭」と呼ばれ、日本九州の平戸・五島を本拠に強大な勢力を持っていた。彼は、「為舶主渠魁倭奴愛服之」、自分の腕力と財力で周辺の日本人倭寇を雇い、巧みに仕切っていたという（徐学聚『嘉靖東南平倭通録』）。そのため、後期倭寇の正体は、「動計数万、借托言倭奴、而其実出於日本者不下数千、其余皆中国之赤子無頼者入而附之耳」（鄭若曾『籌海図編』巻十一）とあるように、ある程度まではまさに中国人が中核で日本人がそれに従っている海賊集団であったと言ってよい。

王直像（平戸市）

倭寇の影響

このように、北方からのモンゴル族「北虜」と、日本から東南沿海を侵略する倭寇「南倭」は、明政府が直面する国防上の二大難題であった。倭寇の被害が大きくなるにつれ、明はその討伐に全力をあげるようになった。戚継光（1528〜1588）や兪大猷（1503〜1579）は、海防を強め、倭寇の鎮定に尽力した名将としてよく知られている。明軍と倭寇との戦闘の様子については、各史書に記述されているほか、いくつかの絵も残っている。

---

① 岸本美緒：『東アジアの「近世」』、山川出版社、1998年、8〜12頁。

例えば、東京大学史料編纂所所蔵の「倭寇図巻」は、浙江沿海で発生した倭寇退治の事件を表したもので、倭寇船の出現から始まり、倭寇の上陸・掠奪、村民の避難、明軍の出陣、倭寇の殱滅などのシーンが描かれている。

「倭寇図巻」（東京大学史料編纂所）

　1567年、明の隆慶帝（りゅうけいてい）が即位し、開洋論派の意見を取り入れ、海禁政策を止め、貿易再開と中国人の海外渡航を認めた。日本でも戦国時代の争乱がしだいに収まり、全国を制覇した豊臣秀吉は1588年に刀狩令と海賊停止令を出し、九州沿岸を根拠とする倭寇の取り締まりを西国大名に命じた。これにより、倭寇活動はやがて衰微し終焉を迎えた。しかし、中国人にとって、残虐を極めた悪魔のような倭寇は、後世になっても忘れられない恐ろしい存在であった。「終明之世、通倭之禁甚厳、閭巷小民、至指倭相詈罵、甚以嚇其小児女云」（『明史』「日本伝」）。

豊臣秀吉の朝鮮侵略

　1592～1593年、1597～1598年の二度にわたって、大陸の征服をめざす豊臣秀吉は、朝鮮侵略戦争を起こした（明では万暦朝鮮の役、日本では文禄・慶長の役、朝鮮では壬辰・丁酉の倭乱とそれぞれ呼ばれている）。もちろん、属国であり藩屏である朝鮮の救援要請を、明は無視することはできず、直ちに援軍を派遣することにした。1592年7月、侵攻した日本軍

は平壌まで進んだが、朝鮮の義兵の抵抗と明の援軍による反撃を受け、苦戦に陥った。これをきっかけに、明と日本は講和交渉を始めた。しかしその後、豊臣秀吉は明皇帝の娘を日本天皇の后妃として迎えること、朝鮮を割譲することなどの講和条件を示したが、その意のままにならなかった（『続善隣国宝記』）。これを不満とした豊臣秀吉は、1597年に再度派兵した。それに対し、明側は十四万の援軍を送り、朝鮮民衆の抵抗も激しかったので、日本軍の進軍は朝鮮南部に止まっていた。翌年、豊臣秀吉の病死によって停戦協定が結ばれ、日本軍は撤退した。

鼻塚・耳塚（京都市）

　七年にも及ぶ戦争で、明と朝鮮は数十万の将兵を犠牲にし、百万の食糧を喪失したと言われ、国力の消耗は決して小さくなかった。「自倭乱朝鮮七載、喪師数十万、糜餉数百万、中朝与属国迄無勝算、至関白死而禍始息」（『明史』「朝鮮伝」）。特に、戦場となった朝鮮の人々は、忘れられない苦難を味わった。多くの人が残酷に殺されたほか、若い女性や幼い子供が拉致され、奴隷として売り払われたこともある。当時の日本従軍医僧の慶念（きょうねん）の『朝鮮日々記』、ポルトガル人イエズス会士のルイス・セルケイラの書簡などには、日本人は朝鮮人を捕らえ、奴隷として扱ったり、長崎にいるポルトガル人に転売して巨利をあげたりしていたことが記されている。さらに、豊臣秀吉の武将らは、古来一般の戦功のしるしである首級の代わりに、朝鮮軍民男女の鼻や耳をそぎ落とし、塩漬にして日本へ持ち帰ることさえした。現在、京都東山区の豊国神社に、それを埋めた場所とされる鼻塚・耳塚がある。

明代の日本研究

　倭寇の乱により、中国人の日本への関心が大きく高まった。明代の中後期には、日本についての研究書が相次いで現れた。そのうち、薛俊（せっしゅん）の『日本考略』、鄭若曾（ていじゃくそ）の『籌海図編』、鄭舜功（ていしゅんこう）の『日本一鑑』などは代表的な著書である[①]。例えば、1523年に成立した中国最初の日本研究専門書と言われる『日本考略』は、「日本乃東夷一種、邈隔大海、其習俗妍醜、固不足為軒輊、第叛服不常、巧於用詭、語音不寄、則向背罔知、事機不諳、則情偽莫測、計御不密、則辺陲失守、是蓋不可不加之意也」と日本研究の重要性を喚起している（薛俊『日本考略』序）。『日本一鑑』も、作者の鄭舜功が日本を二度訪れ、詳しく考察してから執筆したもので、それまでの著書より信憑性がかなり高かった。しかも、この書は日本語の言葉を三千四百語も収録しており、日本の地理・風俗など以外に語学の学習も重視され始めたという動きが見られる。

明代の日本人像
（蔡汝賢『東夷図像』と王圻、王思義『三才図会』）

　もちろん、明代中国人の日本に対する関心はただ一部の人のみに留まり、日本に関する知識も広く普及されたわけではない。そして、知識そのもの

[①] ただし、中には前人の著書を大量に引き写したりしたものも少なくなかった。

に偏ったところや誤ったところも少なくなかった。定評がある『日本考略』にも、日本の国土を「広袤四面各数千里。東北山外、歴毛人国至文身国、約七千余里。南至侏儒国、約四千余里」とするなど、空想・伝聞にもとづいた記述が歴々と存在している（薛俊『日本考略』「彊域略」）。現実的な日本・日本人のイメージと、想像上の日本・日本人のイメージとが、ともに明代中国人の脳裏にあったのである。

朱舜水

　明の遺臣朱舜水（1600〜1682）は、明の復興運動に失敗した後日本に渡り、その高い徳行と学問により、水戸藩の藩主徳川光圀に礼をもって丁重に迎えられた。日本では、朱子学は鎌倉時代に五山僧侶によって発揚されていたが、朱舜水の到来によりいっそう体系的に受容されるようになった。前期水戸学の形成や徳川光圀の『大日本史』の編纂事業も、朱舜水から相当な影響を受けたものであった。彼の実用・実功を主眼とする学問の優れた点に対し、徳川光圀は「先生は詩書礼楽より田畑の耕作、家屋の造様、酒食塩醤のことまで、細密に究得せる人なり」と大いに敬服したという（高須芳次郎『水戸学精神』）。

「朱舜水先生終焉之地」記念碑
（東京大学農学部）

　後、水戸藩第九代藩主徳川斉昭（1800〜1860）が推進した藩政改革の重要施策の一つとして開設された弘道館は、学問を講ずる藩校としては日本一の規模を有していた。そこを根拠地として、朱舜水を祖とする水戸学が成熟し、儒学思想を中心に国学・史学・神道を結合させた政治思想として、近代の日本社会に広範囲に浸透し、明治政権の成立と統合に大きな役

203

割を果たした。これについては、中国の梁啓超(りょうけいちょう)(1873～1929)も、朱舜水について「不特是徳川朝的恩人、也是日本維新致強最有力的導師」と、彼の残した業績を高く評価している（梁啓超『中国近三百年学術史』）。

　朱舜水は亡くなった後、茨城県常陸太田市(ひたちおおた)瑞竜(しずいりゅう)町にある水戸徳川家累代の墓所に葬られ、そこには徳川光圀が「明征君子朱子之墓」と題した墓碑も見られる。朱舜水が生前居住していた水戸藩邸内（現東京大学農学部構内）には、彼が日本に渡って二百五十周年を迎えるにあたり、朱舜水記念会により建てられた「朱舜水先生終焉之地」の碑がある。静かな庭の一隅にありながら、毎年憑弔に訪れる人は多い。

陳元贇

『元元唱和集』書影（1883年版）
「元元」は、元政と陳元贇をさす。

　同じ浙江出身の陳元贇(ちんげんひん)(1587～1671)も、日本で名高い人物である。彼は1619年に渡日して以来ずっと日本に留まり、日本人女性と結婚もして生活していた。御三家(ごさんけ)の筆頭尾張藩に招聘されて、心を尽くして仕え、死後は尾張家の菩提寺の建中寺（名古屋市）に墓所が置かれた。

　多芸博識の陳元贇は、詩書、製陶、拳法など多方面にわたって日本文化に貢献したと言われている。文学の面においては、日蓮宗僧侶元政(げんせい)(1623～1668)と交友し、明の公案派詩人袁宏道(えんこうどう)の詩も紹介して、性情の自由な流露と自然な表現を尊ぶ「性霊説」詩論を日本に広めた（元政『元元唱和集』）。製陶においては、瀬戸産の土を用い、呉須で書画を書き、これに透明な釉を施すという「元贇焼(げんぴんやき)」手法を練り出し、後に瀬戸の工人がその技法を模して種々の器を作ったという。現在もなお、名古屋市の名城公園付近に「元贇焼窯址」が残っている。

拳法にも巧みで、「元贇善拳法、当時世未有此技、元贇創伝之。故此邦拳法以元贇為開祖矣」（原念斎『先哲叢談』巻二）と言われたように、初めて拳法を日本に伝えた人とされ、柔術の起倒流など近代日本の主要な武道流派に大きな影響を与えたと見られている。東京都内に、彼の功績を顕彰した「起倒流拳法碑」（愛宕神社）や「陳元贇先生之碑」（正山寺）の記念碑がある。

「両属」の琉球

　明が成立してまもなく、琉球諸島を中心に存在した琉球国は、朝貢関係に従い中国王朝からの冊封を受けるようになった。特に1392年に、明太祖より下賜された閩人三十六姓（久米三十六姓とも）という移民職能集団は、外交文書の作成や通訳・交易の担当などに従事し、琉球国の発展と繁栄を大きく支えた。次の史料からでも分かるように、琉球国と中国との間には政治上・文化上の関

柔遠駅（福州市）

係が長く存在していた。「洪武初、中山王察度、山南王承察度、山北王帕尼芝、皆遣使奉表箋貢馬及方物。十六年、各賜鍍金銀印。二十五年、中山王遣子姪入国学。以其国往来朝貢、賜閩人三十六姓善操舟者。永楽以来、国王嗣立、皆請命冊封」（『大明会典』巻一〇五）。

　一方、琉球国は1609年に日本の薩摩藩の侵攻を受けて以後、薩摩藩による実質的な支配下に入っていた。そのころ、徳川家康（1543〜1616）の指示の下で、薩摩藩主の島津家久は琉球王に、「中華与日本不通商舶者、三十余年於今矣。我将軍憂之之余、欲使家久与貴国相談、而年年来商舶於貴国」（南浦文之『南浦文集』中）という書を送り、琉球国を通じて明との

貿易を再開しようとした。後、中日貿易が長崎で行われるようになったが、中日間に外交関係が結ばれていなかったため、表向きは中国の藩属国であり、内実は徳川幕府と薩摩藩の支配下にある琉球国は、多くの面から中日両国を間接的に繋いでいた。そのような「両属」の状態が、1879年に日本に併呑されるまで二百七十年間も続いた[①]。当時、琉球国から中国の北京へ朝貢に行くには、主に福建省の福州を経由していたため、そこには往来人員接待の場所である「柔遠駅」や、亡くなった琉球人を葬る「琉球墓園」などの琉球ゆかりの地が今でも残っている。

鄭成功の抗清

鄭成功（1624～1662）、幼名は福松、父は明日間の密貿易をしていた商人鄭芝龍、母は田川マツという日本人であり、日本九州の平戸に生まれた。周知のように、彼が、明が滅んだ後も志を曲げずに「抗清復明」の旗印を揚げて抵抗運動を続けたことや、台湾を占拠していたオランダ植民者を追い出したことなどで、中国人に英雄として尊崇されているのである。

鄭成功母子像
（平戸市・鄭成功記念館）

当時、南下してきた清軍に対抗する南明政権およびその支持勢力は、日本に支援を要請する使者をたびたび送っていた。そのうち、鄭成功も数度にわたって、徳川幕府に軍隊派遣などの援助を求めていた。例えば、彼は1648年の書簡で、「日本ニテムマレタレハ、尤日本ヲシタフコヽロフカシ」などと述べ、「数万ノ人」の兵を貸してくれるように願っていた（林春勝、林信篤『華夷変態』一）。しかし、徳川幕府は鄭成功の要請に対し、貿易などの形式で武器や物資

① 徐勇、湯重南主編：『琉球史論』、中華書局、2016年、103～109頁。

第十三章　明代の中国と日本（二）

調達の面において応じる動きはあったが、最終的は出兵には至らなかった。

　鄭成功の「日本乞師」行為に対し、後世になって異議や不満を持つ人もいる。しかし、歴史人物を評する時には、その時代の背景と実際の状況を合わせて考えなければ、偏った意見に至ってしまう恐れがある。それゆえに、当時漢族の人々を圧迫・殺戮してきた清軍に対し、鄭成功が種々の手段を利用し、全力を尽くして抵抗した行動は、間違いなく評価されるべきであろう。また、抗清の功績によって、鄭成功は南明の隆武帝に朱姓を賜わり、後に国性爺と称されてもいる。日本の脚本家近松門左衛門（1653～1725）の浄瑠璃『国性爺合戦』は、鄭成功の生い立ちを題材として語るもので、当時初演されるや大人気を博し、以後繰り返し上演されたという。これも、その時代の日本人が「夷狄」の清を嫌悪し、鄭成功による明復興の「義挙」に共感していたことの一つの表れであろう。

関連史料

①倭寇の残暴さについて

　正統四年（1439）四月：「倭奴大寇浙東。先是倭得我勘合方物戎器、満載而来。遇官兵、矯云入貢。貢即不如期、守臣幸無事、輒請附順夷情。主客者為画可条奏、即許復貢、云不為例。嗣復再至、亦復如之。我無備、即肆出殺掠、満載而帰。宣徳末年、海防益備、賊不得間。貢稍如約。遂許夷至京師宴賞市易、飽恣其欲。已而備禦漸疎。是年寇大喦入桃渚、官庾民舎、焚劫一空。驅掠少壮、発掘塚墓。束嬰竿上、沃以沸湯、視其啼号、拍手笑楽。捕得孕婦、卜度男女、刳視中否為勝負飲酒。荒淫穢悪、至有不可言者。積骸如陵、流血成川、城野蕭条、過者隕涕。」

　　　　　　　　　　——中国歴史研究社編『倭変事略』
　　　　　　　　　　『嘉靖東南平倭通録』「国朝典彙」付録二

②倭寇の戦術について

「倭奴之勝我兵專以術也。即以其術還治其人、不必用古兵法、蔑不勝矣、故志之。倭夷慣用蝴蝶陣、臨陣以揮扇為号、一人揮扇、皆舞刀而起向空揮霍、我兵蒼皇仰首則従下砍来。又為長蛇陣、前耀百脚旗以次魚慣而行。最強為鋒、最強為殿中、皆勇怯相恭。則毎日鶏鳴起、蟠地会食。食畢、夷酋據髙坐、衆皆聴令。挟冊展視、今日劫某処、某為長、某為隊。隊不過三十人、毎隊相去一二里。吹海螺為号、相聞即合救援。亦有二三人一隊者、舞刀横行、人望之股慓遠避、延頸授首。薄暮即返、各献其所劫財物、毋敢匿。夷酋較其多寡而贏縮之。毎擄婦女、夜必酒色酣睡。劫掠将終、縦之以焚、煙焰燭天、人方畏其酷烈而賊則抽去矣。愚詒我民勿使邀撃、自為全脱専用此術。

賊至民間遇酒饌、先令我民嘗之、然後飲食、恐設毒也。行衢陌間、不入委巷、恐設伏也。又不敢沿城而行、恐城上抛磚石也。其行必単列而長、緩歩而整、故占数十里莫能近、馳数十日不為労。」

——李言恭、郝傑『日本考』巻一「寇術」

③ 1592 年、豊臣秀吉は朝鮮に国書を送り、朝鮮を経由して明を侵攻する意を伝えた。

「日本国関白秀吉奉書朝鮮国王閣下、雁書薫読、巻舒再三。抑本朝雖為六十余州、比年諸国分離、乱国綱廃、世礼（乱）而不聴朝政、故予不勝感激。三四年之間、伐叛臣討賊徒、及異域遠島、悉帰掌握。窃按、事跡鄙陋小臣也、雖然予当於托胎之時、慈母夢日輪入懐中、相士曰：日光之所及、無不照臨、壮年必八表聞仁風、四海蒙威名者、其何疑乎。依有此奇異、作敵心者、自然摧滅、戦則無不勝、攻則無不取。既天下大治、撫育百姓、憐愍孤独、故民富財足、土貢万倍千古矣。本朝開闢以来、朝廷盛事、洛陽壮観、莫如此日也。夫人生於世也、雖歴長生、古来不満百年焉、鬱々久居此乎。不屑国家之隔山海之遠、一超直入大明国、易吾朝之風俗於四百余州、

施帝都政化於億万斯年者、在方寸中。貴国先駆而入朝、依有遠慮無近憂者乎。遠邦小島、在海中者、後進者不可作許容也。予入大明之日、将士卒臨軍営、則弥可修鄰盟也。予願無他、只顕佳名於三国而已。方物如目録領納、珍重保嗇。天正十八年仲冬日、日本国関白秀吉。」

——『続善隣国宝記』

④朝鮮人の対華認識について

◎1592年、日本軍との停戦を交渉に来た明使に対し、朝鮮の宣祖(せんそ)皇帝（1552〜1608）は次のように述べた。

「設使以外国言之、中国父母也。我国与日本同是外国也、如子也。以言其父母之于子、則我国孝子也、日本賊子也。父母之於子、雖止于慈、豈有愛其賊子同於孝子之理乎。」

——学習院東洋文化研究所刊『宣祖実録』巻三七

◎1765年、朝鮮文人の洪大容(こうたいよう)は使節として北京を訪れ、二人の中国人との会談の中で明の抗倭支援について次のように述べた。

「我国於前明有再造之恩、兄輩曾聞之否？皆曰：何故？余曰：万歴年間、倭賊大入東国、八道糜爛。神宗皇帝動天下之兵、費天下之財、七年然後定、到今二百年、生民之楽利、皆神皇之賜也。且末年流賊之変、未必不由於此、故我国以為由我而亡、没世哀慕、至於今不已。両人皆無答。」

——鄺健行点校『乾浄衕筆談・清脾録』

⑤朱舜水について

◎日本江戸時代後期の漢文伝記集『先哲叢談』に、朱舜水について次のように書かれている。

「舜水、冒難而輾転落魄者十数年。其来居此邦、初窮困不能支。柳河安東省庵師事之、贈禄一半。久之、水戸義公聘為賓師、寵待甚厚、歳致饒裕。

然倹節自奉無所費、至人或詬笑其嗇也。遂儲三千余金。臨終、尽納之水戸庫内。嘗謂曰、中国乏黄金、若用此於彼、一以当百矣。新井白石謂、舜水縮節積余財、非苟而然矣。其意蓋在充挙義兵、以図恢復之用也。然時不至而終、可憫哉。」「舜水帰化歴年所能倭語、然及其病革也、遂復郷語、則侍人不能了解。」

——原念斎『先哲叢談』巻二

◎ 1912年、『朱舜水全集』の出版に際し、逓信大臣の後藤新平(ごとうしんぺい)(1875～1929)はその序文で朱舜水の日本における影響について次のように述べた。

「予観水戸義公卑己取事師賓之礼、真可謂知我之所以一貫矣。我善遇之瑜、之瑜亦感激我之知遇。宛若花有清馨、鐘有遠響。縦明室恢復之志不成、而以満身忠憤之気、寓之一篇楠公之題賛。燭大義、闡王道、使東海之日月、有光於千載、豈不亦賢乎。……況於其純忠尊王之精神、滂溥欝屈、潜黙醞醸、可二百年、而遂発為志士勤王之倡議、一転王政復古、乃至翼成維新之大業、以致国運今日之蔚興。我之所得於之瑜也、固大矣。」

——稲葉岩吉編『朱舜水全集』

⑥ 1611年、薩摩藩主の島津家久(しまづいえひさ)が琉球国の向寧王(しょうねいおう)に送った書状。

「日本国薩摩州少将島津家久、拝書于琉球国中山尚老大人殿下。恭聞国家興廃天命之常、政教不施之愆、至于五常不守、是亦喪邦之基也。按汝琉球、自開古為我州之属鎮、近歳以来荒淫無道、信義不行、貢物古礼也而不我供、大位新嗣也而我賀厚礼而不謝、累約而不践、左右不甘、神人共憤、用是挙兵問罪戦帆南渡、征旗一麾国破君俘、此皆汝琉之自取禍耳、非人過也。茲念足下懦弱純善為奸臣所陥、是以斬鄭法司而送足下帰国安民、足下可不忘寡人之恩、堅守旧明(盟か)、速差官于大明、請許船商往来通好方可以功補過。且足下拝関東時、大将軍家康公発令西海道九国之衆寇明、寡人以仁義之言説而止之、蒙許侯琉球通商議好、否則進兵未晩、此郭氏之所備知而足下之所悚聞也、至今入寇之兵未動及寡人力矣。寡人以文教治国内外、臣僚

皆学四書経、吏各守礼譲、亦足下之所目睹也。足下宜奏聞明国懇従日本三事。其一、割海隅偏島一処、以通我国舟商使彼此各得無咎。其二、歳通餉船交接琉球、倣日中交易為例。其三、孰若来往通使互致幣書、嘉意勤礼交相為美。此三者従我一事、則和好両国万民受恵、社稷保安長久。不然、大将軍既耀徳不服、使令入寇、戦船蔓渡沿海勦除、陥城邑殺生霊、明之君臣能無憂乎。是則通商之與入寇利害、判若白黒、正足下之所宜急告也、惟尽言無隠、免致後禍是幸、余不宣。」

——鹿児島県歴史資料センター黎明館編
『鹿児島県史料・旧記雑録後編』4、876号

第十四章　清代の中国と日本（一）

ガイダンス

　清代には、徳川幕府が自国人の海外出航を統制したため、中日貿易は「一方通行」の形で行われていた。その唯一の窓口であった長崎は、中国風の満ち溢れた町となった。そして、黄檗宗の高僧・隠元隆琦によってもたらされた黄檗文化はもちろん、両国間の漂流事件や救助活動も別様の交流となっていた。

第十四章　清代の中国と日本（一）

日本の「鎖国」

　1644年、李自成(りじせい)の一揆軍が北京を占領し、崇禎帝(すうていてい)が自害して明は滅亡した。李自成は一時皇帝を称したが、最終的に中国を支配することができたのは、東北地方から興った女真族の清であった。当時、反清運動の中核である鄭成功らが東南沿海で活動していたため、清は1661年に「遷海令」を公布し、主として江蘇・浙江・福建・広東の沿岸約二十キロメートルの住民を内陸部に移し、出海活動を厳に取り締まった。1683年鄭氏政権が降伏した後、清は海禁を緩めて新たに「展海令」を公布し、民間の海外貿易を許した。「今海内一統、寰宇寧謐、満漢人民、俱同一体、応令出洋貿易、以彰富庶之治」（張廷玉［他］『清朝文献通考』巻三三）。その後、日本に向かう中国商船の数は急増し、貿易活動が再び盛んになった。

江戸時代の「長崎港図」
（文化遺産オンライン）

　日本では、1603年に徳川家康が征夷大将軍に任ぜられて江戸に幕府を開いた。当初は、ポルトガルやスペインなどのヨーロッパの貿易船が多く、キリスト教の影響が急速に広がっていった。そのため、徳川幕府は、宣教師の追放、ポルトガル・スペイン船の来航禁止など、外国との接触を制限する一連の政策を実施した。貿易の面においては、豊臣秀吉の時代から実

213

施されていた、南洋諸地域を相手とする朱印船貿易制度なども取りやめ、長崎で中国とオランダとの貿易に限定するようにした。

　また、「鎖国」という言葉がよく使われているが、実は徳川幕府は完全に日本を閉鎖したわけではなかった。長崎口のほか、薩摩藩が琉球国と交易する薩摩口、対馬藩が朝鮮と交易する対馬口、松前藩がアイヌと交易する松前口という「四つの口」があったから、「鎖国」は徳川幕府が海外貿易・外交関係を独占・管理するための一種の海禁政策として理解したほうが適当である[①]。

唐船風説書

　正式な外交関係を有していなかったため、清日の直接往来は中国船が長崎に赴き交易する形で維持されていた。しかも、徳川幕府は自国人に対して出航禁止を命じていたため、中国からの文化と物産の輸入は、中国商船に頼るほかなくなった。「惟通市、不入貢。其市亦惟中国商船往、無倭船来也」（魏源『海国図志』巻十二「東南洋」）。それ以前の日本人が自ら中国へ渡り、交流や貿易を行っていたのとは大きく変化したのである。

　日本の「鎖国体制」においては、中国とオランダの商船が長崎に入港するたびに、管理機構である長崎奉行所の役人と通事が船の乗組員に対し、キリスト教信者を見分ける踏み絵などの検査を行ってから、その出航地・来日の経歴・航海途上の出来事なども聞き取り、

江戸時代の真鍮踏絵
（文化遺産オンライン）

[①] 信夫清三郎編：『日本外交史 1853—1972』Ⅰ、毎日新聞社、1974年、6〜7頁を参照されたい。

「風説書」という情報記録書を作って幕府に提出していた。「凡そ異邦の船入津すれは、先必船中の人に彼絵をことごとく踏せ、然して其土の街談を聞て後、船より上け侍るとなん」。「又毎年長崎の通事より、風説書を関東に献す、国々の人の談話にして、面白き事さまさま聞え侍る」（天野信景『塩尻』巻十七・九二）。

そのうち、中国商船から作成されたものは、「唐船風説書」と呼ばれている（オランダ商船からのものは「オランダ風説書」）。儒官林春勝・林信篤父子が編集した『華夷変態』には、二千二百通余りの唐船風説書も収録されている。「風説書」によって、徳川幕府は中国大陸を中心とする内外情勢の情報やヨーロッパ人の東洋における動静を知ることができ、外交往来やキリスト教禁制などの政策の制定に役立てていたのである。ほかに、儒学者荻生北溪が清の商人に中国の政治、地理、風俗などについて尋ねて著した『清朝探事』も、第八代将軍の徳川吉宗（1684～1751）の命令によって編成されたもので、中国の情勢を知るための百科書として一般の日本人にも広く読まれていた。

清日貿易

清代には、日常生活においては一般的に銅を材料とした制銭（政府鋳造の銅銭）が使われていた。雲南で銅鉱が大規模に開発されるようになるまで、洋銅と呼ばれた日本銅がほとんど唯一の供給源で、大量に輸入しなければ制銭の鋳造に影響が出るほどであった[1]。その様子は、「近自洋銅不至、各布政司皆停鼓鋳、銭日益貴、銀日益賤。今歳屢経条奏、九卿雜議、究無良策」という記録からも知ることができる（王士禎『居易録』巻九）。

---

[1] 大庭脩：『漂着船物語——江戸時代の日中交流』、岩波書店、2001年、117頁。

信牌（長崎歴史文化博物館）

　しかし、中国側の輸出品は、絹製品や生糸、さらには砂糖や漢方薬剤などが大半で、貿易収支関係において優位に立っていた。日本側は、金銀の流出が増大し、大量の銅輸出によって国内でもしだいに銅不足になってしまった。それらが原因で、徳川幕府は、1685年から「定高貿易法」「海舶互市新例」を相次いで実施し、中国とオランダからの商船の年間取引額や入港数などを制限した。例えば、「海舶互市新例」の規定により、中国商船の貿易量は従来の年間五九隻・取引銀高一万一千貫目から、三十隻・六千貫目（うち銅三百万斤）に減らされた。また、密貿易を防ぐために、徳川幕府は貿易許可証である「信牌」（長崎通商照票）を発行し、それを給付された中国商人に限って入港貿易を認めるようにした。長崎歴史文化博物館に保存されている文政十一年（1828）南京船主楊敦厚宛の信牌には、「進港之日、験明牌票、繳訖、即収船只。其無凭者、即刻遣回。爾等唐商務必愈加謹飭、倘有違犯条款者、再不給牌票、按例究治、決不軽貸」とあり、当時の貿易統制の実態がうかがえる。

唐人屋敷

　もともと、日本に来航したポルトガル人を管理するために、徳川幕府は長崎の港の海中を埋め立てて人工島「出島」を作ったが、後にキリスト教信徒の起こした「島原の乱」に鑑み、1639年にポルトガル人の渡航を禁止し、その翌々年に平戸のオランダ商館を出島に移したのである。中国からの商人に対しては、宣教の恐れがないため、はじめは長崎に散宿することを許していた。「唐船入津ノ節、長崎市中ノ者、家宅ヲ船宿トシテ一船ノ唐人ヲ寄宿セシメ、其船積渡ル反物、薬種、諸品ニ口銭ヲ掛ケ、其宿主ノ得分トセシム。依之唐船入津ヲ見掛ル時、市中船宿ノ者小船ニテ迎ニ出テ、我方ニ船宿ノ約諾ヲ成ス」（『長崎実録大成』巻十「唐人船宿並宿町附町之事」）。

出島遺跡（長崎市）

　しかし、密貿易や風紀低下を防ぐという理由で、1688年に徳川幕府は中国人の居住も制限し始め、長崎郊外に唐人屋敷（唐館とも）を建設した。唐人というのは、明末清初の時期に、日本へ亡命した明人たちは、清の民でないという意を表すため、自身を「唐人」と称したからだと言われ、後

にしだいに中国人を指す言葉として広く使われるようになった[①]。唐人屋敷は、周囲に壕と柵をめぐらされ、約三万平方メートルの敷地に住宅・店舗・祠堂その他が軒を連ね、一市街地を形成していた。原則的には通訳や役人、公認された商人と遊女以外の出入りは禁止されていたが、実際には屋敷の修理や食料品の提供などで日本人が頻繁に出入りしており、出島のオランダ人と比べ中国人は比較的自由に長崎の町民と接触することができた。

「唐館龍踊図」（長崎歴史文化博物館）

貿易活動が盛んになるにつれ、長崎に定住する中国人も多く増え、その中でも、取引の際の通弁や日本側諸法令の伝達執行をする「唐通事」の役目は、中国人の子孫が家業として世襲していた。後の明治政府に仕えた鄭永寧・鄭永昌・鄭永邦父子らもそのような一族で、通訳・外交官として中日外交事務に参与するなど、大活躍したのである。

長崎三福寺

統計によれば、十七世紀から十九世紀半ばまでの二百数十年間に、長崎に入港した中国商船数は毎年平均五、六十隻であった。船の規模によって

---

① 山脇悌二郎：『長崎の唐人貿易』、吉川弘文館、1964年、1頁。

第十四章　清代の中国と日本（一）

乗組員の数は異なるが、毎年平均二、三千人にも達し、1688 年には九千人以上にも上ったと推定されている[①]。江戸時代の長崎の総人口は約五万人に過ぎなかったから、その数がいかに膨大であったかが分かる。

長崎に来た中国人は、東南沿海の出身者がほとんどであった。「聞閩越三呉之人、住於倭島者、不知幾千百家、与倭婚媾、長子孫、名曰唐市、……其往来之船、名曰唐船、大都載漢物以市於倭」（朱純臣監修『明熹宗実録』巻五八）。彼らは独自の檀那寺や航海安全祈願のため、異国の日本で次々と仏寺を建てた。浙江・江蘇出身の華僑の興福寺、泉州・漳州出身の華僑の福済寺、福州出身の華僑の崇福寺は、「長崎三福寺」と呼ばれている（時には、1677 年に建立された聖福寺を加えて「長崎四福寺」と称される場合もある）。「南京寺」「泉州寺（漳州寺）」「福州寺」とそれぞれの創建関係者の出身地域名で通称されたように、中国人の同郷会館としての役割も果していた。

各寺は、建築様式が中国風で、住持も原則として中国から招聘しており、中国文化の香りが漂う場所である。代表である崇福寺は、明の建築様式が取り入れられ、第一峰門と大雄宝殿は日本国宝にも指定されている。特に、第一峰門の門構えの巧妙な詰組は、日本国内においてほかに例がなく貴重な様式である。

第一峰門（長崎市・崇福寺）*

[①] 大庭脩著、徐世虹訳：『江戸時代日中秘話』、中華書局、1997 年、19 頁。

眼鏡橋と中華街

　中国江西省出身の黙子如定(もくすにょじょう)(1597～1657)は、1632年に渡日した後、長崎の興福寺に入り、第二代の住持となった。彼は、寺院を訪れる参詣者のために、長崎市内を流れる中島川に石橋を架けた。この橋は、日本で初めて作られたアーチ型石橋として名高く、東京の日本橋(にほんばし)、岩国の錦帯橋(きんたいきょう)と並び、「日本三名橋」の一つに数えられている。橋影が川面に映るとまるでメガネのように見えることから、長崎住民には「眼鏡橋」と呼ばれ親しまれている。眼鏡橋の影響を受け、長崎中島川の木橋のほとんどは石橋に改築されたという。

夜の眼鏡橋（長崎市）

　唯一の貿易港であった長崎は、日本人にとって中国文化に接する大切な窓口でもあった。その様子はまさに、「書画紙墨、尤所欣慕。近世文集、朝始上木、夕既渡海。東西二京文学之士、毎得奇書、則珍重篋衍、夸耀於人。而贋鼎紛来、麻沙争購、亦所不免」と述べられた通りであった（黄遵憲『日本雑事詩』）。幕末の開国により、1859年に長崎は国際的に開放され、唐人屋敷などはしだいに廃墟となり、在住の中国人も海岸に近い新地というところに移り住んだが、新たに賑わった「長崎新地中華街」は、「横浜中華街」と「神戸（南京）中華街」と合わせて日本の「三大中華街」と称され、

中国文化の跡が色濃く残っている。

隠元隆琦

　日本における「禅宗」は、主に臨済宗、曹洞宗、黄檗宗の三宗に分かれている。そのうち黄檗宗を日本に伝えたのは、福建黄檗山万福寺の隠元隆琦（1592〜1673）である。彼は、1654年に黙子如定の弟子、長崎興福寺の逸然性融の招きで渡日し、第四代将軍の徳川家綱に与えられた山城宇治の地に万福寺を建てたり、黄檗清規を作成したりして、日本の禅宗の隆興に偉大な功績を残した。その人望は高く、武家・公家から篤い崇敬を受け、道俗を超えて多くの帰依者を得た。特に日本の皇室では、隠元隆琦の功績を讃えるために、1673年の後水尾法皇による「大光普照国師」の封号を始めとして、五十年ごとの隠元遠忌に諡号を賜るのが慣例となっている。これまでに、1722年霊元上皇より「仏慈広鑑国師」、1772年後桜町上皇より「径山首出国師」、1822年光格上皇より「覚性円明国師」、1917年大正天皇より「真空大師」、1972年昭和天皇より「華光大師」がそれぞれ特諡されている[①]。

隠元隆琦像
（日本黄檗山萬福寺 HP）

　隠元隆琦は、禅風思想・法式儀軌・寺院制度などの面において、日本仏教界に新風をもたらした。江戸中期の女流俳人田上菊舎の「山門を 出れば日本ぞ 茶摘うた」（田上菊舎『手折菊』）という名句に詠まれているように、宇治万福寺の山門をくぐれば、黄檗様式の建築のほか、唐音の読経の声も

---

① 林觀潮：「月潭道澄『黄檗祖徳頌』標註」、『花園大学国際禅学研究所論叢』第十二号、2017年、20頁。1872年は当時の廃仏毀釈政策により中断された。

流れ、完全に中国風の空間であるのが感じられる。その上、書道・絵画・医学・茶道・飲食など物心両面にわたって、隠元隆琦がもたらした文化の影響は大きかった。例えば、日本人の食生活に欠かせない隠元豆や煎茶などは、彼によって広められたとされている。日本近世文化を語る時、「黄檗文化」という要素を抜きにして論ずるのはほぼ不可能である。

考証学の流行

清代には、宋明時代の憶測の性質が強い性理学と違い、政治批判となるような議論を避け、もっぱら文献資料の収集と鑑定により諸事の根拠を明示して論証する考証学が流行し、江戸時代の日本の知識人に広く受け入れられた。例えば、儒学者の那波魯堂（なばろどう）(1727〜1789) は、「清朝ノ学、博ク経史ヲ読ミ、駁雑ニ堕ズ、理屈ニ泥マス、各其事ニ就テ、諸書衆議ヲ考ヘ合セ是非ノ至当ヲ明シ、程朱ノ真ヲ得ルヲ旨トシ、往往ニ元明諸儒ノ説ニ勝レル処アリ。陳廷敬・顧炎武・万斯大・徐乾学・朱彝尊ノ諸人其選タリ。清人ノ著書益アルコト多シ。昔此書ナキ時ハナキニシテ済タルモ、今ニシテハ不読ハアルヘカラス」と述べ、清人の学問を重んじた（那波魯堂『学問源流』）。日本考証学の先駆者となった大田錦城（おおたきんじょう）(1765〜1825) も、清の儒学者の特色を認め、「得明人之書百巻、不如清人之一巻也」とその学識を称賛した（大田錦城『九経談』巻一）。「六漢老人」と号した狩谷棭斎（かりやえきさい）(1775〜1835)は、中国の古字書『説文解字』や金石文などの研究を丹念に行い、書斎を「実事求是書屋」と称

狩谷棭斎像
（栗原信充『肖像集』）

第十四章　清代の中国と日本（一）

したほどであった[①]。

　もっとも重要なのは、その後、高度な文献批判を枢要とする考証学が、近代日本の諸学問、とりわけ史学研究手法の成立に大きな役割を果たしたことである。厳格な考証によって科学的・実証的な真実を追求するその理念や態度もしだいに定着し、現在の日本学術の基礎となっている。

漂着した商船

　海外への渡航は禁じられていたが、近海を航行する日本船が海難事故に遭った末に海外に漂着してしまうことがしばしばあった。1644年、越前国坂井郡の商人ら五八人が松前（まつまえ）へ貿易に赴く途中、大風に遭い、結局現在のロシアのウラジオストクの西方に当たるポシェト湾に漂着した。生存者の十五名は、清政府の手厚い保護を受け、北京に連行されて一年間留め置

「清国漂流図」（西清美［他］『清国漂流図』）
1810年、日本の薩摩の商船長久丸は中国の揚子江河口付近に漂着し、乗組員らが「官吏時設燕饗、数効物儀、勤懇不置、慰籍甚厚。如里人亦来訪、寂寞贈以盛意、冥契一如旧故」と親切にもてなされた（橋口善伯『清国漂流図』序）。

[①] 彼が中国漢時代の古鏡、古銭、威斗、双魚洗、三耳壺のほか漢学も好んでいたために、「六漢老人」を名乗ったのである。

かれた後、翌年に朝鮮を経て日本へ送還された。その際に、清の順治帝は朝鮮国王に次の勅諭も下したという。「今中外一統、四海為家、各国人民、皆朕赤子、務令得所、以広同仁。前有日本国民人一十三名、泛舟海中、飄泊至此。已救有司、周給衣糧。念其父母妻子遠隔天涯、深用憫惻。茲命随使臣前往朝鮮至日本、可備船隻転送還郷。仍移文宣示、俾彼国君民、共知朕意」（張廷玉〔他〕『清朝文献通考』巻二九五）。日本帰還者の口述書『韃靼漂流記』にも、漂着事件の経緯や清の政治・文化など幅広い事情が記されており、「入関遷都」したばかりの清王朝の一端を見ることができる。

　1752年、日本の東北地方の気仙沼の廻船春日丸が嵐に遭い、四カ月ばかり漂流を続けた末、中国浙江省舟山の桃花島に漂着した。船頭伝兵衛をはじめとする船員一行は、地元の人々の救護と手厚いもてなしを受け、約一年半後、長崎を経て無事に故郷へ戻ったことは、『春日丸船頭伝兵衛漂流記』によって世に知られている。1993年に、伝兵衛の子孫にあたる、気仙沼で水産業を営む佐藤亮輔らが舟山市を訪れ、二百四十年前の先祖が受けた恩義に謝意を表した。現在、舟山市と気仙沼市は見学・研修活動を行うなど、親密な友好関係を結んでいる[①]。

舟山市と気仙沼市の友好交流展示コーナー（舟山市博物館）

　もちろん、中国船が日本に漂流してしまった例もある。1780年、中国

[①]「這是幾代人一直伝下来的心願」、『人民日報』、2020年3月8日。

第十四章　清代の中国と日本（一）

の貿易船元順号が房総半島南東端の南千倉海岸に漂着した。当地に建てられた説明板によれば、当時元順号は長崎に向けて航海中、台風に遭い、洋上を百五十日も漂流し、船員は餓死寸前の状態にあった。これに対し、「地元の漁夫たちは、大暴風雨の中を徹して決死的な救助活動を続けた結果、沈敬瞻船主以下七十八名全員を救助することができた。……半病人の乗組員も二カ月間に及ぶ地元民の国境を越えた手厚い看護で健康をとりもどし、幕府の命で全員無事長崎まで送還され、便船でそれぞれ故郷に帰ることができた」という。中日友好のシンボルとして、海岸に「清国船元順遭難救助記念碑」も建立されている。

　また、1826年に遭難した商船得泰号が、日本駿河の清水湊（現静岡市附近）に漂着し、救助された。そのうち、幕府から送還事務を命ぜられた儒学者野田笛浦（1799〜1859）は、中国人の船員に長く付き添っていた。別れの時に、「搦管相逢清水湾、勧杯今日別瓊山。茲身設得分為二、一个随君一个還。屈指六旬舟里過、恩情更比弟昆多。管城写到真心処、不信人間有漢和」という惜別の詩も贈った（野田笛浦『得泰船筆語』下巻）。その「同文の情誼」に満ちた詩句は、今読んでも感慨無量である。

　日本の江戸時代には、幕府の特別許可がなければ、外国からの船は難破しても日本に上陸することができなかったし、長崎でも外国人の船員は原則として出島や唐人屋敷に閉じこめられていたため、日本人が中国人と出会う機会はごく限られていた。しかし、以上のような海難事故は、ある意味においては、中日民間交流の貴重なチャンスともなったのである。

関連史料

①日本天文十二年（1543）八月二五日に、九州種子島に漂着したポルトガル船が、初めて鉄砲を日本にもたらしたと見られている。

「隅州之南有一嶋、去州一十八里、名曰種子、我祖世世居焉。古来相伝、嶋名種子者、此嶋雖小、其居民庶而且富、譬如播種之下一種子、而生生無窮、是故名焉。先是、天文癸卯秋八月二十五丁酉、我西村小浦、有一大船、不知自何国来。船客百余人、其形不類、其語不通、見者以為奇怪矣。其中有大明儒生一人、名五峰者、今不詳其姓字。時西村主宰有織部丞者、頗解文字、偶遇五峰、以杖書於沙上云：船中之客、不知何国人也？何其形之異哉？五峰即書云：此是西南蛮種之賈胡也。粗雖知君臣之義、未知礼貌之在其中。是故其飲也、抔飲而不杯、其食也、手食而不箸。徒知嗜欲之愜其情、不知文字之通其理也。所謂賈胡到一処輒止此、其種也。以其所有、易其所無而已、非可怪者矣。……賈胡之長有二人、一曰牟良叔舎、一曰喜利志多侘孟太。手携一物長二、三尺、其為体也、中通外直、而以重為質、其中雖常通、其底要密塞、其傍有一穴、通火之路也、形象無物之可比倫也。其為用也、入妙薬於其中、添以小団鉛、先置一小白於岸畔、親手一物、修其身眇其目、而自其一穴放火、則莫不立中矣。其発也如掣電之光、其鳴也如驚雷之轟、聞者莫不掩其耳矣。……始不知其何名、亦不詳其為何用、既而人名為鐵炮者。」

——南浦文之『南浦文集』上「鉄炮記」

②長崎に長く在留した中国文人の汪鵬（おうほう）(?～1783)は、「唐館」の様子を次のように記している。

「唐館外四山環繞、煙火万家、紫翠迷離、錦紛繡錯、海門別開、屏嶂雄奇、峭拔軒敞、高華如十洲三島、可望而不可即、允為巨観、不同凡境。館周遭僅一里有半、土垣竹茨如棘闌。然庫不満二十、街分三路、附而屋者曰棚子。庫必有楼、棚則惟平屋而已。庫制楼数楹、舟主及掌財賦者各居其半、下則梢人雑処。棚子之構、始自搭客、梢人之稍豊者、別営以居、今多架楼、頗尚精潔。而庫之為楼、倶開拓宏敞、添設前後露台、或翼其左右、靡麗鋪張、与初創時大不侔矣。庫属正弁、有官派執役者三人、名曰守番、棚則無

有也。館中宴会極繁、交相酬答、有上弁下弁酒、有通弁酒、有飲福酒、有春酒、有宴妓酒、有清庫出貨酒、尋常醼飲尤多。珍錯雜陳、燈明燭璨、殆無虚日。」

——汪鵬『袖海編』

③ 1753 年、一隻の中国商船が日本の八丈島に漂着し、地元民に救助された。当時の記載から日本庶民の食生活の様子もうかがえる。

「程復曰：劔等通船七十一人、遇難飄收八丈島、島長援救、又叨平八郎公大恩、奏聞国王、給賜米粮各物、以及船隻。今日渡洋、如見天日、此恩此徳、劔等人衆永世不忘也。爾停泊数日、食菜必尽、其日用所給、不論菜蔬鳥魚、写字来報、随便資給、未詳其嗜好如何。又且本州是末界鄙地、或時有無念難卒致、有則辨給、無則購求四方、当以供耳、所以預先告示也。程曰：蒙問日用食菜、劔等各艘、毎日只消、或荳腐、或蘿蔔、或魚、随意毎日給賜為感。又曰：今日承賜荳腐、感謝之至。又曰：劔意欲面謁叩謝平八郎公、或待高山輝船来、同叩如何、請教二位先生（按するに、関修齢、宮士文をさす）大才主奪。答曰：待後船人貨進来、我公親来査検明白時、与高船主相共面謁是便。此方人士摻簡挾策、無不欽慕貴邦文物教化、今天假良縁、得接高風、意出往外。」

——林韑編『通航一覧』巻二三〇

④ 1780 年日本に漂着した貿易船元順号は救助されたものの、日本側とのトラブルも起こった。勝手に収容先を離れ海辺に魚を獲りに行った中国船員が、幕府の官吏に強硬手段で拘禁された。それに対し中国船員は、かつて日本の漂流民を手厚くもてなしたのに、今度はかえって酷い扱いを受けたと憤慨した。

「其明日余坐廳事、沈敬瞻以事至。是時水手一人持書一通來、委階下而去。余取而読之、曰：吾以遇難、漂至此地、救命之恩、感亦非浅矣。没歯

不諛。但有事不得弗言者、言則似恃寵納侮、默則本志不達。故冒瀆威厳、敢布鄙衷。夫去国萬里、離家踰年、道途安穏、懷土其常、況復危難蕩洋之余乎。吾有父母、又有妻子及伯叔兄弟、彼聞我失據至茲、倚門悵望、涕涙成川、我思之、我悲之、痛可道乎哉。身已無羽翼、不能奮飛、所謂関山難越、萍水相逢、尽是他郷之客。危難雖脱也、又且至憂死、始到時、縦吾所之、於是山川美景、我弄之、我玩之、聊以写憂。何図一日我入自外、吏人交恫喝我、執我以囚於籬落中、不許出於外、且此地上無緑樹之陰、下有白沙之熱、暑月炎天其誰勝之。前在漂流、計在免死、淡飯充飢、良亦足矣。今幸得生、復思所以養口腹、亦小人之情也。臨水拾蝦、欲以送飲、雖踰牆、而相距不甚遠。汝叫我、我斯回矣。今汝専用強、反誣我以對悍、論法則我不知、若語道則豈有此理乎哉。数年前爾日本人、亦漂至於我、我待爾不似汝薄也。昼則遨遊玩景、夜則街市看灯。求衣乎綾羅是衣、思食乎奇珍是食。悶有歌舞置酒、帰有出宿飲銭、唯爾所欲……」

——児玉南柯『漂客紀事』

⑤ 1826年、日本越前の商船宝力丸が中国松江府（現上海市）川沙に漂着し、救助された。漂流民は帰国する際に、川沙庁長官の顧文光らから詩文を贈られた。その序文には、事件のあらましなどが記されている。

「此本名詩為你們被難到川沙所作、你們拿回日本送国王看、有賞你們。日本国航海商民、遭風漂失、到我大清国江南松江府川沙撫民庁境内、得漁船相救。至城中、与之通語、彼此不解。幸番夷中有名市平者、稍知書写、始悉伊等於大清道光六年九月九日、装載昆布貨、由日本国出海、至大坂地方銷售。在船共十人、皆住越前島、適遇大風被漂流幾昼夜。至二十八日、船破裂、一人名永助者、己溺海中。此外九人、乗小舟随風逐浪、至三十日、遇救得生。余職任地方、勉加撫恤、安頓棲宿、賦詩紀事。」

——山崎英常『続片聾記』巻四

第十五章　清代の中国と日本（二）

ガイダンス

　江戸時代は、多くの日本の知識人が名前を中国風にしたり、中国語の発音を習ったりしたように、日本における中国文化受容の最後の高潮であった。同時に、西洋知識の伝入などにより、一部の日本人の対華観や世界観も大きく変化した。特に、その強まりつつあった国家意識は、近代の対外拡張へと発展していったのである。

中国への憧れの高まり

　江戸時代に入り、海外に行くことができなくなった日本人の間では、中国に対する憧憬がますます強くなった。例えば当時の文人の中には、荻生徂徠・服部南郭・安藤東野がそれぞれ物徂徠・服子遷・滕東壁と自称したように中国風の名を名乗る者もいれば、中国を尊び日本を夷狄と見なして、自分が夷狄に生まれてしまったことを悔やんで嘆く者もいた。1799年、中国の風俗慣行文物を紹介する『清俗紀聞』が刊行された際、幕府大学頭の林衡は推薦の序文を書いたものの、文末で「余観今之右族達官貴遊子弟、或軽佻豪侈是習、而遠物珎玩是貴。即一物之巧、寄賞呉舶。一事之奇、擬模清人。而自詑以為雅尚韵事、莫此過焉。呼、亦可慨矣。窃恐是書一出、或致好奇之癖滋甚、軽佻之弊益長」という懸念の言葉も吐露している（中川忠英『清俗紀聞』巻一、林衡「序」）。

　もちろん、そうしたありさまに対し、反発の声もあった。例えば、儒学者留守希斎は『称呼弁正』で、日本文人が中国風に倣ってみだりに事物を呼ぶ風潮を批判した。同時代の学者梁田蛻巖もその序で、「本邦姓氏、複十七八、単則僅僅矣。単似雅而複嫌於俗也。大抵文儒之癖、尚雅斥俗、甚者面目眉髪倭、而其心腸乃斉魯焉、燕趙焉。沾沾自喜、其勢不得不削複為単也」と日本人の思慮の浅さを痛言した（留守希斎『称呼弁正』、梁田蛻巖「序」）。なお、当時高まっていた中国への憧れは、荻生徂徠が

荻生徂徠像
（原徳斎『先哲像伝』一）

「三代而後、雖中華亦戎狄猾之、非古中華也。故徒慕中華之名者、亦非也」（『徂徠集』二五「復柳川内山生」）と述べたように、「昔の中国」を対象とした場合が多く、伝統の中国と現実の中国を分断して見るという正負二つの感情が交じったアンビバレンスも潜在していたのである。

第十五章　清代の中国と日本（二）

唐土名勝

　これを背景として、中国舶来の物は人気が高く、書籍さえも必要以上に買い集められるようなことが起こった。「唐山書籍、歴年帯来頗夥。東人好事者、不惜重価購買、什襲而蔵、毎至汗牛充棟。然多不解誦読、如商彝漢鼎。徒知矜尚、而無適用也」（汪鵬『袖海編』）。日本国内でも、中国を紹介するものが相次いで出版されていた。天文地理学者の西川如見が著した『華夷通商考』は、日本最初の本格的外国地理書であり、「中華十五省」の位置、特産、風俗などを詳しく紹介した。有名な『唐土名勝図会』も、各巻で北京皇城、保定府、天津府などの市街の様子を通じて、乾嘉時代の中国の繁栄を記録したのである。

「正陽門正陽橋」（岡田玉山編述『唐土名勝図会』四）

　中国では、湖南省の洞庭湖付近の景勝地として、山市青嵐、漁村夕照、瀟湘夜雨、遠浦帰帆、煙寺晩鐘、洞庭秋月、平沙落雁、江天暮雪という八景が挙げられ、「瀟湘八景」と呼ばれている。宋代からこれは絵画の題材として描かれ、後日本にも伝入された。さらに、日本でも中国の「瀟湘八景」を模し、「近江八景」・「金沢八景」などが選ばれている。例えば、「金沢八景」は、横浜市金沢区の平潟湾岸にある勝景で、中国から来た禅僧東皐心越（1639〜1696）が漢詩に詠んだことから、命名されたと伝わっている。すなわち、洲崎晴嵐、野島夕照、小泉夜雨、乙艫帰帆、称名晩鐘、瀬戸秋月、平潟落雁、内川暮雪の八カ所である。現在は、これらの場所は激しい景観変容のため、昔の面影を偲ぶことができなくなっているが、そ

231

の名称からだけでも中国風の美意識がしみじみと感じられるだろう。

唐話ブーム

中国から圧倒的な影響を受けていた日本知識人にとっては、漢詩文は言うまでもなく必須の教養であった。その上、江戸中期から、漢詩文の学習の深化に伴い、日本儒学者や文学者の間に唐話（中国語）ブームも起こった。例えば、荻生徂徠は「此方学者、以方言読書、号曰和訓、取諸訓詁之義、其実訳也而人不知其為訳矣」と日本従来の漢文訓読法を批判している。つまり、日本語で中国経典の字句を読み解くのは、靴を隔ててかゆい所を掻くようなもので、原典の古義から外れた翻訳になってしまう恐れがあるというのである。そのため彼は、「但此方自有此方言語、中華自有中華言語、体質本殊、由何脗合。是以和訓迴環之読、雖若可通、実為牽強」と、中国の発音で漢文を読むのは学問をする人の最初のつとめであると主張し、弟子らにも中国語の学習を課したという（『徂徠集』巻十九『訳文筌蹄題言十則』）。

中国語学習書『唐話纂要』書影
（1718年版）

周知のように、中国の明清時代は白話小説の繁栄期であった。『三国志演義』『西遊記』『水滸伝』などをはじめ、その大部分が海を越えて日本に伝入し、章回体裁の文学様式などにおいて日本の文学や演劇に大きな影響を与えた。さらに、それまでの文語小説とは異なり、新たに伝来した白話小説には伝統的な「返り点」で読み下す方法が適用できなくなったため、中国白話小説の翻訳・翻案などが展開されたことも加わって、唐話学習ブームがいっそう押し広められたのである。

湯島聖堂

　江戸時代には徳川幕府や諸藩は、支配者層である武士に儒学の知識と教養を身に付けさせることによって、士農工商という身分秩序を維持しようとしていた。中国文化を重視した第五代将軍の徳川綱吉(とくがわつなよし)（1646～1709）は、儒学の振興を図るため、1690年に儒臣林羅山の邸内に設けられた孔子廟(こうしびょう)を神田湯島の地に移し、聖堂と称した。その後、湯島の聖堂の規模が拡大・整頓され、日本でもっとも代表的な孔子廟となった。本殿である大成殿の祭壇上には、当時は孔子像とともに「四配」(顔子(がんし)、子思(しし)、曾子(そうし)、孟子(もうし))の像が安置され、背後の壁面に「歴聖大儒像」六幅、左右両壁には「賢儒図像扁額」十六面も掛けられていたといい、たいへん荘厳な場所であった。

湯島聖堂の大成殿（史跡湯島聖堂HP）

　1797年に徳川幕府の直轄学校として、そこに武士学校の最高峰である昌平坂学問所（昌平黌とも）が開設され、朱子学以外の異学の教授が禁じられるようになった。「昌平」という称呼は、孔子生誕の地である昌平にちなんで命名されたものである（湯島聖堂にある「仰高門」と「入徳門」の名前も、それぞれ『論語』の「顔淵喟然歎曰、仰之弥高、鑽之弥堅」と『大

学章句序』の「子程子曰、大学、孔子之遺書、而初学入徳之門也」によったものだと言われている)。明治時代に入ると、東京師範学校（現筑波大学）や東京女子師範学校（現お茶の水女子大学）などが当地に開設されたことから、湯島聖堂は日本近代教育発祥の地とも称されている。度々の震災などで大きな被害を受けたが、再築され、現在も合格祈願が叶う聖地として受験生の姿が多く見られる。

「娥眉山下橋」

柏崎市の貞観園に保存されている「娥眉山下橋」標木（貞観園HP）

　1826年、現在の新潟県柏崎市宮川浜に、頭部に人面、胴体に「娥眉山下橋」の五文字が刻まれた大きな木柱が漂着した。「娥眉山」という文字があったことから、この木柱はきっと中国四川の峨眉山のもので、山洪水などが原因で川や海を経て日本に流れてきたに違いないと当時の人々に信じられていた（鈴木牧之『北越雪譜』二編巻四）。

　そうした中、若いころから中国への渡航の夢を持っていた地元の僧侶良寛（1758～1831）も、この木柱の話を聞いてたいへん感激し、遥かなる「峨眉山」と李白の「峨眉山月歌」に思いを巡らせ、「不知落成何年代、書法遒美且清新。分明峨眉山下橋、流寄日本宮川浜」という七言絶句を詠みあげたのである。1990年、日中友好漢詩協会会長の柳田聖山らは、良寛の唐土渡航の夢を叶えるため、橋杭の木柱が経てきたと思われる海上・江上の道筋を逆に辿り、峨眉山の麓の一郭に新潟の石材で作られた「良寛詩碑」を建てることを実現した。詩碑が竣工した時には、中国仏教協会会長の趙樸初も、「禅師詩句証橋流、流到宮川古渡頭。今日流還一片石、清音長共月輪秋」と讃したのである。

中日詩碑亭（峨眉山・清音閣）*

　後の研究によって、その峨眉山の橋杭と思われていた木柱が、実は朝鮮半島でよく見られる辟邪守護のために作られた長牲(チャンスン)であることが分かった。洪水によって流され、海を渡って偶然に日本の海岸へ漂着したものと推定されたのである①。良寛らの期待から外れることになるので、いくらか残念に思われるかもしれないが、しかしその長牲は中国産ではなかったものの、中国民間の防痘の峨眉山信仰と密接な関係があったのは確かである。木柱の流転をめぐって起きた「騒ぎ」も、間違いなく中日交流史上の美談であると言えよう。

日本型の華夷意識

　儒学のもとで生まれた「中華」という自尊意識は、実は中国ばかりのものではなく、近代までは東アジア全域に存する普遍的な思考様式であった。特に、漢民族の明が少数民族の女真族によって滅ぼされ、清へと王朝が交替した一連の事件は、日本人の中国認識に多大な影響を与えた。つまり、中国が「中華」から「夷狄」に逆転し、「而韃虜横行中原、是華変於夷之態

---

① 「日本海を渡った標木のミステリー」、http://haiyang.jugem.jp/?eid=7。

也」(林春勝、林信篤『華夷変態』一)という考え方によって、日本の素晴らしさが大々的に提唱されるようになったのである。例えば、兵学「山鹿流(やまがそこう)」を確立した山鹿素行(1622〜1685)は、その著書『中朝事実』の中で、度々王朝が変わる中国と異なり、日本は万世一系の天皇が存在しているなどとして、日本こそが中朝(中国)であると主張した。「中国之水土、卓爾於万邦、而人物精秀於八紘、故神明之洋洋、聖治之綿綿、煥乎文物、赫乎武徳、以可比天壌也」(山鹿素行『中朝事実』「自序」)。

「朝鮮通信使来朝図」(神戸市立博物館)

　徳川幕府の創出した「鎖国体制」は、自国を中心とした周辺諸国・諸地域との上下関係を構築しようとする性格を持っていた。中国、オランダ、朝鮮、蝦夷地[①]、琉球国との来航貿易関係はもちろん、近世中期以降、「朝鮮通信使来朝図」[②]に描かれているように、徳川将軍の代替りごとの朝鮮通信使の朝見も、日本側が自らを中心に位置づけた例と見なされていた。この

---

① 明治以前に日本側がアイヌの居住地を指して用いた言葉。北海道・千島等を含む。
② 朝鮮通信使来朝図という名称は通称として一般に定着しているが、表現内容については別の意見もある。

第十五章　清代の中国と日本（二）

日本型華夷意識の出現を通じて、日本の自国中心主義が強化されていき、「皇大御国ハ大地ノ最初ニ成レル国ニシテ、世界万国ノ根本ナリ。故ニ能ク其根本ヲ経緯スルトキハ、則チ全世界悉ク郡県ト為スベク、万国ノ君長皆臣僕ト為スベシ」（佐藤信淵『混同秘策』）というような妄想も台頭し始めた。近代に入ってからは、その対外行動も東アジアの伝統的な国際秩序である中国の朝貢体制や日朝の交隣関係とは相容れないものとなり、自存の危機意識とともに、武力的・暴力的な性格が全面的に拡大してしまったのである。

「天竺之図」（神戸市立博物館）
インド・中国・日本の三国で世界が成り立っているという仏教思想の世界観を表したもの。上部右端に中国と日本が描かれている。

日本人の西洋知識

　前述したように、江戸時代には、日本は「鎖国」の政策を実行していながらも、一定程度の海外貿易を許していた。そうした中、オランダ商船によって、西欧諸科学を説く知識書も数多く舶載されてきた。当時オランダは「和蘭」・「阿蘭陀」と書かれていたため、それについての学問は蘭学と呼ばれるようになった。1720年将軍徳川吉宗が幕藩体制の補強政策として実学を奨励したため、蘭学はいっそう発達し、医学・天文学・化学・地理学など各種の学問が広く学習され、関連の訳書や著書も相次いで刊行された。

　西洋知識の導入と普及に伴い、日本人の海外認識や中国認識も大きく変わった。例えば、世界地図や地球儀の舶来により、元来の仏教思想にもと

づいた、世界を本朝（日本）・震旦（中国）・天竺（インド）からなるとする「三国世界観」は瓦解していき、大勢の日本人の世界観がそれによって一新された。さらに、蘭学者の杉田玄白（すぎたげんぱく）（1733〜1817）が「いはんやまた腐儒庸医、支那の書に従ひ、その国を以て中土となす。それ地なるものは一大球なり、万国これに配居す。居るところは皆中なり。何れの国か中土となさん。支那もまた東海一隅の小国なり」（杉田玄白『狂医之言』）と述べたように、当時の日本人の中国至上主義を厳しく批判する声も多く出た。漢民族の明が少数民族の清に滅ぼされたことと、自身の世界知識や対外観が変わったことは、ともに日本人の中国に対する優越意識が強まる背景となったのである。

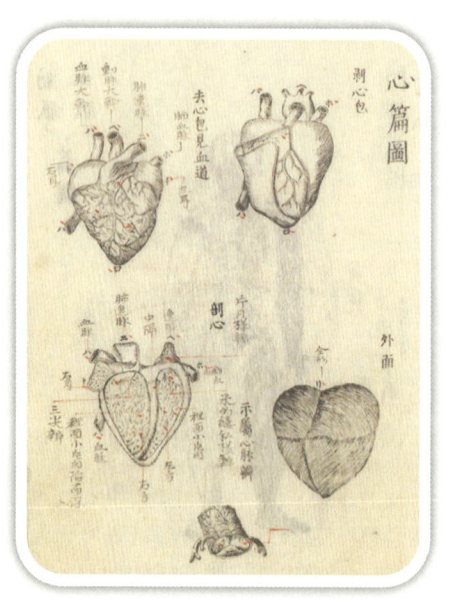

日本最初の本格的な洋学翻訳書『解体新書』書影（1774年版）

「寛永通宝」騒動

　1871年の「清日修好条規」が結ばれるまで、清は日本との間に国交を持っていなかったが、相手を完全に無視していたわけでもなかった。例えば、雍正六年（1728）に浙江総督の李衛（りえい）が「雖紅毛亦称狡悍、然与噶喇叭等処皆与中土尚遠、非如東洋日本之近而宜防、……然東洋独日本為強、隣国無不懼之」と上奏し、ヨーロッパの国々と比べ、国防上においては日本のほうに戒心を怠ってはならないと建言したこともあったのである（『世宗憲皇帝朱批諭旨』巻一七四之八）。

寛永通宝*

238

第十五章　清代の中国と日本（二）

　しかし全体としては、天朝上国と自負した清政府は、「蕞爾小国」の日本に対する関心度が低かった。当時、中国東南沿岸から日本へ赴いた商船は多く、日本の銅銭を持ち帰ることがよくあった。ところが、乾隆皇帝（けんりゅうこうてい）（1711～1799）の時、民間で流通していた「寛永通宝」という日本銭が、にわかに清朝廷を大きく騒がせた。なぜならば、銅銭を鋳造することは、統治者の専有権利であり、しかも現政権の下で「寛永」という別の年号を公然と銅銭に鋳造するのは、謀反と同様の行為になったからである。清政府は、「乃近日浙省搜獲賊犯海票一案、又有行使寛永銭之語、竟系寛永通宝字様。夫制銭国宝、且鋳紀元年号、即或私鋳小銭、掺和行使、其罪止於私鋳。若別有寛永通宝銭文、則其由来不可不厳為査究」とその重大性を強調し、事件の経緯を明らかにせよと厳命した（『清実録』巻十四）。様々な調査を行った後、それが謀反の証ではなく、ただ日本の銅銭であるに過ぎないということがようやく判明したが、当時の中国が日本に関していかに知識不足であったかがよくうかがえる。

近代の関係へ

　振り返ってみると、古代の中国は、明らかに陸続きの世界のほうにより関心を持っていた。これまでの中日関係史・交渉史で示されたように、日本は外交上の一国ではあっても、中国文化を一方的に受容する存在であり、けっして何か大きな影響を及ぼして来られる国ではないと見なされていた。1895年甲午戦争（日清戦争）の大敗を境に、「喚起吾国四千年之大夢」（梁啓超『梁啓超全集』巻一『戊戌政変記』）、亡国の危機に瀕した中国人た

「清人阿片煙を吸喫する図」
（東海漁人編『清英阿片之騒乱』）

239

ちは、ようやく日本という国を真剣に重視し始めたのである。

　日本側では、古代から前近代まで、中国の諸制度や文化を受け入れるのが主流であった。しかし、それと同時に、自らの国政や文化の基盤を築き、中国の相対化も進めていた。評論家・小説家の加藤　周一（かとうしゅういち）（1919～2008）も、日本人の外国認識の特徴について、昔から二つのパターンがあると鋭く指摘している。「その第一は、日本のおくれを強調して、特定の外国を理想化する態度であり、その第二は、外国のおくれを強調して、日本を理想化する態度である。第一の態度は、いわゆる『一辺倒』の型であり、第二の態度はいわゆる『国家主義』の型である」[①]。

　特に、アヘン戦争で中国が「夷狄」のイギリスに敗北したことは、日本人にとって中国観と西洋観の転換を迫られるほどに衝撃的であった。それ以来、衰えつつある中国は、「徒に僻気象（固陋之説）を以唱へ、因循苟且、空しく歳月を送り」（高杉晋作『遊清五録』「続航海日録」）、見習うべき師どころか、戒めるべき悪例とも見なされるようになった。さらに、明治維新で急速に国力を強めた日本は「国家主義」に転じ、弱体化・植民地化されてゆく中国に対し、弱肉強食の理論に従って早々に欧米列強と同じように侵略の道に乗り出してしまった。近代からの中日関係の性格も、それによって大きく変わったのである。

関連史料

①現代においては、中国より日本の商人・製品が高く評価されがちだが、浮世草子作家井原西鶴（いはらさいかく）（1642～1693）の『日本永代蔵』には、まったく違う中国人と日本人の商売の様子が描かれている。実は、ほかの史実と合わせて検証しても、日本の商業活動が「昔から気高かった」とは一概に言

---

① 加藤周一：「日本人の外国観」、『加藤周一著作集』七、平凡社、1979 年、348 頁。

第十五章　清代の中国と日本（二）

えないのであり、中日の逆転がいつごろ始まったのかということとともに、歴史的な視点から見るとなかなか興味深いことである。

「和国は扨置きて、唐へ投金の大気、先は見えぬ事ながら、唐土人は律儀に、言約束の違はず、絹物に奥口せず、薬種にまぎれ物せず、木は木、銀は銀に、幾年かかはる事なし。只ひすらこきは日本、次第に針を短く摺り、織布の幅を縮め、傘にも油をひかず、銭安きを本として、売り渡すと跡をかまはず、身にかゝらぬ大雨に、親でもはだしになし只は通さず。昔対馬行の莨莟とて小さき箱入にして限りもなく流行り、大坂にて其の職人に刻ませけるに、当分知れぬ事とて下つみ手抜して、然も水にしたし遣はしけるに、船わたりの中にかたまり、煙の種とはならざりき。唐人是れを深くうらみ、其の次の年なほ又過ぎつる年の十倍もあつらへければ、欲に目のあかぬ人、我おそしと取急ぎ下しけるに、大分港に積ませ置きて、『去年たばこは水にしめされ思はしからず、当年は湯か塩につけて見給へ。』と、皆々つき返され、自らに朽ちて磯の土とは成りぬ。是れを思ふに人を抜く事は跡つゞかず、正直なれば神明も頭に宿り、貞廉なれば仏陀も心を照らす。」

——井原西鶴『日本永代蔵』巻四「心を畳み込む古筆屏風」

---

②中日における西洋知識の受容は、最初から同じく障害が多かった。

◎1606年、儒学者の林羅山（道春）は、弟信澄（のぶずみ）、仲介者松永貞徳（まつながていとく）（頌遊）と、修道士不干斎（ふかんさい）（ハビアン）のもとを訪れ、地円説について弁論した。

「慶長丙午六月十有五日、道春及信澄、依頌遊价、不意到耶蘇会者不干氏許、不干令守長（不干侍者）招三人入室。彼徒満席坐定、寒温已而後、春問以徒斯画像之事、使彼言之、対語鶻突、蓋恐浅近而不言之。又見彼円模之地図、春曰：無有上下乎？干曰：以地中為下、地上亦為天、地下亦為天。吾邦以舟運漕大洋、東極是西、西極是東、是以知地円。春曰：此理不可也、地下豈有天乎？観万物皆有上下、如彼言無上下、是不知理也。且夫大洋之

中、有風有波、舟西而或北或南而又東。舟中之人不知其方、以為西行、謂之西極是東、不可也。若舟東、則或北或南又必西、謂之東極是西、不可也。且又終不知物皆有上下之理、彼以地中為下、地形為円、其惑豈不悲乎？朱子所謂天半繞地下、彼不知之。干又曰：有南北無東西。春曰：已是有南北何無東西耶？……雖然侮聖人之罪、是可忍也孰不可忍也。若又以是惑下愚庸庸者、則罪又愈大也。不如火其書、若存則遺後世千歲之笑。」

——林羅山『排耶蘇』

◎明崇禎十二年（1639）に刊行された『破邪集』の中で、林啓陸（りんけいりく）という文人は『誅夷論略』を書き、耶蘇教の唱えた「天文地理」には四つの謬論があると批判している。

「謂星一天、日月一天、不相躔次、誕一。又謂地形如鶏旦黄精、上下四旁、人可居住、足踵相対、人可旋転而走。遂以本天親上、本地親下。此二語、謬会其理、以欺愚頑、誕二。又云彼営従日辺来、利瑪寶営旋転一週、誕三。書曰、王省惟歳、卿士惟月、師尹惟日、庶民惟星。是所以別上下、定尊卑。天道無乖、則人事順応、使凡有血気者、得尊尊而親親也。彼又謂星高于日月、五星二十八宿形体大于日月。彼歷中月置三十一日、未嘗置閏。日月之蝕、不須有司扶救。夫不救晦蝕、則有先後時殺無赦之戒。不置閏、則有時漸不定歳漸不成之虞。若従彼歷、是使蔵時失序、上下倒置、庶民得以凌駕乎卿士師尹之上、卿士師尹得以凌駕乎主君之上也明矣。夫克治世、必以治歷明時、為国家之首務。而此輩之擅入我大明、即欲改移歷法、此其変乱治統、覬図神器、極古今之大妄、誕四也。有此四誕、誣上誣民、罪可勝誅哉。」

——徐昌治編『破邪集』巻六、林啓陸『誅夷論略』

③儒学者熊沢蕃山（くまざわばんざん）（1619～1691）は、天照大神と神武天皇の「徳」により、日本は「九夷」の中にありながらも、非常に優位性を持っていると唱えている。

第十五章　清代の中国と日本（二）

「中夏は天地の中国にして四海の中にあり。南に六の国あり、西に七の国あり、北に八の国あり、東に九の国あり。是を四海といふ。南を蛮と云、虫にかたどれり。西を戎と云、いぬにかたどれり。北を狄と云、けものにかたどれり。東を夷と云、人にかたどれり。四海の内にてすぐれたり。九夷の内にて朝鮮琉球日本すぐれたりとす。三国の内にては又日本をすぐれたりとす。然は中夏の四海の内には、日本に及べき国なし。是天照皇神武帝の御徳によれり。大荒の時日本の地生の人は禽獣に近し。しかるに天照皇の神聖の徳を以て、此国の人の霊質によりて、教をなし給ひてより初て人道明かなり。……他の国にはなき例なれ共、日本にては必然の理也。」

——熊沢蕃山『集義和書』巻八

④松岡七友（中国の竹林の七賢になぞらえた）の中心的役割を果たした鈴木玄淳（すずきげんじゅん）（1703～1784）は、漢詩で中日の歴史を述べ、明清の交替後、日本だけは「遠夷向化」の国になったと誇っている。

「我邦開闢国常立、神祇年代幾相襲。……四海一帰豊太閤、遠伐朝鮮大出師。猛威三十有余歳、浪華城郭独空遺。君不見、霸業竟成天授徳、開原一戦太平基。元和元年偃革後、四方風定不鳴枝。二百年来民得所、康衢撃壌楽熙熙。隣国望風聘東武、遠夷向化湊長崎。何意明亡還左衽、韃国流風鼠辮姿。看我東方君子国、人皇百廿鼎無移。二千四百四十歳、日月高懸無尽期。」

——鈴木玄淳『和漢年代歌』

⑤前述した水戸藩の藩校弘道館の建学精神は、「神儒一致」「忠孝一致」「文武一致」「学問事業一致」「治教一致」というものであり、近代日本の国家体制の特徴もそこからいくらかうかがえる。

「弘道者何、人能弘道也。道者何、天地之大経、而生民不可須臾離者也。弘道之館、何為而設也。恭惟上古神聖、立極垂統、天地位焉、万物育焉、

其所以照臨六合統御内者、未嘗不由斯道也。宝祚以之無窮、国体以之尊嚴、蒼生以之安寧、蛮夷戎狄以之率服。而聖子神孫、尚不肯自足、楽取於人以為善。乃若西土唐虞三代之治教、資以贊皇猷。於是斯道、愈大愈明、而無復尚焉。中世以降、異端邪説、誣民惑世、俗儒曲学、舎此従彼、皇化陵夷、禍乱相踵、大道之不明於世也蓋亦久矣。我東照宮撥乱反正、尊王攘夷、允武允文、以開太平之基。吾祖威公実受封於東土、夙慕日本武尊之為人、尊神道繕武備。義公継述、嘗発感於夷斉、更崇儒教、明倫正名、以藩屏於国家。爾来百数十年、世承遺緒、沐浴恩沢、以至今日。則苟為臣子者、豈可弗思所以推弘斯道発揚先徳乎。此則館之所以為設也。……」

——徳川斉昭『弘道館記』

付録一　関連史料の参考訳文

第一章

②大日本国は神の国である。天皇の祖先が初めて国の基礎を築き、天照大神が長らく国を統括してきた。わが国だけがこのような歴史を持っている。他の国々にはこのような例はない。そのためわが国は神国であるという。神代の時代にはこの国のことを、豊葦原千五百秋瑞穂国といった。天地開闢の当初からこの名はあった。天祖である国常立尊が陽神陰神に与えた命令に書かれている。天照大神がこの国を天孫尊に譲られた時にも、この名があったので、これは一番のもとになる名前だと理解すべきである。またの名を、大八洲の国ともいう。これは陽神陰神がこの国をお産みになられたが、その時八つの島だったのでこの名がつけられたのである。または耶麻土ともいう。これは大八洲にある本州の名前である。第八番目に天御虚空豊秋津根別という神をお産みになられた。これを大日本豊秋津洲と名付けた。今は四十八カ国に分かれている。中州である上に神武天皇が東征を行われた時以来、代々の皇都でもある。そこでその名を取ってほかの七州もすべて耶麻土というのである。唐の国でも周の国より出たので、天下のことを周といい、また漢の土地より起こったので海内を漢と名付けたのと同じである。耶麻土というのは山跡ということである。昔、天地が分かれて泥の水分がまだ乾かない時には、山のみを行き来しており、その痕跡が多く残っていたので山跡という。またある古語では居住のことを止と

いう。山に住んでいたので山止だともいう。

　③徳川光圀公がたまたま一、二巻を閲覧し、日本の始祖は呉の太伯の後胤であったという箇所まで来ると、愕然として巻を捨てて次のように述べた。「これは何という言い方であるか。異国の書のように、天朝が姫姓を称していたのではないかなどとするのは、まったく伝聞が変化して出てきたものであって、証拠とするには足りない。後醍醐天皇の時代にある妖僧がおり、書を著してこの説を主張したが、その書は詔勅によって燃やされた。そもそも本朝には独自の国史があって、天皇の行跡は詳しく記されている。なぜこちらを捨ててあちらを取り、神明の統を汚すようなことをするのか。昔天朝は西土に使いを送って、『日出づる処の天子、日没する処の天子』と述べた。敵国を称するような礼を用いたのである。『勾呉の後』などと称するようでは、尊い宝のごとき神州が異国の属国ということになってしまうではないか。悲しいとは思わないのか。方今の文明の歩みは、前古よりも遥かに前進している。しかし、教えを下して国史を修め、この荒唐無稽な説を採用し、そうしたことを天下に広めれば、汚名を万代に残すことになってしまうではないか。直ちに林氏に命じて修正を加えさせるべきだ。諸君はいかがであるか」と。二公および初老はみな光圀公の確言に従った。こうして、ついにその本の刊行は停止された。

第二章

　③許慎は『説文』の中で、四夷について説明して次のように述べた。南方は「蛮」といい、これは虫による。北方を狄といい、これは犬による。西方を羌といい、これは羊による。ただ、東夷は大によったものである。大は人である。東夷の風俗は仁である。仁なる者は長寿であり、君子不死の国がある。孔子は次のように述べた。『道行われず、九夷に之かんと欲し、桴に乗りて海に浮かぶは、以てするあるなり』。孔子も、中国では道が行われていないために、九夷へ行こうとおっしゃったのである。これは、わが

国が他国より優れており、人の道が行われている国であるがこそである。また日本が「不死の国」と言われるのにも理由がある。日本の人は、中国やその他の国よりも長命だからである。

第五章

⑥いずれの帝の御代であったか、大勢の女御、更衣がお仕えしているなかで、身分はそれほど高くはないが、帝のご寵愛を一身に浴びていた更衣がいた。入内の時から、我こそはと思い上がっていた女御たちは、その更衣を目障りな女、とさげすみ妬んだ。同じ身分でもそれより下位の更衣たちは、なおのこと心安からずに思っていた。朝夕の宮仕えのたびに、女御たちの心を掻き立て、怨みが積もったせいであろうか、更衣はだんだん病気がちになり、心細げに里帰りをくり返していた。それにつれ帝はいっそう更衣をいとしい者に思われ、人々のそしりをもかまわず、世間の語り草になるほどのご寵愛であった。殿上人たちも、かかわるのを避けるように見ないふりをしながら、大変なご寵愛ぶりだ。唐の国でもこのようなことがあって、世が乱れる悪い先例があったと私語を交わし、世間でも苦々しく人々の心配の種になって、楊貴妃の例も引き合いに出されるようになり、更衣は居た堪れないことが多かったが、恐れ多い帝の類ない御心を頼りにして仕えていた。

第八章

③吉備大臣は入唐留学中、諸道芸能に広く通じ優れるようになった。唐土の人々はすこぶる恥ずかしく思い、密かに次のように相談した。かの者は我々にとって不安の種である。まず普通のことでは余人に劣るとは思えない。あの日本国の使いが来たら、楼に登らせてそこにいさせよう。このことは詳しく聞かせてはならないが、あの楼に泊まった者は多くが命を落

としている。まずは楼に登らせてみようではないか。一方的に殺すのでは不当だが、帰すわけにもいかない。このままいさせておいては、我々はすこぶる恥ずかしい思いをすることになる。このように話し合ったのである。真備が命じられて楼にいると、深夜になって風が吹き雨が降ってきて、鬼がやってきた。真備は隠身の封を施し、鬼に見えないようにした。真備が言った。何者か。私は日本国王の使いで、王命を負ったものであるぞ。鬼よ、何用であるかと。鬼は言った。それは実に嬉しいことだ。私も日本国遣唐使である。少々話をしたいと。そこで真備は言った。それならば早く入るがよい。それならば鬼の形相はやめてくるがよいと。鬼はそれに従い、衣冠を身につけて進み出た。鬼がまず言った。私は遣唐使である。わが子孫の安倍氏はどうしているか。このことを聞きたかったのだが、今まで叶わなかった。私は大臣として来ていたのだが、この楼に登らされて食物を与えられないまま餓死し、その後鬼となった。この楼に登ってくる人に害をなすつもりはないのだが、自然に害を与えてしまったようだ。会って日本のことを聞きたかったのだが、答えないまま死んでしまうのだ。あなたに会えたのは嬉しいことである。私の子孫は官位があるのだろうかと。真備はこれに答え、この人はこう、この人はこうと、官位の次第と子孫の様子を、七、八ばかり例を挙げて語って聞かせた。鬼は大いに感じ入り、このことを聞けたのはこの上なく嬉しいことだ。この恩に報いて、この国のことをあなたにすべてお話ししよう。真備は大い喜んで、それは大変ありがたいことである等と言った。夜が明けると、鬼は帰っていった。朝になって楼が開けられ食物が運ばれてくると、真備は鬼に殺されることなく生きていた。唐人はこれを見て大いに当惑し、このようなことがあり得るのかと思った。その夜にまた鬼が来て言った。この国には議事がある。日本の使者の才能は奇異なものである。書を読ませてその誤りを笑ってやろうと。真備は言った。何の書であるかと。鬼は言った。この国の読むのが極めて難しい書である。『文選』というもの一部三十巻で、諸家の神妙なる作品を撰び集めたものである云々と。

④日本列島はわずかに六十六カ国であるが、平家の支配する国は三十余カ国で、すでに半分を超えた。そのほか、荘園田畑はいくつあるのか数も知れない。きらびやかさが充ち満ちて、御殿は花園のようである。貴人の車馬が引きも切らず群れ集まり、門前に市場をなしている。揚州の金、荊州の珠、呉郡の綾、蜀江の錦、あらゆる財宝に何ひとつ欠けるものはない。歌舞の堂閣の基礎、魚龍爵馬の演芸など、おそらくは内裏も院の御所もこれには及ぶまいと見えた。

第十一章

③十一月二十日、蒙古軍は舟より下りて馬に乗り、旗を揚げて攻めてきた。日本軍の大将少弐資能の孫でわずか十二・三歳の資時が、合戦の始めの習いとして小さな鏑矢を放つと、元軍は一度にどっと笑った。太鼓や銅鑼を鳴らし、鬨の声を上げる元軍の戦法に、日本軍の馬は驚いて跳ね狂い、敵に向かうことも忘れるほどであった。蒙古の矢は短かったが、鏃に毒が塗られていたため、少しでも当たれば毒気にやられてしまう。数万人の弓手が矢を雨のように射かけた上に、鉾や槍で鎧の隙間を刺して手を緩めない。一面に立ち並び、近づく者がいれば、中央を下がらせ、両方の端を包み込み、取り囲んでみな殺す。よく立ち回って死ねば、腹を裂き肝を取ってこれを啜る。もとより牛馬を美物としているので、射殺された馬は食用にする。甲冑は軽くて、馬に乗っても強い力をふるうことができ、命を惜しまず、強盛勇猛なことこの上ない。

第十五章

①日本はさておき、中国人相手の投資は大胆でなければできないが、先が見えないこととはいえ、中国人は実直で、口約束をたがえるようなことはなく、絹織物を巻いた奥のほうの品質を変えたりせず、薬種に混ぜ物を

せず、木は木、銀は銀という具合にきちんとして、幾年も変わることがない。それに反して、ずるくて欲深なのは日本人で、しだいに針を短くし、織布の幅を縮め、傘にも油を引かず、安上がりを第一とする。売り渡すと後はどうなってもかまわない。自分さえ濡れなければ、大雨の中を親でも裸足で歩かせる。昔対馬行きの煙草といって小さな箱入りのものが大流行し、大阪でその職人に刻ませたところ、当分は分からぬだろうと、下積みになる品は手を抜き、しかも重さを重くするために水に浸して渡したが、輸送中に固まってしまい、煙草の煙も出なくなってしまった。中国人はこれを深く恨み、その翌年にはなおまた前年の十倍も注文し、欲に目のくらんだ連中が、われ先にと急いで持ってきたので、大量に港に積ませておいて、「去年の煙草は水に濡れていて思わしくなかった。今年は湯か塩につけてみなさい」と、全部突き返し、そのまま腐って磯の土となってしまった。これを思うに人を騙すのは、後の続かないものなのだ。正直であればこそ神も頭に宿り、潔白であればこそ仏もその心を照らしてくれるのである。

③中夏は天地の中心の国で、四海の中央にある。南に六の国、西に七の国、北に八の国、東に九の国がある。これを四海という。南を蛮といい、虫に象ったものである。西を戎といい、犬に象ったものである。北を狄といい、獣に象ったものである。東を夷といい、人に象ったもので、四海の内では優れている。九夷の内、朝鮮・琉球・日本が優れている。三国の内では、日本が優れている。したがって、中夏の四海の内には、日本に及ぶ国がない。これは天照皇神武帝の御徳によるものである。大荒の時、日本の土着の人は獣のようであった。しかし、天照皇が神聖な徳によって、この国の人の霊質にもとづいて教えをなされて、初めて人の道というものが明らかとなった。……他の国にはない例であるが、日本では必然の理である。

付録二　日本年号一覧表[1]

時　代	西　暦	年号	よみがな
飛鳥時代	645〜650	大化	たいか
	650〜654	白雉	はくち
	654〜686	(無)	
	686	朱鳥	しゅちょう
	686〜701	(無)	
	701〜704	大宝	たいほう
	704〜708	慶雲	けいうん
奈良時代	708〜715	和銅	わどう
	715〜717	霊亀	れいき
	717〜724	養老	ようろう
	724〜729	神亀	じんき
	729〜749	天平	てんぴょう
	749	天平感宝	てんぴょうかんぽう
	749〜757	天平勝宝	てんぴょうしょうほう
	757〜765	天平宝字	てんぴょうほうじ
	765〜767	天平神護	てんぴょうしんご
	767〜770	神護景雲	しんごけいうん
	770〜781	宝亀	ほうき
	781〜782	天応	てんおう

[1] 一部の年号はここで示された以外の読み方もある。なお、時代区分は、山川出版社の『詳説日本史図録』を参考にした。

時　　代	西　　暦	年号	よみがな
平安時代	782～806	延暦	えんりゃく
	806～810	大同	だいどう
	810～824	弘仁	こうにん
	824～834	天長	てんちょう
	834～848	承和	じょうわ
	848～851	嘉祥	かしょう
	851～854	仁寿	にんじゅ
	854～857	斉衡	さいこう
	857～859	天安	てんあん
	859～877	貞観	じょうがん
	877～885	元慶	がんぎょう
	885～889	仁和	にんな
	889～898	寛平	かんぴょう
	898～901	昌泰	しょうたい
	901～923	延喜	えんぎ
	923～931	延長	えんちょう
	931～938	承平	じょうへい
	938～947	天慶	てんぎょう
	947～957	天暦	てんりゃく
	957～961	天徳	てんとく
	961～964	応和	おうわ
	964～968	康保	こうほ
	968～970	安和	あんな
	970～973	天禄	てんろく
	973～976	天延	てんえん
	976～978	貞元	じょうげん
	978～983	天元	てんげん
	983～985	永観	えいかん

付録二　日本年号一覧表

時　代	西　暦	年号	よみがな
平安時代	985〜987	寛和	かんな
	987〜989	永延	えいえん
	989〜990	永祚	えいそ
	990〜995	正暦	しょうりゃく
	995〜999	長徳	ちょうとく
	999〜1004	長保	ちょうほう
	1004〜1012	寛弘	かんこう
	1012〜1017	長和	ちょうわ
	1017〜1021	寛仁	かんにん
	1021〜1024	治安	じあん
	1024〜1028	万寿	まんじゅ
	1028〜1037	長元	ちょうげん
	1037〜1040	長暦	ちょうりゃく
	1040〜1044	長久	ちょうきゅう
	1044〜1046	寛徳	かんとく
	1046〜1053	永承	えいしょう
	1053〜1058	天喜	てんぎ
	1058〜1065	康平	こうへい
	1065〜1069	治暦	ちりゃく
	1069〜1074	延久	えんきゅう
	1074〜1077	承保	じょうほう
	1077〜1081	承暦	じょうりゃく
	1081〜1084	永保	えいほう
	1084〜1087	応徳	おうとく
	1087〜1094	寛治	かんじ
	1094〜1096	嘉保	かほう
	1096〜1097	永長	えいちょう
	1097〜1099	承徳	じょうとく

時　代	西　暦	年号	よみがな
平安時代	1099～1104	康和	こうわ
	1104～1106	長治	ちょうじ
	1106～1108	嘉承	かしょう
	1108～1110	天仁	てんにん
	1110～1113	天永	てんえい
	1113～1118	永久	えいきゅう
	1118～1120	元永	げんえい
	1120～1124	保安	ほうあん
	1124～1126	天治	てんじ
	1126～1131	大治	たいじ
	1131～1132	天承	てんしょう
	1132～1135	長承	ちょうしょう
	1135～1141	保延	ほうえん
	1141～1142	永治	えいじ
	1142～1144	康治	こうじ
	1144～1145	天養	てんよう
	1145～1151	久安	きゅうあん
	1151～1154	仁平	にんびょう
	1154～1156	久寿	きゅうじゅ
	1156～1159	保元	ほうげん
	1159～1160	平治	へいじ
	1160～1161	永暦	えいりゃく
	1161～1163	応保	おうほう
	1163～1165	長寛	ちょうかん
	1165～1166	永万	えいまん
	1166～1169	仁安	にんあん
	1169～1171	嘉応	かおう
	1171～1175	承安	じょうあん

付録二　日本年号一覧表

時　代	西　暦	年号	よみがな
平安時代	1175〜1177	安元	あんげん
	1177〜1181	治承	じしょう
	1181〜1182	養和	ようわ
	1182〜1184	寿永	じゅえい
	1184〜1185	元暦	げんりゃく
	1185〜1190	文治	ぶんじ
鎌倉時代	1190〜1199	建久	けんきゅう
	1199〜1201	正治	しょうじ
	1201〜1204	建仁	けんにん
	1204〜1206	元久	げんきゅう
	1206〜1207	建永	けんえい
	1207〜1211	承元	じょうげん
	1211〜1213	建暦	けんりゃく
	1213〜1219	建保	けんぽう
	1219〜1222	承久	じょうきゅう
	1222〜1224	貞応	じょうおう
	1224〜1225	元仁	げんにん
	1225〜1227	嘉禄	かろく
	1227〜1229	安貞	あんてい
	1229〜1232	寛喜	かんぎ
	1232〜1233	貞永	じょうえい
	1233〜1234	天福	てんぷく
	1234〜1235	文暦	ぶんりゃく
	1235〜1238	嘉禎	かてい
	1238〜1239	暦仁	りゃくにん
	1239〜1240	延応	えんのう
	1240〜1243	仁治	にんじ
	1243〜1247	寛元	かんげん

時　代	西　暦	年号	よみがな
鎌倉時代	1247～1249	宝治	ほうじ
	1249～1256	建長	けんちょう
	1256～1257	康元	こうげん
	1257～1259	正嘉	しょうか
	1259～1260	正元	しょうげん
	1260～1261	文応	ぶんおう
	1261～1264	弘長	こうちょう
	1264～1275	文永	ぶんえい
	1275～1278	建治	けんじ
	1278～1288	弘安	こうあん
	1288～1293	正応	しょうおう
	1293～1299	永仁	えいにん
	1299～1302	正安	しょうあん
	1302～1303	乾元	けんげん
	1303～1306	嘉元	かげん
	1306～1308	徳治	とくじ
	1308～1311	延慶	えんきょう
	1311～1312	応長	おうちょう
	1312～1317	正和	しょうわ
	1317～1319	文保	ぶんぽう
	1319～1321	元応	げんおう
	1321～1324	元亨	げんこう
	1324～1326	正中	しょうちゅう
	1326～1329	嘉暦	かりゃく
	1329～1331	元徳	げんとく

付録二　日本年号一覧表

時　代		西　暦	年号	よみがな
南北朝時代	北朝	1329〜1331	元徳	げんとく
		1332〜1333	正慶	しょうきょう
		1334〜1338	建武	けんむ
		1338〜1342	暦応	りゃくおう
		1342〜1345	康永	こうえい
		1345〜1350	貞和	じょうわ
		1350〜1352	観応	かんのう
		1352〜1356	文和	ぶんな
		1356〜1361	延文	えんぶん
		1361〜1362	康安	こうあん
		1362〜1368	貞治	じょうじ
		1368〜1375	応安	おうあん
		1375〜1379	永和	えいわ
		1379〜1381	康暦	こうりゃく
		1381〜1384	永徳	えいとく
		1384〜1387	至徳	しとく
		1387〜1389	嘉慶	かきょう
		1389〜1390	康応	こうおう
		1390〜1394	明徳	めいとく
	南朝	1331〜1334	元弘	げんこう
		1334〜1336	建武	けんむ
		1336〜1340	延元	えんげん
		1340〜1346	興国	こうこく
		1346〜1370	正平	しょうへい
		1370〜1372	建徳	けんとく
		1372〜1375	文中	ぶんちゅう
		1375〜1381	天授	てんじゅ
		1381〜1384	弘和	こうわ
		1384〜1392	元中	げんちゅう

時　代	西　暦	年号	よみがな
室町時代	1394～1428	応永	おうえい
	1428～1429	正長	しょうちょう
	1429～1441	永享	えいきょう
	1441～1444	嘉吉	かきつ
	1444～1449	文安	ぶんあん
	1449～1452	宝徳	ほうとく
	1452～1455	享徳	きょうとく
	1455～1457	康正	こうしょう
	1457～1460	長禄	ちょうろく
	1460～1466	寛正	かんしょう
	1466～1467	文正	ぶんしょう
	1467～1469	応仁	おうにん
	1469～1487	文明	ぶんめい
	1487～1489	長享	ちょうきょう
	1489～1492	延徳	えんとく
	1492～1501	明応	めいおう
	1501～1504	文亀	ぶんき
	1504～1521	永正	えいしょう
	1521～1528	大永	たいえい
	1528～1532	享禄	きょうろく
	1532～1555	天文	てんぶん
	1555～1558	弘治	こうじ
	1558～1570	永禄	えいろく
	1570～1573	元亀	げんき
安土桃山時代	1573～1592	天正	てんしょう
	1592～1596	文禄	ぶんろく

付録二　日本年号一覧表

時　代	西　暦	年号	よみがな
江戸時代	1596〜1615	慶長	けいちょう
	1615〜1624	元和	げんな
	1624〜1644	寛永	かんえい
	1644〜1648	正保	しょうほう
	1648〜1652	慶安	けいあん
	1652〜1655	承応	じょうおう
	1655〜1658	明暦	めいれき
	1658〜1661	万治	まんじ
	1661〜1673	寛文	かんぶん
	1673〜1681	延宝	えんぽう
	1681〜1684	天和	てんな
	1684〜1688	貞享	じょうきょう
	1688〜1704	元禄	げんろく
	1704〜1711	宝永	ほうえい
	1711〜1716	正徳	しょうとく
	1716〜1736	享保	きょうほう
	1736〜1741	元文	げんぶん
	1741〜1744	寛保	かんぽう
	1744〜1748	延享	えんきょう
	1748〜1751	寛延	かんえん
	1751〜1764	宝暦	ほうれき
	1764〜1772	明和	めいわ
	1772〜1781	安永	あんえい
	1781〜1789	天明	てんめい
	1789〜1801	寛政	かんせい
	1801〜1804	享和	きょうわ
	1804〜1818	文化	ぶんか
	1818〜1830	文政	ぶんせい

時　代	西　暦	年号	よみがな
江戸時代	1830～1844	天保	てんぽう
	1844～1848	弘化	こうか
	1848～1854	嘉永	かえい
	1854～1860	安政	あんせい
	1860～1861	万延	まんえん
	1861～1864	文久	ぶんきゅう
	1864～1865	元治	げんじ
	1865～1868	慶応	けいおう
明治以後	1868～1912	明治	めいじ
	1912～1926	大正	たいしょう
	1926～1989	昭和	しょうわ
	1989～2019	平成	へいせい
	2019～	令和	れいわ